Deutsches Architektur Jahrbuch 2025
German Architecture Annual 2025

German
Architecture
Annual
2025

Deutsches Architektur Jahrbuch

 DEUTSCHES
ARCHITEKTURMUSEUM

JUNG

 DOM
publishers

Preisträger
DAM Preis für
Architektur in
Deutschland
Prize Winner
DAM Preis for
Architecture in
Germany
—

2025

»Es ist ein archaisches und kraftvoll schönes Haus, das sich in einem Kontext behaupten kann, wo Chancen und Chancenlosigkeit nahe beieinander liegen. Die wunderbar komponierten Vorplätze und das atemberaubende Erdgeschoss sagen: ›Ich bin ein öffentlicher Ort.‹ Hinten ist fast so etwas wie eine Idylle entstanden. Ein Glücksfall.«

'It is an archaic and powerfully beautiful building that can hold its own in a context where opportunity, and lack of opportunity, are close together. The beautifully composed forecourts and the stunning ground floor say, "I am a public place". Something almost idyllic has been created at the back. A stroke of luck.'

–Regula Lüscher

»So geht zeitgenössische Architektur – als offenes und einladendes Haus, mit diversen Nutzungsangeboten und möglichst vielen recycelten Materialien. Bauherrschaft und Architekten ist ein kleines Meisterwerk gelungen, das hoffentlich viele Nachahmer findet.«

'This is how contemporary architecture works – as an open and inviting building, with a range of uses and as much recycled material as possible. The developers and architects have created a small masterpiece that will hopefully be emulated by many others.'

–Dijane Slavic, Uwe Bresan

»Selten kommen in der Architekturwelt so viele gute Dinge zusammen: eine philanthropische Stiftung, kreative Nutzer, experimentierfreudige Architekten – und die Hermannstraße. Das Haus ist Produkt eines großen Ideenreichtums und des Drangs zum künstlerischen Experiment aller Beteiligten an einem Ort, der genau das gut vertragen kann.«

'It is rare in the world of architecture that so many good things come together: a philanthropic foundation, creative users, experimental architects – and Hermannstrasse. The building is the product of a wealth of ideas, and the urge for artistic experimentation on the part of everyone involved in a place that could do with it.'

–Max Hacke

Ein Band aus recycelten Ziegeln kennzeichnet das Ausstellungsgeschoss.
A band of recycled bricks marks the exhibition floor.

»Selbstbewusst und selbstverständlich zugleich steht die ›Spore‹ zusammen mit dem zweiten Bauabschnitt des Hauses ›Publix‹ im Straßenraum der Hermannstraße und formuliert den Eingang zu dem benachbarten Friedhofsgelände. Im Inneren spürt man überall eine oft erfrischende Freude am Detail.«

'The Spore, together with the second phase of the Publix building, stands self-confidently and matter-of-factly in the street space of Hermannstrasse, marking the entrance to the neighbouring cemetery. Inside, you can feel an often refreshing love of detail.'

–Volker Staab

»Endlich wieder ein Gesamtkunstwerk!«

'Finally a complete work of art again!'

–Oliver Elser

»Der Bau schafft einen markanten Ort für kulturellen Austausch. Mit seinem variablen Konzept und seiner offener Gestaltung wird er in und über seine Nachbarschaft hinaus wirken.«

'The building creates a striking space for cultural exchange. With its variable concept and open design, it will have an impact in its neighbourhood and beyond.'

–Andres Lepik

Fixierte Rollgitterelemente bilden die Absturzsicherung im Treppenkern.
Fixed roller grille elements form the fall protection in the stairwell.

»Die ›Spore‹ ist ein wirklich großzügiges Haus, programmatisch und architektonisch. Es hat eine positive Wirkung im Inneren und nach außen, und man spürt den Spaß am Gestalten in jedem Detail.«

'The Spore is a truly generous house, both programmatically and architecturally. It has a positive effect both internally and externally, and you can feel the joy of design in every detail.'

–*Gustav Düsing*

»Dieses Haus ist wie eine Zelle im urbanen Gewebe – eine Oase und eine Plattform für Gemeinschaft und kreativen Austausch.«

'This house is like a cell in the urban fabric – an oasis, and a platform for community and creative exchange.'

–*Kyung-Ae Kim*

»Hier ist die Kraft der Architektur zu sehen, einen Ort zu schaffen – der gekommen ist, um zu bleiben. Er will und er wird ein guter Nachbar sein, und er wird die Nachbarschaft prägen, auf sehr bereichernde Weise.«

'Here you can see the power of architecture to create a place that will stay. It wants to be a good neighbour, and it will be a good neighbour, and it will shape the neighbourhood in a very enriching way.'

–*Peter Cachola Schmal*

Das Café im Foyer.
The foyer café.

AFF Architekten
Spore Haus, Berlin

Kritik **Peter Cachola Schmal**

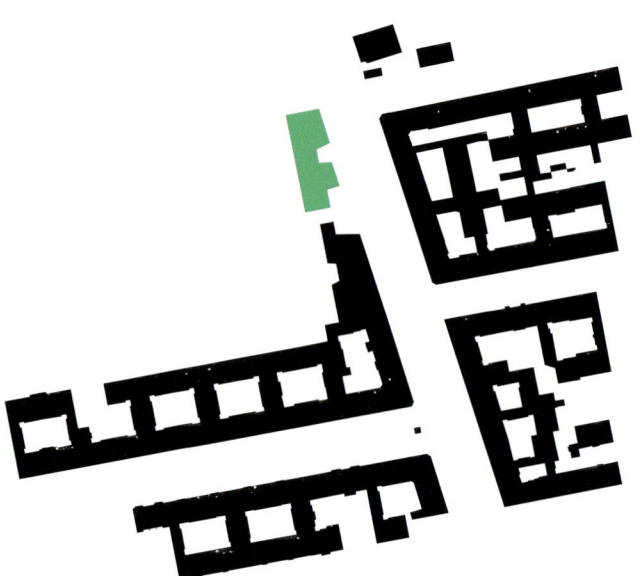

Architekten / Architects
AFF Architekten
Hauptstraße 13
10317 Berlin
www.aff-architekten.com
berlin@aff-architekten.com

Bauherren / Clients
Schöpflin Stiftung, Lörrach

**Projektsteuerung /
Project management**
SMV Bauprojektsteuerung
Ingenieurgesellschaft mbH, Berlin

**Tragwerksplanung /
Structural engineering**
Schnetzer Puskas International, Berlin

**Haustechnik, Heizung, Sanitär,
Elektro / Building services
engineering, plumbing, heating,
electrical engineering**
W33 Ingenieurgesellschaft mbH, Berlin

**Bauphysik, Akustik /
Building physics, acoustics**
BBS Ingenieurbüro, Weimar

Lichtplanung / Lighting design
LICHT KUNST LICHT AG, Berlin

Brandschutz / Fire prevention
Peter Stanek, Berlin

**Landschaftsarchitektur /
Landscape architecture**
POLA Landschaftsarchitekten, Berlin

Sonstige / Others
Sedeño Bauplanung GmbH, Berlin

Standort / Location
Hermannstraße 86
12051 Berlin

Fertigstellung / Completion
Januar 2023

Fotografie / Photography
Hans-Christian Schink, Lindetal
(S. 9, S. 14 mittig / centre, S. 16 oben /
top, S. 18)
Tjark Spille, Wildeshausen (S. 6, S. 10,
S. 13, S. 14 oben, unten / top, bottom)
Yorck Förster, Frankfurt am Main
(S. 16 unten / bottom)

Die Versprünge des Spore Haus erweitern den Stadtraum an der Hermannstraße.
The cantilevered sections of the Spore Haus extend the urban space of Hermannstrasse.

Die Jury des DAM Preis 2025 reiste in diesem Jahr quer durch die Republik zu vier Finalisten-Gebäuden, die von der Bauaufgabe, vom zur Verfügung stehenden Budget, von ihrem eigenen Anspruch und von ihrer Botschaft her wieder einmal nicht unterschiedlicher sein könnten: zwei größere Wohnbauten in München, darunter das experimentelle Clusterwohnen Waben-haus von PETER HAIMERL . ARCHITEKTUR mit eigensinniger Geometrie, das mit seinen großzügigen Raumeindrücken überrascht. Die Generalsanierung des Studierendenwohnheims, jetzt Sophie-Scholl-Haus genannt, von bogevischs buero ist dagegen ein willkommener Umbau einer typischen 1970er-Jahre-Wohnplatte. In Finsterwalde in der Kulturweberei von HABERMANN ARCHITEKTUR spiegelt sich die lebendige Haltung einer kleinen Gemeinde, die sich über die Erweiterung eines Bestandsbaus aus industrieller Zeit einen kulturellen Identifikationsort geschaffen hat.

This year, the jury for the DAM Preis 2025 travelled across Germany to visit four finalist buildings, which could not be more different in terms of construction task, available budget, their own aspirations, and the message they want to convey: two larger residential buildings in Munich, including the experimental cluster house, Wabenhaus, by PETER HAIMERL . ARCHITEKTUR with an idiosyncratic geometry that surprises with its generous spatial impressions. On the other hand, bogevischs buero's general renovation of the student dormitory, now known as the Sophie-Scholl-Haus, is a welcome conversion of a typical 1970s prefab. In Finsterwalde, the Kulturweberei by HABERMANN ARCHITEKTUR reflects the lively attitude of a small community that is creating a cultural place of identification by extending an existing building from the industrial era.

Blick von der Dachterrasse
auf den denkmalgeschützten
Lichtfeuermast an der
Hermannstraße.
View from the roof terrace
of the listed light tower
on Hermannstrasse.

Das gesamte Foyer wird
von der charakteristischen
»Sporedecke« stützenfrei
überspannt.
The characteristic 'spore
ceiling', free of supporting
columns, spans the
entire foyer.

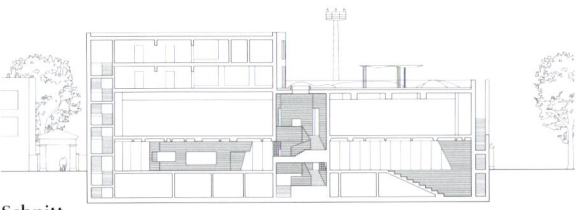

Schnitt
Section

Schließlich das Spore Haus der Berliner AFF Architekten. Schon oft wurden sie beim DAM Preis für die Longlist nominiert oder waren mit ihren Bauten auf der Shortlist vertreten. Mit der knüppelhart reduzierten Fichtelberghütte[1] und einer Berliner Schule[2] fing es 2011 an, die Stadthäuser der Berliner Baugruppe Elf Freunde[3] folgten 2014. In den vergangenen sieben Jahren wurden sieben weitere Projekte nominiert, darunter drei Schulen, das kleine schwarze Haus Lindetal[4], der Umbau des Hauptgüterbahnhofs Hannover in einen Kulturort[5] sowie, ebenfalls in diesem Jahr, der Kornversuchsspeicher in Berlin[6]. Mit dem Berliner Spore Haus haben sie nun den großen Sprung unter die Finalisten gemacht – und sogar das Siegertreppchen erklommen. Hochverdient – und wie sie selbst gern sagen, fühlte sich bereits der Auftrag für dieses Projekt wie ein großer Gewinn an.

Denn es ist ein rundum gelungenes Projekt. Schon von Anfang an, vom spannenden Standort an der sehr urban-ruppigen, fast schon berüchtigten Hermannstraße in Neukölln (genauer gesagt entlang der Friedhofsmauer des umgewidmeten evangelischen Friedhofs Jerusalem V) bis hin zu der im Bildungs- und Kultursektor operierenden Bauherrin, der Schöpflin Stiftung aus Lörrach, die international und besonders in den USA mit der Schoepflin Investment Company erfolgreich wirtschaftet und mit der kalifornischen Panta Rhea Foundation langjährige Erfahrungen in philanthropischen Bereichen gesammelt hat. Ihr neues Berliner Zentrum soll indigene Gruppen und Gemeinschaften in Südamerika unterstützen, deren Leben in einen respektvollen Umgang mit der Natur eingebettet ist.

1 Siehe: Oliver Elser: Schutzhütte Oberwiesental, in: Deutsches Architektur Jahrbuch 2011/12, München 2011, S. 34.
2 Siehe: Anneke Bokern: Gemeinschaftsschule Anna Seghers, Berlin, in: Deutsches Architektur Jahrbuch 2011/12, München 2011, S. 40.
3 Siehe: Oliver G. Hamm: Stadthäuser Baugruppe Elf Freunde, Deutsches Architektur Jahrbuch 2014/15, München 2014, S. 34.
4 Siehe: Haus Lindetal, Gemeinde Lindetal, in: Architekturführer Deutschland 2018, Berlin 2017, S. 38.
5 Siehe: Umbau und Sanierung Hauptgüterbahnhof, Hannover, in: Architekturführer Deutschland 2021, Berlin 2020, S. 200.
6 Siehe: Kornversuchsspeicher, Berlin, in: Architekturführer Deutschland 2025, Berlin 2024, S. 34.

And finally, the Spore Haus by AFF Architekten from Berlin. They have often been nominated for the DAM Preis longlist or had their buildings on the shortlist. It all started in 2011 with the highly reduced Fichtelberghütte[1] and a Berlin school[2], followed in 2014 by the townhouses of the Berlin-based *Baugruppe* ('building group') 'Elf Freunde'[3]. In the last seven years, seven more projects have been nominated, including three schools, the small black Lindetal house[4], the conversion of the main freight yard in Hanover[5] into a cultural centre, and the Kornversuchsspeicher[6] in Berlin, also this year. With the Spore Haus in Berlin, AFF Architekten have now made the leap from finalist to winner. Well deserved, and as they themselves like to say, the commission for this project already felt like a big prize.

Spore Haus is an all-round successful project. Right from the start, from the exciting location on the very urban, rough, and almost notorious Hermannstrasse in Neukölln (along the wall of the converted Protestant cemetery Jerusalem V, to be precise) to the client, the Schöpflin Foundation from Lörrach – active in the fields of education and culture, and operating with international success particularly in the USA with the Schoepflin Investment Company, and years of experience in philanthropy with the Californian Panta Rhea Foundation. Its new centre in Berlin will support indigenous groups and communities whose lives in South America are embedded in a respectful relationship with nature.

1 see: *Deutsches Architektur Jahrbuch 2011/12*, Oliver Elser, 'Schutzhütte, Oberwiesental', p. 34.
2 see: *Deutsches Architektur Jahrbuch 2011/12*, Anneke Bokern, 'Gemeinschaftsschule Anna Seghers, Berlin', p. 40.
3 see: *Deutsches Architektur Jahrbuch 2014/15*, Oliver G. Hamm, 'Stadthäuser Baugruppe Elf Freunde, Berlin', p. 34.
4 see: *Architekturführer Deutschland 2018*, 'Haus Lindetal, Gemeinde Lindetal', p. 38.
5 see: *Architekturführer Deutschland 2021*, 'Umbau und Sanierung Hauptgüterbahnhof, Hannover', p. 200.
6 see: *Architekturführer Deutschland 2025*, 'Kornversuchsspeicher, Berlin', p. 34.

Die Fassade ist dreifach geschichtet: rot eingefärbter Beton im Erdgeschoss, recycelte Ziegel im ersten Obergeschoss, darüber dann neue Ziegel.
The façade is made up of three layers: red coloured concrete on the ground floor, recycled bricks on the first floor, and new bricks on top.

Die Sitzschalen im Auditorium stammen von alten Schulmöbeln.
The seating in the auditorium is made from recycled school furniture.

Ein alter Trinkbrunnen als Waschgelegenheit bei den Toiletten.
An old drinking fountain is used as a washing facility close to the toilets.

Dafür umfasst das Raumprogramm Seminar- und Workshopräume sowie zwei große, sehr gut funktionierende Ausstellungsflächen im ersten Obergeschoss. Aber bereits das Erdgeschoss empfängt als vielseitig nutzbarer »Dritter Ort« und befördert mit dem fließenden, großzügigen Foyer und einem Café die Kontaktaufnahme zwischen dem Haus und der Öffentlichkeit. Für Veranstaltungen gibt es ein natürlich belichtetes Auditorium mit steil ansteigenden Sitzreihen. Raumhohe Verglasungen zur Straße und zur rückwärtigen Terrasse stellen (Sicht-)Verbindungen zwischen dem quirligen Stadtraum, dem ruhigen Freiraum hinter dem Haus und weiter zu dem aufgelassenen, üppig grünen Friedhof her – alles bei freiem Eintritt. Weiter oben befinden sich eine Bibliothek, die Verwaltung, zwei Ateliers, außerdem zwei Gastzimmer und der Zugang zu einer weiträumigen Dachterrasse mit Rundumblick. Wie auch an anderen Stellen im Haus findet sich hier ein charmantes Recycling: ein Schattendach aus den Holzbalken, die für die Schalung der Betonrippendecke benötigt wurden.

Da es keine offensichtlichen Vorbilder für ein solch offenes Haus der Kultur- und Vermittlungsarbeit gibt, konnten Bauherrschaft und Architektenteam sich ausprobieren. Das Budget war gut auskömmlich und der städtebauliche Kontext inspirierend. Durch den ebenfalls gewonnenen Wettbewerb für das Zwillingsbauwerk, das Publix für unter anderem investigativen Journalismus, konnte AFF eine markante städtebauliche Setzung vornehmen, die sich dezidiert mit der Typologie und Materialität der historischen Friedhofs-Solitärbauten entlang der Hermannstraße auseinandersetzt und diese fortschreibt. Die Neubauten sitzen links und rechts der Eingangsachse in den Friedhof, gerahmt vom historischen Eingangsportal. Auch die vorgegebene Rücksichtnahme auf den vertikalen Lichtfeuermast (aus der Zeit der Rosinenbomber für den Anflug auf den Flughafen Tempelhof) inspirierte: Die räumlichen Rücksprünge gliedern das Ensemble und schaffen kleine Plätze. Die beiden teils in rot gefärbtem Beton gehaltenen, teils verklinkerten Bauten versöhnen sich materiell mit den historischen Nachbarn aus Backstein und setzen einen selbstbewussten Akzent, der innere Gelassenheit, aber auch ein Gefühl von Ewigkeit ausstrahlt. Eine belastbare Architektur, die gern ge- und benutzt werden darf. Die verzeiht und keine Probleme mit Gebrauchsspuren hat; alle Oberflächen sind folglich massiv und unbeschichtet. Eine Vielzahl gebrauchter baulicher Ausbauelemente wurde eingesetzt, nicht nur bei den wiederverwendeten Ziegeln der Außenhülle, die heute gar nicht mehr so leicht oder billig zu erwerben sind. Auch die gebogenen Holzsitzschalen alter Schulstühle im Auditorium, die Armaturen in den Toiletten und die nahezu künstlerischen Installationen der

The interior space includes seminar and workshop rooms, and two large, highly functional exhibition areas on the first floor. The ground floor, however, welcomes visitors as a versatile 'third place', with a flowing, spacious foyer and cafe that encourages contact between the building and the public. For events, there is a naturally lit auditorium with steeply rising rows of seats. Floor-to-ceiling glazing facing the street and the rear terrace creates (visual) connections between the vibrant urban space, the quiet open space behind the building, and beyond to the abandoned, lush green cemetery – all with free admission. Further up are the library, administration, two studios, two guest rooms, and access to a spacious roof terrace with panoramic views. As in other parts of the building, there is a charming example of recycling: a canopy made from the wooden beams used to form the concrete ribbed ceiling.

As there were no obvious models for such an open house of cultural and educational work, the client and the team of architects were able to experiment. The budget was ample, and the urban context inspiring. AFF also won the competition for the twin building, the Publix – for among other things, investigative journalism – which enabled them to create a striking urban development that consciously engages with, and continues the typology and materiality of, the historic cemetery buildings along Hermannstrasse. The new buildings sit to the left and right of the cemetery's entrance axis, framed by its historic entrance portal. The prescribed consideration of a vertical beacon (from the time of the 'Raisin Bombers' for the approach to Tempelhof Airport) also provided inspiration: the spatial recesses structure the ensemble and create small squares. The two buildings, which are partly made of red-coloured concrete and partly of brick, are in keeping with their historic brick neighbours, creating a confident accent that radiates both inner serenity and a sense of eternity. It is a resilient architecture that can be used and enjoyed. It is forgiving and has no problem with wear and tear; all surfaces are therefore solid and uncoated. A variety of reclaimed building materials have been used – not just the reclaimed bricks of the outer shell, which are no longer easy or cheap to come by. The curved wooden seat shells of the old school chairs in the auditorium, the fittings in the toilets, and the almost artistic installation of the soft-looking red concrete blocks in the outdoor seating area are indicative of a caring attitude, and convey a sense of familiarity that is intended to make it easier for neighbours and passers-by to enter.

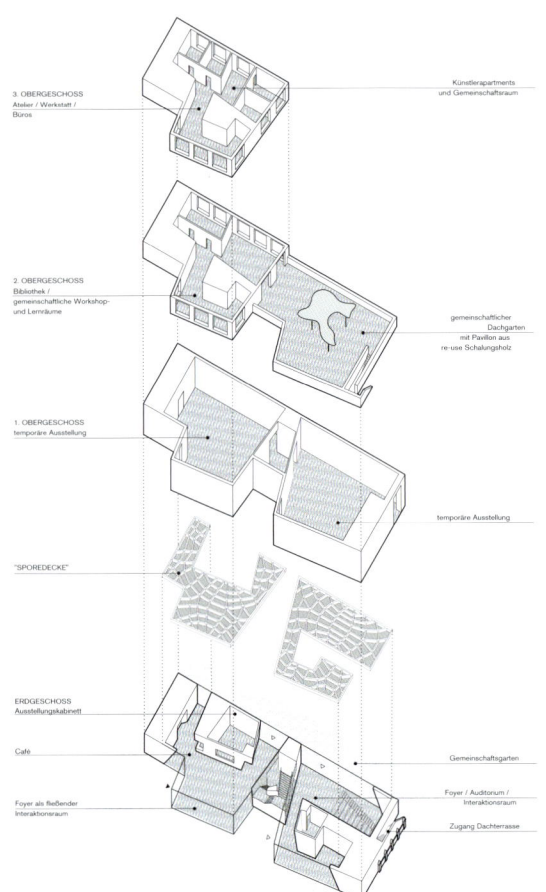

3. OBERGESCHOSS
Atelier / Werkstatt /
Büros

Künstlerapartments
und Gemeinschaftsraum

2. OBERGESCHOSS
Bibliothek /
gemeinschaftliche Workshop-
und Lernräume

gemeinschaftlicher
Dachgarten
mit Pavillon aus
re-use Schalungsholz

1. OBERGESCHOSS
temporäre Ausstellung

temporäre Ausstellung

"SPOREDECKE"

ERDGESCHOSS
Ausstellungskabinett

Café

Gemeinschaftsgarten

Foyer als fließender
Interaktionsraum

Foyer / Auditorium /
Interaktionsraum

Zugang Dachterrasse

Isometrie der Funktionen.
Isometry of the functions.

**Arbeitsbereich im Obergeschoss.
Die festen Einbauten im Spore
Haus sind aus Eichenholz.**
The work space on the upper
floor. The fixed installations in
the Spore Haus are made of oak.

weich wirkenden Sitzbrocken aus roten Betonresten im Außenraum weisen auf die fürsorgliche Haltung hin und verbreiten eine Selbstverständlichkeit, die den Eintritt für Nachbarn und Passanten erleichtern soll.

Das Gegenteil von Schwellenangst ist das erklärte Ziel der Stiftung. Verstärkt wird die schöne Atmosphäre durch die sehr eleganten, bewährt-gebrauchten Interieurs in den Büros, Studios und Gastzimmern, die eine sanfte lateinamerikanische Melancholie verströmen und von einem brasilianischen Mitarbeiter vor Ort ausgesucht wurden. Auch das rational begründbare Tragwerk der auffälligen Sichtbetonrippen unter der erdgeschossigen Decke wirkt formal midcentury und erinnert an expressive Konstruktionen von Félix Candela oder Pier Luigi Nervi. Es stellt die Lastverteilungskurven dar, die sich aus den bewusst an dieser Stelle weggelassenen Stützen und den daraus resultierenden Auskragungen ergeben. Die beteiligten Schweizer Tragwerksplaner Schnetzer Puskas Ingenieure haben sich auch in Deutschland mit der Hamburger Elbphilharmonie und dem Berliner taz-Neubau einen Namen gemacht.

Die exzellente, städtebaulich, architektonisch-räumlich sowie ästhetisch überzeugende Leistung bewertete die Jury unter dem Vorsitz der ehemaligen Berliner Senatsbaudirektorin Regula Lüscher einheitlich als Gewinner des DAM Preis 2025 – einen herzlichen Glückwunsch an die Bauherrin, die Schöpflin Stiftung, sowie an das Team von AFF Architekten!

The Foundation's stated aim is to avoid any sense of anxiety. The pleasant atmosphere is enhanced by the very elegant, distressed interiors of the offices, studios, and guest rooms, that exude a gentle Latin American melancholy, and were selected by a Brazilian staff member on site. Even the rational support structure of the striking exposed concrete ribs under the ground floor ceiling has a formal mid-century look, reminiscent of the expressive constructions of Félix Candela or Pier Luigi Nervi. It represents the load distribution curves resulting from the deliberate omission of columns at this point, and the resulting cantilevers. The project's Swiss structural engineers, Schnetzer Puskas Ingenieure, have also made a name for themselves in Germany with the Elbphilharmonie in Hamburg and the new TAZ building in Berlin.

The jury – chaired by Regula Lüscher, former Senate Building Director and State Secretary for Urban Development Berlin – unanimously selected this outstanding urban, architectural, spatial, and aesthetic achievement as the winner of the DAM Preis 2025. Congratulations to the client, the Schöpflin Foundation, and the team of AFF Architekten.

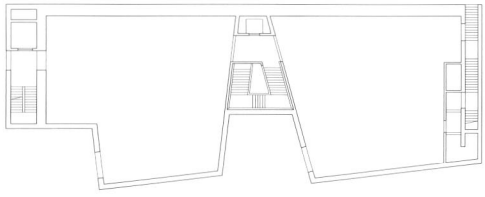

Grundriss 1. Obergeschoss
First floor plan

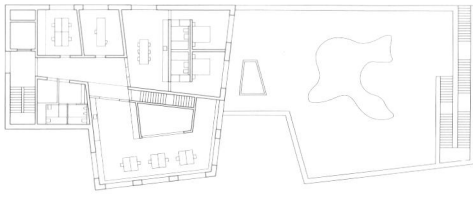

Grundriss 3. Obergeschoss
Third floor plan

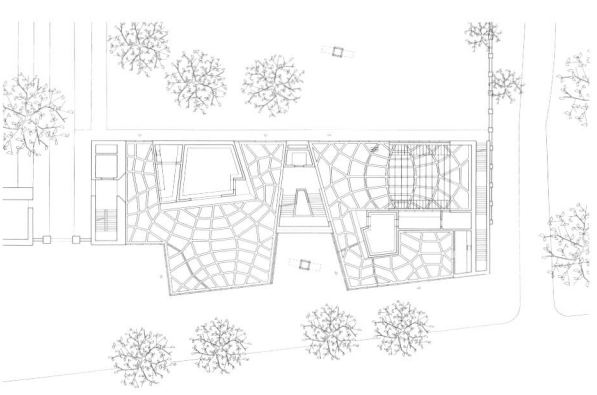

Grundriss Erdgeschoss
Ground floor plan

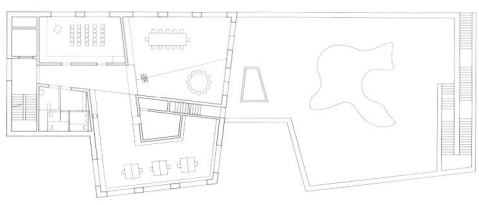

Grundriss 2. Obergeschoss
Second floor plan

Finalisten
Architektur in Deutschland
Finalists
Architecture in Germany
—

2025

bogevischs buero architektur & stadtplanung
Generalsanierung Sophie-Scholl-Haus, München

Kritik **Katharina Matzig**

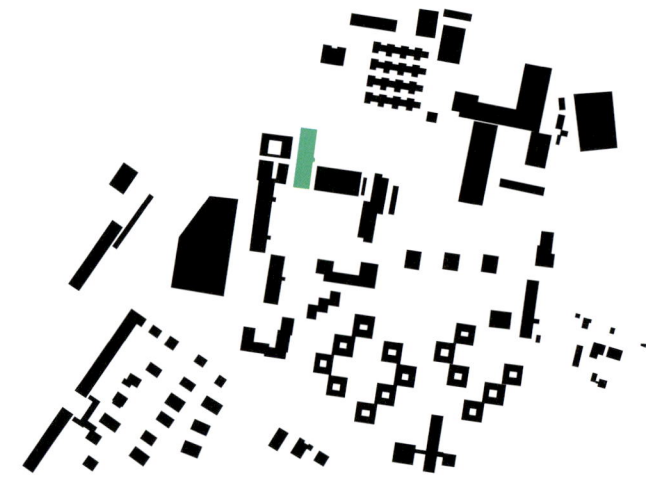

Architekten/Architects
bogevischs buero architektur &
stadtplanung gmbh
Schulstraße 5
80634 München
www.bogevisch.de
info@bogevisch.de

Projektteam/Project team
Ritz Ritzer, Projektkoordination
Martin Wißmann, Projektleiter
Ann-Kristin Schneider, Projektleiterin
Giulia Deon, Projektmitarbeit
Susanna Liedgens, Projektmitarbeit

Bauherren/Clients
Studierendenwerk München
Oberbayern AdÖR, München

Tragwerksplanung/
Structural engineering
HOCH BAUSTATIK – Ingenieurbüro
für Bauwesen, München

Heizung, Sanitär/Plumbing, heating
Ingenieurbüro Konrad Huber GmbH,
München

Elektro/Electrical engineering
GT Geisler-Tannhoff GmbH & Co. KG,
Unterhaching

Bauphysik, Akustik/
Building physics, acoustics
Müller-BBM Building Solutions GmbH,
Planegg

Brandschutz/Fire prevention
K33 Riedner Wagner Gerhardinger
Architekten Part GmbB, München

Landschaftsarchitektur/
Landscape architecture
Veronika Richter –
Landschaftsarchitekten, München

Haustechnik/Building services
Ingenieurbüro Konrad Huber GmbH,
München

Sonstige/Others
Betonsanierung/Concrete restoration –
Ingenieurbüro Schiessl Gehlen
Sodeikat GmbH, München
Bauleitung für bogevischs buero/Site
management for bogevischs buero –
Christoph Maas Architekturbüro
GmbH, München

Standort/Location
Christoph-Probst-Straße 12
80805 München

Fertigstellung/Completion
Mai 2023

Fotografie/Photography
Julia Knop, Hamburg (S. 23,
S. 24 unten/bottom)
Rainer Taepper, Deggendorf (S. 22,
S. 24, S. 27, S. 28)

Im Hintergrund die unsanierte Fassade
eines baugleichen Nachbarhauses.
In the background: the unrenovated
façade of an identical neighbouring house.

Blick auf das olympiablaue Sophie-Scholl-Haus von Westen.
View of the Olympic blue Sophie-Scholl-Haus from the west.

Unter drei Semestern geht gar nichts. Vier bis fünf Wartesemester werden bei den meisten Wohnanlagen auf der Liste des Studierendenwerks München Oberbayern angegeben, also zwei bis zweieinhalb Jahre Wartezeit. Das gilt auch für das Blaue Haus in der Christoph-Probst-Straße 12 in München. Fällig für eines der 246 Einzelapartments werden dann 382,90 bis 455,50 Euro Warmmiete pro Monat. Kein Wunder also, dass Aron, Student der Mechatronik und Robotik an der TU München, megaglücklich ist: Er wohnt im Erdgeschoss des Blauen Hauses, das seit seiner Sanierung Sophie-Scholl-Haus heißt, in einer Stadt, die laut Institut der deutschen Wirtschaft bundesweit erneut die teuerste ist, vor Stuttgart, Berlin und Frankfurt: Bei 25 Euro liegt der Median-Mietpreis pro Quadratmeter bei kleinen Wohnungen in München. Kalt. »Es gibt eine wahnsinnige Diskrepanz zwischen dem verfügbaren Wohnraum und dem Bedarf«, weiß das Studierendenwerk. Knapp 9.000 Wohnungen kann es verteilen, zugleich stehen jedes Jahr im September durchschnittlich rund 12.000 Studierende auf der Warteliste.

In less than three semesters, it is impossible. Most of the student residences run by the Munich *Studierendenwerk* ('Student Union') in Upper Bavaria have a waiting list of four-to-five semesters, which means a waiting period of two to two-and-a-half years. This also applies to the Blaues Haus ('Blue House') at Christoph-Probst-Strasse 12 in Munich. The rent for one of the 246 individual apartments is between 382.90 and 455.50 euros per month. No wonder Aron, a student of mechatronics and robotics at the Technical University of Munich, is super happy: he lives on the ground floor of the Blaues Haus, which since its renovation has been called the Sophie-Scholl-Haus, in a city that, according to the German Economic Institute, is once again the most expensive in the country, ahead of Stuttgart, Berlin, and Frankfurt: the average net cold rent per square metre for small apartments in Munich is 25 euros. 'There is an unbelievable discrepancy between available housing and demand,' said the Studierendenwerk. It can allocate just under 9,000 flats, but at the same time there is an average of 12,000 students on the waiting list every September.

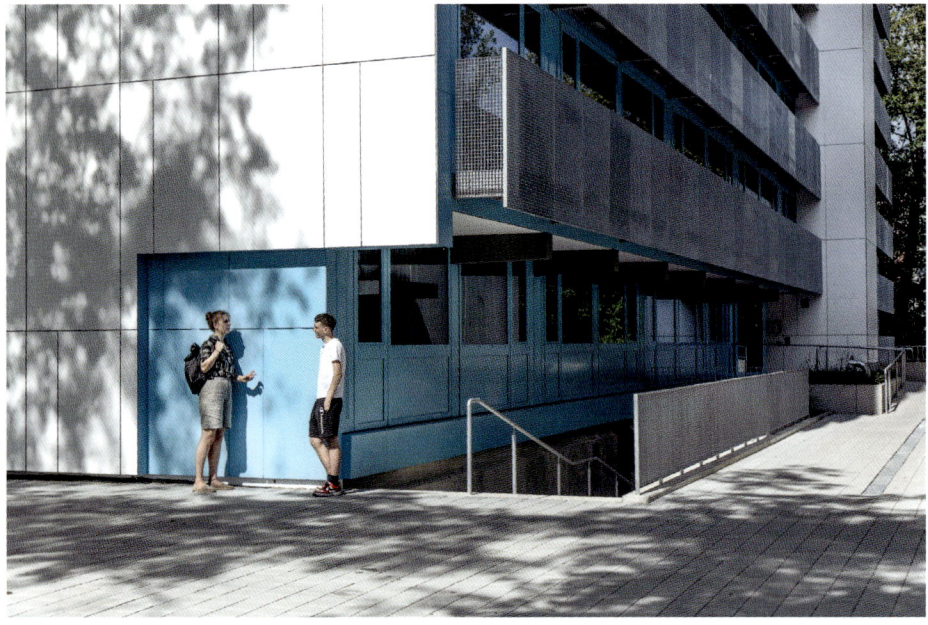

Die Studierendenstadt in Freimann ist zwischen 1961 und 1977 entstanden.
The student city in Freimann was built between 1961 and 1977.

Rampe zum Fahrradkeller im Untergeschoss.
Ramp to the bicycle cellar in the basement.

Die Zahlen waren andere, die Not allerdings war vergleichbar, als sich Ende der 1950er Jahre Rektoren und Professoren der Münchner Hochschulen sowie der damalige Geschäftsführer des Studentenwerks München zusammentaten, um in Anlehnung an die Cité Internationale Universitaire de Paris ein Konzept für eine Studentensiedlung zu entwickeln, zunächst mit rund 1.500 Wohnplätzen, die sich bis zum Jahr 1971 bereits auf 2.478 erhöhten. Acht Hektar in Schwabing-Freimann im Norden Münchens stellte der damalige bayerische Ministerpräsident Hanns Seidel zur Verfügung; 1960 entschied Ernst Maria Lang in der Architektengemeinschaft Lang und Pogadl den Planungswettbewerb für sich. Ab 1961 wuchs dann die Studentenstadt Freimann, die sich aufteilt in eine sogenannte Altstadt mit niedriggeschossigen Gebäuden und in die 1974 bis 1975 fertiggestellte Neustadt, in der sich fünf bis zu 19 Geschosse hohe Bauten in den überwiegend weißblauen Himmel recken. Benannt wurden diese damals nach den Farben ihrer Fensterprofile, die Studierenden lebten im Grünen, Orangen, Roten oder eben Blauen Haus. Das Erich-Markel-Haus erinnert zudem an den Präsidenten der Max Kade Foundation, ohne die die StuSta, die größte Studierendensiedlung Deutschlands, nicht realisiert hätte werden können. Platz und Geld gab es damals zudem für Deutschlands erste Krippe für Kinder studierender Eltern. Mit dem charakteristischen, barock geschwungenen L, mit dem der Karikaturist Ernst Maria Lang seine politischen Spitzfedrigkeiten in der *Süddeutschen Zeitung* signierte, haben die Entwürfe des Architekten Ernst Maria Lang und seines Kompagnons Sepp Pogadl allerdings wenig gemein: Die Häuser in der StuSta sind klar der betonbrutalistischen Moderne verpflichtet.

Aron, seine Mitbewohnerinnen und Mitbewohner sowie Gäste – 1968 wurde die Trennung in Häuser nur für Männer und nur für Frauen aufgehoben, ein Jahr zuvor war bereits die nächtliche Besuchszeitbeschränkung abgeschafft worden – haben somit noch weitere Gründe, überaus glücklich zu sein. Sie haben nicht nur ein bezahlbares Dach über dem Kopf, sondern auch ein sozialpolitisch und architekturhistorisch besonderes. Und das ist es auch wieder: Denn nach der Generalsanierung, die im April 2023 abgeschlossen wurde, ist das Sophie-Scholl-Haus ein Maßstäbe setzendes Manifest der auch ästhetischen Ertüchtigung von Bestandsbauten aus den 1970er Jahren. Seine graue Energie ist heute blau leuchtendes Beispiel für zeitgemäßen, ansprechenden und nachhaltigen Wohnkomfort.

The numbers were different, but the need was comparable when, in the late 1950s, the rectors and professors of Munich's universities, and the manager of the Munich Student Union, came together to develop a concept for a student village based on Cité Internationale Universitaire de Paris. Initially there were around 1,500 places to live, and by 1971 the number had risen to 2,478. Eight hectares in Schwabing-Freimann in the north of Munich were made available by the Bavarian Minister-President, Hanns Seidel, and in 1960 Ernst Maria Lang of the architectural firm Lang und Pogadl won the planning competition. From 1961, the *Studentenstadt* ('student city' or 'StuSta') Freimann began to grow, divided into an old town of low-rise buildings and a new town, completed between 1974 and 1975, where five buildings up to 19 storeys high rise up into the predominantly white-blue sky. The buildings were named after the colours of their window frames: students lived in the green, orange, red, and blue houses. The Erich-Markel-Haus is also named after the president of the Max Kade Foundation, without whom the StuSta, Germany's largest student housing complex, would not have been built. At the time, there was also space and money for Germany's first crèche for the children of student parents. The designs by architect Ernst Maria Lang and his partner Sepp Pogadl have little in common with the characteristic baroque curved L with which the cartoonist Ernst Maria Lang signed his political cartoons in the *Süddeutsche Zeitung*: the buildings in the StuSta are clearly indebted to concrete brutalist modernism.

Aron, his housemates, and their guests – the segregation of men's and women's houses was only abolished in 1968, and the restriction on night visitors was lifted a year earlier – have other reasons to be extremely happy. Not only do they have an affordable roof over their heads, but also one that is special in socio-political and architectural terms. And that's exactly what it is: after the general refurbishment, completed in April 2023, the Sophie-Scholl-Haus is a benchmark for the aesthetic upgrading of existing buildings from the 1970s. Its grey energy is now a shining blue example of contemporary, appealing, and sustainable-living comfort.

Zu verdanken ist das Rainer Hofmann und Ritz Ritzer und ihrem Team von bogevischs buero. Die Generalsanierung des Blauen Hauses, die die Münchner Architekten in einem VgV-Verfahren Anfang 2017 gewannen, entspricht nämlich nicht nur einer Haltung, die genossenschaftliches Wohnen und partizipative Planungsprozesse hochpreisiger Premiumarchitektur vorzieht. Mit der 2010 abgeschlossenen Sanierung beziehungsweise Erneuerung des wenige Kilometer entfernten Bungalowdorfs, von Werner Wirsing für das Olympische Dorf erdacht,[1] hatten sie sich bereits intensiv mit dieser speziellen Bauaufgabe und -zeit auseinandergesetzt.

Vor besondere Herausforderungen stellten die Architekten beim Blauen Haus asbesthaltige Bauteile sowie die baukonstruktiven und bauphysikalischen Mängel: Jedem Architekturerstsemester sei ein Ausflug nach Freimann empfohlen, um sich bei den momentan ärgerlicherweise leer stehenden, bislang noch unsanierten baugleichen Nachbarhäusern ganz praktisch mit dem Thema Wärmebrücke zu befassen. Von der Lösung der Architekten, die gleichermaßen energetisch, statisch sowie innen- wie außenräumlich wirkt, lässt sich trefflich lernen: Sie schlugen die alte Balkonkonstruktion mit ihren charakteristischen monolithischen Kragträgern einfach dem Gebäudeinneren zu. Die Gesamtwohnfläche vergrößerte sich dadurch von gut 3.900 auf über 4.720 Quadratmeter. Das heißt: Jedes der 426 Apartments – entstanden sind zudem drei barrierefreie Wohneinheiten – gewann kostbare zwei Quadratmeter hinzu. Auf Freiraum müssen die Studierenden trotzdem nicht verzichten: Thermisch getrennt sorgen die auf beiden Hauslängsseiten angebrachten Fluchtbalkone aus verzinkten Gitterrosten für vertikale und horizontale Kommunikation untereinander sowie für mehr Tageslicht in den nun knapp 19 Quadratmeter großen Einheiten entlang der mittig liegenden Flure. Damals wie heute öffnen sich die Einraumapartments komplett auf den nun jedoch transparenten Balkon. Damals wie heute leuchten die Holz-Alu-Profile blau, auch wenn statt des ursprünglichen dunkleren Blautons das Sophie-Scholl-Haus in Otl-Aicher-Olympiablau leuchtet und charmant an die Bürogeschichte erinnert.

1 Siehe: Yorck Förster: Studentenwohnanlage im Olympischen Dorf, in: Deutsches Architektur Jahrbuch 2010/11, München 2010, S. 34.

This is the work of Rainer Hofmann and Ritz Ritzer and their team at bogevischs buero. The general refurbishment of the Blaues Haus, which the Munich architects won in a *Vergabeverordnung* (VgV: 'Public Procurement Ordinance') procedure at the beginning of 2017, not only reflects an attitude that prioritises cooperative living and participatory planning processes over high-priced premium architecture. With the renovation and renewal of the bungalow village[1] designed by Werner Wirsing for the Olympic Village a few kilometres away – completed in 2010 – they had already dealt intensively with the specific building task and time period.

The architects faced particular challenges in the Blaues Haus: asbestos-containing components, structural and physical defects. A trip to Freimann is a must, for any first-year architecture student, to get a hands-on look at the problem of thermal bridging in the identically constructed neighbouring houses, which are annoyingly empty and have yet to be renovated. The architects' solution, which has an equal impact on energy efficiency, static, and the interior and exterior spaces, is an excellent learning tool: they simply enclosed the old balcony construction, with its characteristic monolithic cantilever beams, into the interior of the building. This increased the total living area from just over 3,900 to over 4,720 square metres. This means that each of the 426 apartments – three of which are wheelchair accessible – has gained two precious square metres. But there is still plenty of space for the students: the emergency balconies, made of galvanised wire mesh and attached to both sides of the building, ensure vertical and horizontal communication between the students, and provide more daylight in the units along the central corridors, which now measure almost 19 square metres. Then as now, the one-bedroom flats open fully onto the now transparent balcony. Then as now, the wood-aluminium profiles glow blue, although instead of the original, darker shade of blue, the Sophie-Scholl-Haus now glows in Otl Aicher's Olympic blue, a charming reminder of the architectural office's history.

1 see: *Deutsches Architektur Jahrbuch 2010/11*, Yorck Förster, 'Studentenwohnanlage im Olympischen Dorf München', p. 34.

Der Haupteingang zum Sophie-Scholl-Haus.
Main entrance of the Sophie-Scholl-Haus.

**Briefkastenanlage und
Kommunikationsbereich
im Foyer.**
Mailbox unit and
communication area in
the foyer.

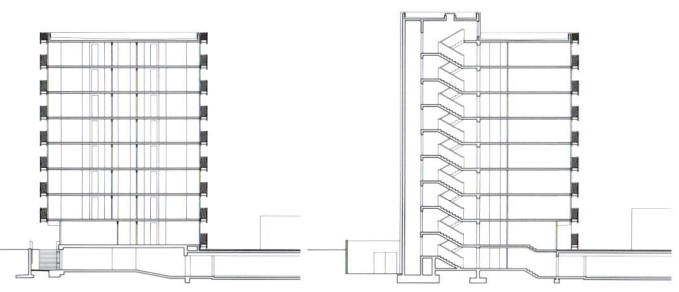

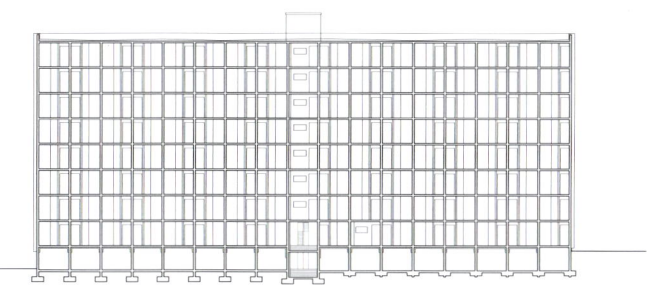

Schnitte
Sections

Neue quadratische Fenster
erlauben den Sichtkontakt
zum Erschließungskorridor.
New square windows allow
visual contact with the access
corridor.

Perspektivskizze eines
neuen Zimmers.
Perspective sketch of
a new room.

Deutlich sichtbar an der
Zimmerdecke ist der alte
Gebäudeabschluss.
The old building structure is
clearly visible on the ceiling
of the rooms.

Räumlich großzügig befreiten die Architekten auch den Eingang in den achtgeschossigen Riegel von Wänden. Gestalterisch großzügig beließen sie das Treppenhaus in seiner in die Jahre gekommenen Betonästhetik. Bescheiden, aber wirkungsvoll veredelt der hölzerne Handgriff. Die halbgerundeten Betonfertigteile an den Wohnungseingängen wurden gereinigt, die Maserung der Schalung ist wieder sicht- und fühlbar und sorgt für robuste Eleganz in den langen Fluren, die dank kleiner Fenster Blickkontakt in die Küchen und vice versa ermöglichen. Neu geordnet sind nämlich die Grundrisse: Die drei Meter breiten Schotten nehmen heute statt des Bads am Eingang die blaue Küchenzeile auf. Die konventionell gebauten Bäder schließen an, sie übernehmen die Rundung der Flurelemente und lassen außen Platz für einen schmalen Schrank. Vor allem vom neutral weißen Bett aus ist an der weißen Decke die feine Fuge zu sehen. Er habe sich schon gefragt, was das wohl sei, gibt Aron zu. Darauf, dass sie die ehemalige Außenfassade markiert, wäre er nicht gekommen. Aber er ist mega-glücklich über den zusätzlichen Raum, den er und das gesamte Haus gewonnen haben.

The architects also freed the entrance area to the eight-storey block from walls. In a generous design move, they left the staircase in its aging concrete aesthetic. The wooden handrail is a modest but effective refinement. The semicircular prefabricated concrete elements at the entrances to the apartments have been cleaned and the grain of the formwork can be seen and felt again, creating a robust elegance in the long corridors where small windows allow eye contact in both directions between the kitchens and the corridors. The layouts have been rearranged: the three-metre-wide bulkheads now house a blue kitchen unit instead of bathrooms at the entrance. The conventionally built bathrooms are next to it, following the curve of the corridor elements and leaving space for a narrow cupboard on the outside. The fine joint is visible on the white ceiling, especially from the neutral white bed. 'I wondered what it was,' Aron said. He would never have guessed that it marked the former exterior façade. But he is delighted with the extra space that he and the whole house has gained.

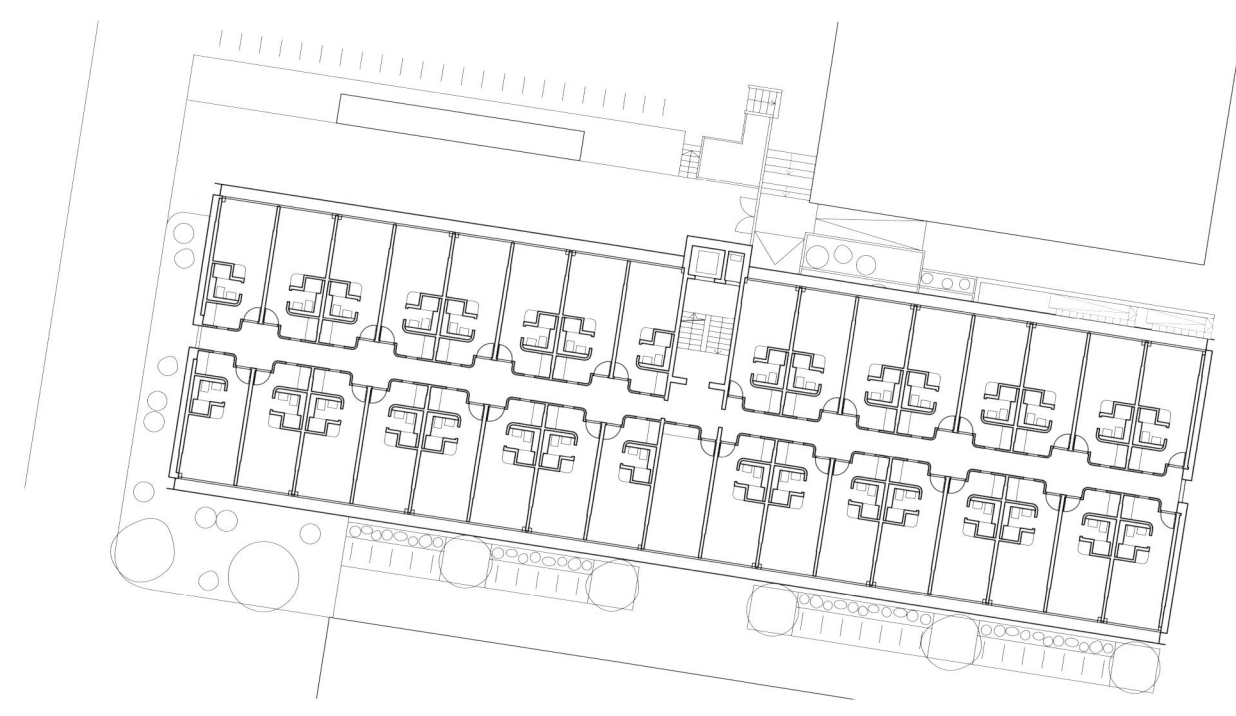

Grundriss Regelgeschoss
Typical floor plan

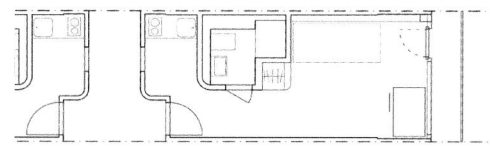

Zimmergrundriss
Room floor plan

HABERMANN ARCHITEKTUR
Kulturweberei, Finsterwalde

Kritik **Oliver Elser**

Architekten / Architects
HABERMANN ARCHITEKTUR
Großbeerenstraße 30
10965 Berlin
www.habermann-architektur.de
clemens.habermann@habermann-
architektur.de

Projektteam / Project team
Clemens Habermann, künstlerische
Leitung
Jürgen Habermann, Bauleitung
Lukas Bartke, Entwurfsarchitekt
Niclas Gebhardt, Ausführungsplanung
Aina Perello, Ausführungsplanung
Lion Schreiber, Visualisierung

Bauherren / Clients
Stadtverwaltung Finsterwalde

**Tragwerksplanung /
Structural engineering**
HABERMANN ARCHITEKTUR,
Finsterwalde

**Haustechnik, Heizung, Sanitär,
Elektro / Building services
engineering, plumbing, heating,
electrical engineering**
AHS Ingenieurgesellschaft mbH,
Falkenberg

Bauphysik / Building physics
GWJ Ingenieurgesellschaft für
Bauphysik mbH, Cottbus

Akustik / Acoustics
Graner + Partner Ingenieure GmbH,
Bergisch-Gladbach

Lichtplanung / Lighting design
HABERMANN ARCHITEKTUR, Berlin
AHS Ingenieurgesellschaft mbH,
Falkenberg

Brandschutz / Fire prevention
HABERMANN ARCHITEKTUR,
Finsterwalde
Ingenieurbüro Schneider-Zolchow,
Burg (Spreewald)

**Landschaftsarchitektur /
Landscape architecture**
Rehwaldt Landschaftsarchitekten
GmbH, Dresden

Kunst am Bau / Artworks
Isabel Kerkermeier, Berlin

Sonstige / Others
Theater Engineering
Ingenieurgesellschaft mbH, Berlin

Standort / Location
Oscar-Kjellberg-Straße 9
03238 Finsterwalde

Fertigstellung / Completion
April 2023

Fotografie / Photography
Jennifer Endom, Berlin
Clemens Habermann, Berlin (S. 35)

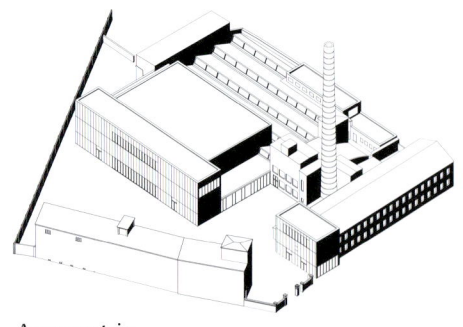

Axonometrie
Axonometry

Hauptzugang. Die neuen Zwillingsbauten haben Fassaden aus stehenden Ziegeltafeln.
Main entrance. The façades of the new twin buildings are made up of vertical brick panels.

Dieses Gebäude ist nicht ganz das, was es zu sein scheint. Einer der Juroren zum DAM Preis 2025 brachte beim gemeinsamen Besuch der Jury in Finsterwalde mit einer Art Stoßseufzer hervor, dass es ja wohl zu 99 Prozent ein Neubau sei, garniert mit lediglich einer Handvoll tatsächlich alter gusseiserner Stützen. Aber selbst wenn das der Fall wäre (erhalten wurde hingegen sehr viel mehr historische Bausubstanz) – was soll daran eigentlich problematisch sein?

Um zu ermessen, warum die Jury mit solcher Leidenschaft über die Kulturweberei diskutiert hat, gilt es zuerst zu erklären, was hier tatsächlich neu ist und was alt: Der Komplex der Kulturweberei besteht aus der sogenannten Alten Weberei, einem dreigeschossigen Industriebau, der bisher nicht saniert wurde, sowie aus einem vielteiligen Konglomerat von Bauten, die alle direkt aneinanderstoßen. Am auffälligsten sind die beiden Gebäudeteile mit den Fassaden aus roten Ziegeln. Die Ziegelsteine, technisch gesehen sind es Riemchen, werden mit einem Raster aus dünnen Metallprofilen gerahmt. Diese beiden Gebäudetrakte, die wegen des Ziegel-Stahlrahmen-Motivs an berühmte

This building is not quite what it seems. During the jury's visit to Finsterwalde, one of the jurors for the DAM Preis 2025 sighed in exasperation and said it was probably 99 per cent new, with only a handful of really old cast-iron columns. But even if that were the case (much more of the historic structure has been preserved), what is the problem?

To understand why the jury was so passionate about the Kulturweberei ('Cultural Weaving Mill'), it is necessary to explain what is new and what is old. The Kulturweberei complex consists of the so-called 'Old Weaving Mill', a three-storey industrial building that has not yet been renovated, and a multi-part conglomerate of buildings, all adjoining each other. The two parts of the building with the red brick façades are the most striking. Technically speaking, the bricks are framed by a grid of thin metal sections. These two wings, whose brick and steel frame motif recalls famous industrial buildings in the Ruhr area – such as the Zeche Zollverein ('Zollverein Coal Mine Industrial Complex') in Essen by Schupp and Kremmer (1928–1932) – are new. The block facing the street houses the ticket counter, offices, and a historic

Industriebauten des Ruhrgebiets wie die Essener Zeche Zollverein von Schupp und Kremmer (1928–1932) erinnern, sind jedoch – manche mag es überraschen – neu errichtet worden. Der an der Straße gelegene Block beherbergt den Ticketverkauf, Büros und eine historische Webmaschine. Ihm kommt die Aufgabe zu, an der Straße »eine Adresse zu bilden«, wie es im Jargon des Architektischen gern formuliert wird. Der zweite, weitaus größere Block nimmt den Konzertsaal, das Zentrum der Anlage, auf, der für bis zu 640 Personen bestuhlt werden kann. Das ist für eine Stadt von 16.000 Einwohnern eine gewaltige Dimension. Als geräumiges Foyer dient die etwa 30 mal 20 Meter große Shedhalle.

Sie ist jener Teil des Industrieensembles, der vor mehr als 20 Jahren die Fantasie angeregt hat, hier eine Kombination aus Stadthalle und Konzerthalle zu bauen, um dem selbstgesteckten Image der »Sängerstadt« endlich einen angemessenen Rahmen bieten zu können. *Wir sind die Sänger von Finsterwalde* ist der Titel eines Theaterstücks, das im Jahr 1899 in Berlin uraufgeführt wurde. Der Name der Stadt stand damals als recht beliebiger Platzhalter für ein Städtchen irgendwo draußen in der Provinz. Doch der Song von den Sängern wurde zum Gassenhauer und kurz darauf von den zunächst wenig begeisterten Finsterwaldern ins Positive zum Markenzeichen gewendet.

Das Industriedenkmal Shedhalle erwies sich während des Planungsprozesses als zu fragil, um es in Gänze erhalten zu können. Lediglich die Stahlstützen konnten bewahrt werden. Die darüber gespannte Sägezahnkonstruktion des hölzernen Sheddachs wurde abgebrochen und im selben Material rekonstruiert.

loom. Its function is to 'form an address' on the street, as it is often called in architectural jargon. The second, much larger block houses the concert hall, the heart of the complex, which can seat up to 640 people. This is an enormous dimension for a town of 16,000 inhabitants. The spacious foyer is the 30-by-20-metre Shedhalle.

It was this part of the industrial complex that, more than 20 years ago, gave rise to the idea of building a combination town hall and concert hall here, to give the self-proclaimed 'singing town' a fitting setting. *Wir sind die Sänger von Finsterwalde* ('We are the singers of Finsterwalde') is the title of a play first performed in Berlin in 1899. At the time, the name of the town was used as a rather arbitrary placeholder for a small town somewhere in the countryside. But the song about the singers became a popular hit, and soon the initially unenthusiastic people of Finsterwalde turned it into a positive trademark.

During the planning process, the industrial monument of the Shedhalle proved too fragile to be preserved in its entirety. Only the steel columns could be preserved. The saw-tooth construction of the wooden shed roof above was demolished and rebuilt in the same material.

Shedhalle mit den historischen Gussstützen, neuem Dach und neuer Bar.
The Shedhalle with its historic cast-iron columns, new roof, and new bar.

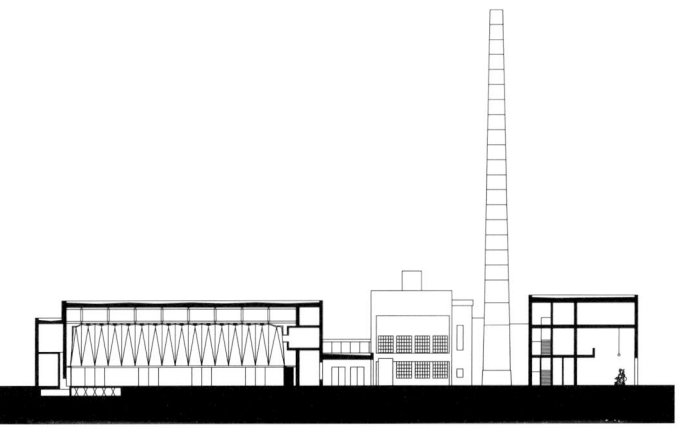

Schnitt
Section

Die Alte Weberei, die Shedhalle, die Konzerthalle sowie ihr Zwilling an der Straße: Der Komplex umfasst außerdem noch ein denkmalgeschütztes Kesselhaus mit einem markanten, ebenfalls unter Schutz stehenden Schornstein sowie einen weiteren Gebäudetrakt vorne an der Straße, der von einer Schlosserei genutzt wird, die sonst nicht in Erscheinung tritt. In den kommenden Jahren soll die Alte Weberei behutsam saniert und in eine öffentliche kulturelle Nutzung überführt werden. Das wäre eine Chance, den sonst nur zu Veranstaltungen genutzten Komplex zu öffnen.

Die Kulturweberei hat eine so lange Vorgeschichte, dass es nicht angemessen erscheint, das Bauwerk allein nach allerhöchsten architektonischen Kriterien zu beurteilen – zumal man sich wirklich lange darüber streiten kann, ob der industrielle Charakter des Ensembles zu sehr »retro« geraten ist oder ob es wirklich ein Sakrileg darstellt, dass die Ziegelfassaden nur aus dünnen Riemchen bestehen. Da prallen in der Diskussion schnell mal Glaubenssätze aneinander. Materialechtheit! Zukunft statt Vergangenheit! Gemach, gemach.

Es ist fast ein kleines Wunder, dass der Bau überhaupt zustande kam. Bereits 2012 wurde der Wettbewerb entschieden, in dem HABERMANN ARCHITEKTUR den zweiten Preis errangen. Doch die Erstplatzierten zogen sich wegen einer strittigen Vertragsformulierung zurück. Danach geriet das Vorhaben in die Mühlen der Kommunalpolitik. Freiwillige Sozialleistungen der Kommune wurden den befürchteten jährlichen Aufwendungen für den Kulturbau gegenübergestellt. Die Kulturweberei war Stammtischthema. Im Jahr 2016 wurden die Bürgerinnen und Bürger deswegen zu den Wahlurnen gerufen. Eine Volksabstimmung fand statt, in der sich eine Mehrheit für den Bau aussprach. Nochmals wurde am Entwurf gefeilt, wieder konnte das Büro die städtischen Auftraggeber überzeugen. Es wird von Clemens Habermann repräsentiert, der bereits seine Bachelorarbeit der Kulturweberei gewidmet hatte und danach im Büro seines Vaters immer größere Aufgaben übernahm. Er hat, das zeigen die anderen aktuellen Projekte des Büros, eine klare Handschrift. Die Kulturweberei ist vor diesem Hintergrund eben kein lediglich zufällig auf »retro« getrimmtes Projekt. Auch bei anderen Bauten von Habermann ist erkennbar, dass architekturgeschichtliche Bezüge eine große Rolle spielen.

The Alte Weberei ('Old Weaving Mill'), the Shedhalle, the concert hall, and its twin on the street: the complex also includes a listed boiler house with a striking chimney, as well as another building at the front on the street side, which is used by a locksmith's shop that otherwise goes unnoticed. In the coming years, the Alte Weberei is to be carefully renovated and converted for public cultural use. This would be an opportunity to open up the complex, which is otherwise only used for events.

The Kulturweberei has such a long history that it seems inappropriate to judge the building solely on the basis of the highest architectural criteria – especially since one can argue for a long time about whether the industrial character of the ensemble is too 'retro', or whether it really is sacrilege that the brick façades consist only of thin strips. Dogma quickly clashes in the discussion. Authentic materials! The future, not the past! Keep calm.

It is almost a minor miracle that the building has been realised at all. The competition had already been decided in 2012, with HABERMANN ARCHITEKTUR winning second prize. However, the winners withdrew due to a disagreement over the wording of the contract. The project was then caught up in local politics. The community's voluntary social services were weighed against the feared annual costs of the cultural centre. The cultural centre was the subject of regular discussions. In 2016, the citizens were called to the ballot box. A referendum was held, and the majority voted in favour of the building. The design was refined once again, and the office was able to win over the municipal client once more. The firm is represented by Clemens Habermann, who wrote his bachelor's thesis on the Kulturweberei, and has since taken on increasing responsibilities in his father's office. As the office's other current projects show, he has a clear style. Against this background, the Kulturweberei is not just a project that has been given a retro makeover by chance. In Habermann's other buildings too, references to architectural history play an important role.

Blick auf die unsanierte
Alte Weberei.
View of the unrestored
Alte Weberei.

**Der Veranstaltungssaal mit
Hubbühne und Schubtribüne.**
The event hall with an elevated
stage and sliding grandstand.

**Raumtrennwand im
Veranstaltungssaal, links
die stoffüberspannten
Akustikprismen.**
Auditorium partition. Left: the
fabric-covered acoustic prisms.

Im Herzstück der Kulturweberei, dem Konzertsaal, ist das Vorbild hingegen ein eher technisches. Um das Innere der Halle an die unterschiedlichsten Klangsituationen anpassen zu können, muss das Echo zunächst maximal absorbiert werden. Dafür sorgen große Prismen an den Wänden, die an einen physikalischen Versuchsraum zur Schallunterdrückung erinnern. Ein System aus Mikrofonen und Lautsprechern sorgt dafür, dass sich jede gewünschte Klangfarbe im Saal einstellen lässt. Der Leiter der Kulturweberei, Jonas Gallin, führt es vor, indem er in die Hände klatscht: ein trockenes Klacken. Wird die Anlage hingegen auf maximales Echo heraufgedreht, scheinen die Wände beim Klatschen zu vibrieren. Der Saal ist teilbar, die Ränge können zusammengeschoben werden. Auch kleine Messen, Bankette und Abschlussbälle der umliegenden Gymnasien finden hier statt. Ungefähr an jedem dritten Abend gibt es eine öffentliche Veranstaltung, hinzu kommen noch Vereinsaktivitäten und Firmenevents.

Nach dem Ortsbesuch in Finsterwalde hat die DAM-Preis-Jury zwar kontrovers über die Architektur diskutiert. In einem Punkt aber waren alle sich einig: dass in Finsterwalde ein ansteckender Teamgeist herrscht, getragen vom Architekten, der Stadt und dem Veranstaltungsmanagement. Gemeinsam mit den Bürgerinnen und Bürgern der Kleinstadt ist hier etwas ungewöhnlich Großes entstanden.

The concert hall at the heart of the Kulturweberei, on the other hand, takes its cue from a more technical source. In order to adapt the hall's interior to a wide range of sound situations, the echo must first be absorbed as much as possible. This is achieved by large prisms on the walls, reminiscent of a physics test chamber for sound suppression. A system of microphones and loudspeakers ensures that any desired sound colour can be created in the hall. Jonas Gallin, director of the Kulturweberei, demonstrates this by clapping his hands. It sounds like a dry click. However, when the volume is turned up to maximum echo the walls seem to vibrate with applause. The hall is separable, the tiers can be pushed together. It is also used for small exhibitions, banquets, and the local high schools' graduation balls. About every third evening there is a public event, in addition to club activities and company events.

After visiting Finsterwalde, the DAM Preis jury discussed the architecture controversially. But they all agreed on one thing: there is a contagious team spirit in Finsterwalde, supported by the architect, the town, and the event management. Together with the citizens of this small town, something extraordinary has been created.

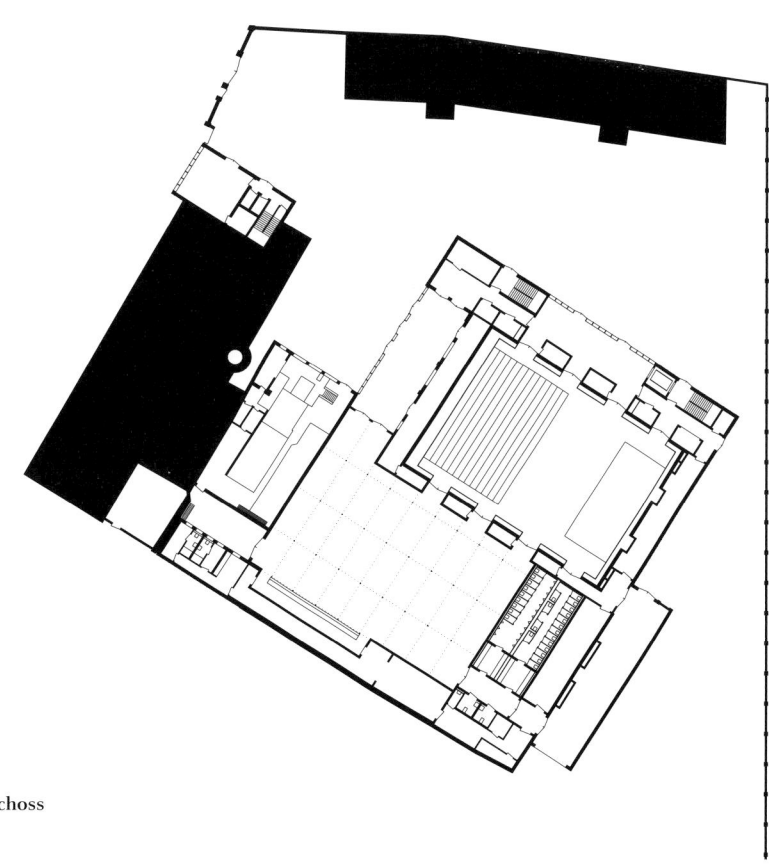

Grundriss Erdgeschoss
Ground floor plan

PETER HAIMERL . ARCHITEKTUR
Clusterwohnen Wabenhaus, München

Kritik **Volker Staab**

Architekten / Architects
PETER HAIMERL . ARCHITEKTUR
Lothringer Straße 13
81667 München
www.peterhaimerl.com
architektur@peterhaimerl.de

Projektteam / Project team
Peter Haimerl, Architekt
Ulrich Pape, Architekt
Tomohide Ichikawa, Architekt

Bauherren / Clients
WOGENO München, Genossenschaft
für selbstverwaltetes, soziales und
ökologisches Wohnen, München

**Beteiligtes Architekturbüro /
Other architects involved**
Balda Architekten
Kurt-Huber-Ring 9
82256 Fürstenfeldbruck
www.balda-architekten.de
HOFFMANNARCHITEKT
Baaderstraße 17
80469 München
www.hoffmann-architekt.eu/
Franz Balda, Architekt
Martin Wellenhofer, Architekt
Rainer Hoffmann, Architekt
Moritz Kauper, Architekt

**Tragwerksplanung /
Structural engineering**
a.k.a. ingenieure / Beck Hintermann
v. Kameke Beratende Ingenieure
PartGmbB, München

**Haustechnik, Heizung, Sanitär /
Building services engineering,
plumbing, heating**
Ingenieur Consult ddk GmbH,
München

Elektro / Electrical engineering
Ingenieurbüro v. Törne GmbH,
München

Bauphysik / Building physics
ig-bauphysik GmbH & Co. KG,
Hohenbrunn

**Innenarchitektur, Lichtplanung /
Interior design, lighting design**
PETER HAIMERL . ARCHITEKTUR,
München

Brandschutz / Fire prevention
BSSP, München

**Landschaftsarchitektur /
Landscape architecture**
Uniola GmbH, München

Fassadenplanung / Façade planning
PETER HAIMERL . ARCHITEKTUR,
München

Standort / Location
Den-Haag-Straße 5
81829 München

Fertigstellung / Completion
Dezember 2023

Fotografie / Photography
Edward Beierle, München

Ansicht vom späteren Gartenhof.
View from the future garden courtyard.

Wir kommen von der U-Bahn-Station München-West und arbeiten uns durch die Monotonie des Wohnungsbaus der seit den 1990er Jahren wachsenden Messestadt Riem mit seinen immer gleichen Wärmedämmverbundsystem-Fassaden, biegen in die Den-Haag-Straße ein – und stehen ganz unvermittelt vor dem Wabenhaus des Architekten Peter Haimerl. Es kommt einer Erlösung gleich: Kräftig, aber in einer angenehmen Maßstäblichkeit steht das Gebäude im Stadtraum und prägt in diesem städtischen Einerlei einen unverwechselbaren Ort. Schon von außen ist das Prinzip der Wabe nicht zu übersehen, das nicht nur das räumliche Konzept des Hauses, sondern eben auch seine äußere Erscheinung, seine Zeichenhaftigkeit bestimmt. Auf der Vorder- und Rückseite des Hauses kommt die Wabenstruktur unterschiedlich am Boden an. Während auf der Rückseite eine modellierte Landschaft die versetzten Sechseck-Einheiten abfängt, bleibt dieser Punkt in der Vorderfassade etwas unscharf.

We arrive at Munich-West underground station, work our way through the monotony of the Messestadt Riem housing estate, which has been growing since the 1990s – with its ubiquitous thermal insulation composite system façades – turn into Den-Haag-Strasse, and suddenly find ourselves in front of the Wabenhaus ('Honeycomb House') by architect Peter Haimerl. It is a relief: the building stands out boldly in the urban space, but on a pleasant scale, and it marks a distinctive place in this urban monotony. The honeycomb principle cannot be overlooked from the outside, and it determines not only the spatial concept of the building, but also its external appearance and symbolic character. At the front and back of the building, the honeycomb structure is applied to the ground in different ways. While a modelled landscape on the rear side absorbs the offset hexagonal units, this point remains somewhat blurred on the front façade.

**Wohnraum und zentrale
Küche in einer durchgesteckten
Zweizimmerwohnung ...**
Living room and central kitchen
in a continuous two-room
apartment ...

... Blick in den Schlafraum.
... a look inside the bedroom.

Der Neugier tut das keinen Abbruch. Denn manche von uns haben sich mit einer gewissen Skepsis auf den Weg nach München-Riem gemacht – mit den Fragen im Kopf, ob es sich hier um eine sehr formale Idee des Wohnens handelt, ob dieses geometrische Spiel mehr Zwänge als Qualitäten entwickeln würde, ob es sich wirklich wohnen lässt in einem Haus mit lauter schrägen Wänden oder ob es vielleicht einer dieser typischen Architektenversuche ist, der das Spezielle, das Ungewöhnliche auf Kosten des Sinnvollen vorschlägt. Viele dieser Vorbehalte wurden beim Betreten der Wohnungen widerlegt.

Sobald man die Schwelle überschritten hat, überwiegt das Gefühl der Selbstverständlichkeit. Gerade bei den kleinen Wohnungen wird der Raumeindruck durch die Auflösung der Vertikalen in den raumbegrenzenden Wänden erstaunlich geweitet. Insbesondere bei den kleinen Zweizimmerwohnungen, die sich über zwei Wabenelemente entwickeln, entfaltet das modulare Prinzip eine erstaunliche Plausibilität. Dadurch, dass die Winkel der Waben aus der Geometrie des Steigungsmaßes der Verbindungstreppen entwickelt sind, verbinden sich in einer Split-Level-Einheit Schlaf- und Wohnraum zu einem großzügigen Gesamtraum, der die geringe Quadratmeterzahl der Wohnung vergessen lässt. Natürlich findet nicht jedes liebgewonnene Möbelstück in diesen prägenden Raumzuschnitten Platz. Doch kann man mit maßgeschneiderten Möbelvorschlägen die Schrägen auf ansprechende Weise ausnützen – dann ergeben sich ungewohnte Möglichkeiten der Aneignung. Maßgeschneiderte Bettgestelle oder Sitzlandschaften, die ihre Qualität aus den Schrägen entwickeln, werden sinnvollerweise bereits von den Architekten angeboten. Durch die jeder Wabe vorgeschaltete Loggia – die nach Osten und Westen ausgerichteten Wohnungen haben sogar zwei – und die raumhohen Verglasungen wird diese Großzügigkeit des Raumgefühls noch einmal verstärkt.

This does not detract from our curiosity. Some of us may have been a little sceptical when we set off for Munich-Riem, wondering whether this was a very formal idea of living, whether this geometric game would create more constraints than quality, whether it would really be possible to live in a house with nothing but sloping walls, or whether it was perhaps one of those typical architectural experiments that suggest the special and unusual, at the expense of the sensible. Many of these reservations were allayed when we entered the apartments.

As soon as you cross the threshold, the feeling of naturalness dominates. Especially in the small apartments, the sense of space is surprisingly expanded by the dissolution of the verticals in the walls that define the space. The modular principle is particularly convincing in the small two-room apartments, which are arranged over two honeycomb elements. The angles of the honeycombs are derived from the geometry of the pitch of the connecting staircase, which combines the sleeping and living areas in a split-level unit to create a generous overall space, and makes you forget the small square meterage of the apartment. Of course, not every beloved piece of furniture can be accommodated in these distinctive layouts. However, the sloping ceilings can be used to great effect with bespoke furniture solutions – opening up unusual possibilities for appropriation. It makes sense, then, that the architects are already offering bespoke bedsteads or seating arrangements that draw their quality from the sloping ceilings. The sense of spaciousness is further enhanced by the loggia in front of each honeycomb – the east and west facing apartments have two – and floor-to-ceiling glazing.

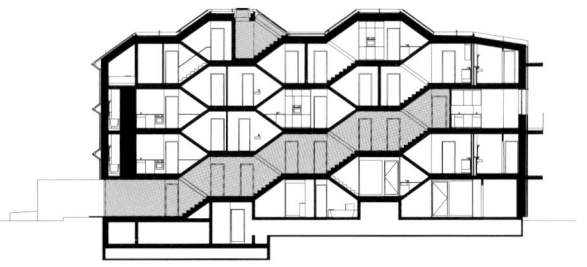

Schnitt. Grau die Himmelsleiter.
Section. The Jacob's ladder is marked in grey.

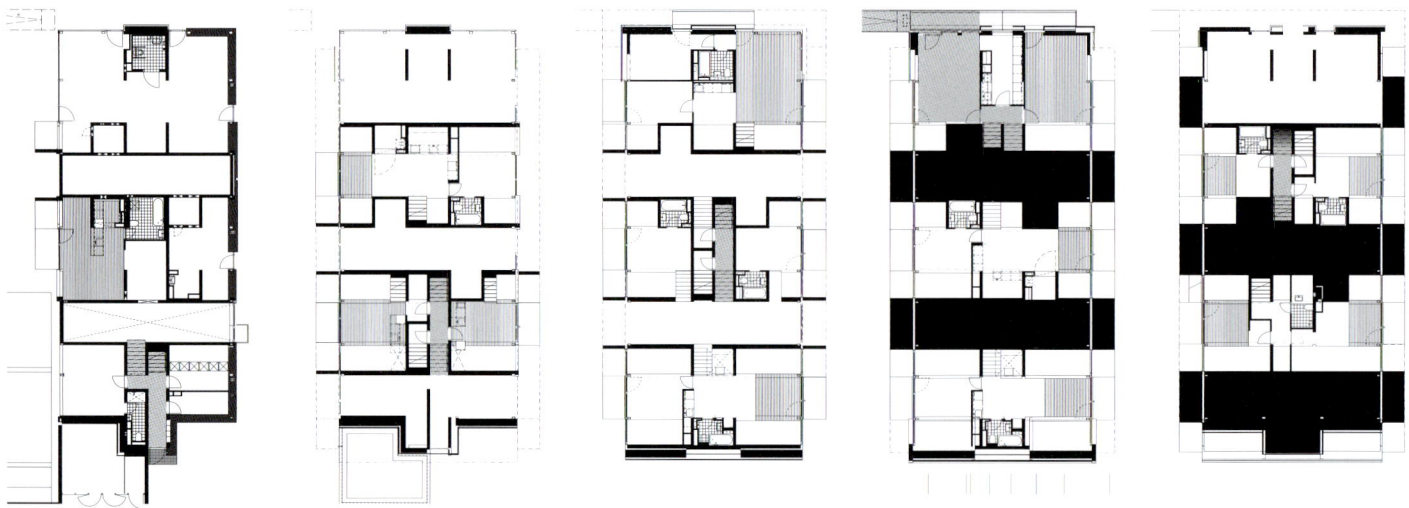

Verschiedene Sitz- und Liegemöbel für die Wohnwabe.
Various seating and lounging furniture for the
honeycomb living room.

Grundrisse Ebene 0 bis 5
Floor plans, levels 0 to 5

Split-Level-Wohnung; rechts
die interne Treppe.
Split-level apartment. Right:
the internal staircase.

**Optimale Raumnutzung auf
mehreren Ebenen.**
Optimal use of space on
several levels.

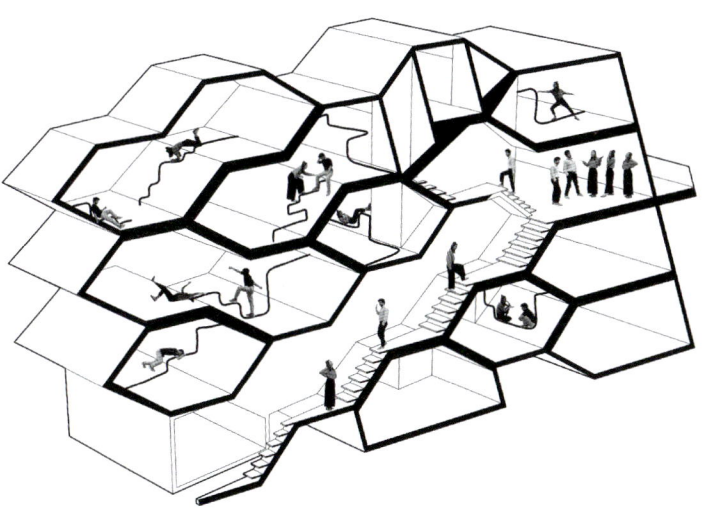

3-D Schnitt
3-D section

43

Die Erschließung ist in der Mitte des Hauses angelegt. Durch die Varianz von durchgesteckten und von einseitig orientierten Wohnungen entsteht eine innere Schlucht, eine Art Himmelsleiter, mit einer sich durch das ganze Haus aufspannenden zweiläufigen Treppe, die alle Wohnungsgeschosse erreicht. Diese Lösung ist außerordentlich platzsparend und ermöglicht es, das gesamte Haus mit nur einem Treppenhaus zu erschließen. Es endet oben auf einer Gemeinschaftsterrasse, die aufgrund der gegen Ende der Bauphase knapp gewordenen Mittel leider in ihrer Größe etwas zurechtgestutzt wurde. Diese so effiziente Erschließung hat jedoch den Nachteil der fehlenden Barrierefreiheit. Erst über ein zweites, benachbartes Gebäude derselben Architekten konnte diese mit Verbindungsbrücken realisiert werden.

Das Haus ist ein Genossenschaftsprojekt. Es bestand daher ein besonderer Bedarf an gemeinschaftlich genutzten Räumen und Zonen, der sich in einer Gemeinschaftsküche und einem Gemeinschaftsraum niedergeschlagen hat. Räumlich kommt das System der Wabe hier an seine Grenzen. Besonders am Gemeinschaftsraum wird dies deutlich, der – einer kleinen Wohnung gleich – am Übergang zum inneren Erschließungsraum sehr abgeschlossen wirkt. Hier, wo der Raumzuschnitt vielleicht größer dimensioniert und offener zum gemeinsamen Erschließungsraum wünschenswert wäre, erscheint die Geometrie der Wabe plötzlich starr. Während sie im Spektrum der Zimmergrößen einer Wohnung also perfekt funktioniert, lässt sich eine Varianz an Raumgrößen und Zonierungen in den gemeinschaftlichen Bereichen nur schwer organisieren. Hier spürt man die Grenzen dieses Systems, zeigt sich die Hermetik der geometrischen Figur der Wabe deutlich.

Und so bleibt die Frage nach dem Exemplarischen dieses Hauses. Kann das Wabenhaus einen Beitrag zu dem immer dringlicher werdenden Problem des Wohnraummangels leisten? Kann es ein räumliches Zukunftsmodell für einen am Gemeinwohl orientierten Wohnungsbau sein?

Auch wenn das Wabenhaus nicht auf alle Fragen des zukünftigen Wohnungsbaus eine Antwort bietet und sich nicht jeder in dieser räumlichen Eigenart zu Hause fühlen wird, liegt das Beispielhafte dieses Gebäudes in seinem Mut, uns zu zeigen, dass Wohnen jenseits des Gängigen machbar und vor allem erfrischend sein kann. Durch das Aufbrechen von scheinbaren Selbstverständlichkeiten entsteht eine bemerkenswerte Identität und Unverwechselbarkeit. Man kann deshalb der Bauherrin und den Architekten zu diesem Mut nur gratulieren und wünschte sich sogleich mehr davon für die gesamte Republik.

Access is in the centre of the house. The variety of apartments, both inserted and one-sided, creates an internal canyon, a sort of Jacob's ladder, with a double staircase that runs through the entire house and reaches all the apartment floors. This access saves valuable space and allows the whole house to be accessed by a single staircase. It ends at the top on a communal terrace, which unfortunately had to be reduced in size at the end of the construction phase due to a lack of funds. This efficient access, however, has the disadvantage of being inaccessible. This could only be achieved by a second, adjacent building by the same architects, with connecting bridges.

The building is a cooperative project, so there was a particular need for communal areas, reflected in a communal kitchen and lounge. This is where the honeycomb system reaches its spatial limits. This is particularly evident in the common room, which appears very closed off at the transition to the inner access area, like a small apartment. Here, where the layout of the room could have been larger and more open to the common access area, the geometry of the honeycomb suddenly seems rigid. While it works perfectly in the spectrum of room sizes in the apartments, it is difficult to organise a variance in room sizes and zoning in the common areas. This is where the limitations of the system become apparent, and the hermetic nature of the honeycomb's geometric shape becomes clear.

And so the question remains as to the exemplary nature of this house. Can the Wabenhaus contribute to the increasingly urgent problem of housing shortage? Can it be a spatial model for the future of social housing?

Even if the Wabenhaus does not provide an answer to all questions of future housing, and not everyone will feel at home in this spatial idiosyncrasy, the exemplary nature of this house lies in its courage to show us that living beyond the conventional is possible and, above all, refreshing. By breaking with the seemingly obvious, a remarkable identity and distinctiveness is created. We can only congratulate the client and the architects on their courage, and hope to see more of it around the country.

**Blick von einer Wabenloggia auf die Verbindungs-
brücke zum angrenzenden Gartenhaus.**
View from a honeycomb loggia onto the connecting
bridge to the adjoining garden house.

Ausschnitt Wabenfassade.
Honeycomb façade, detail.

Vorworte
Prefaces

—

**Yorck Förster, Christina Gräwe,
Peter Cachola Schmal (Hg.)**

Deniz Turgut (JUNG)

Das Deutsche Architekturmuseum richtet sich dieses Jahr nach über dreijähriger Sanierung und dem sehr erfolgreichen Gastspiel im DAM Ostend wieder in seinem Stammhaus am Schaumainkai 43 ein. Ortsunabhängig davon erschien auch während des Interims zuverlässig das *Deutsche Architektur Jahrbuch* als fortlaufende Chronik des Baugeschehens in Deutschland. Das Buch spiegelt Themen, Problemstellungen und auch Trends, die in der Fachpresse und in der Politik diskutiert werden. Und es behält sein Ansinnen fest im Blick, diese Debatten mit realisierten Bauten zu bereichern, die positiv hervorstechen, Inspiration sein und Schule machen können. Die Kritiken zu den Gebäuden stammen sowohl von renommierten als auch jungen Autorinnen und Autoren, die sich vor Ort ein eigenes Bild gemacht haben.

Das Verfahren

Für die Auswahl des Jahrgangs führt zunächst das DAM eine umfassende Recherche zu den neuesten Bauten durch, die eine besondere Qualität der Architektur sowie interessante, experimentelle und vorausschauende Antworten auf die Herausforderungen der unterschiedlichen Bauaufgaben bieten. Jüngere Büros finden dabei eine besondere Beachtung. Es gibt keine Beschränkungen in der Typologie, in der Größe, in der Nutzung oder im Budget der einzelnen Projekte; die einzige Bedingung ist, dass sie realisiert sein müssen. Das Zeitfenster der Fertigstellung für die Gebäude in dieser Ausgabe lag zwischen Ende 2022 und dem Frühjahr 2024. Die Suche unternehmen wir nicht allein: Die meisten Architektenkammern unterstützen uns mit Vorschlägen; für die Koordination und Weiterleitung danken wir herzlich Isabella Göring und Annette Quirin von der Architektenkammer Hessen. Bereichernd waren auch die Hinweise externer Expertinnen und Experten, oft Landesvorsitzende des BDA, die wir um ihre Mitwirkung als Beirat baten. Dafür danken wir dieses Mal ausdrücklich: Christina Beaumont, Uwe Brösdorf, c/o now, Matthias Dreßler, Florian Fischer, Gerhard Greiner, Martin Haas, Florian Heilmeyer, Liza Heilmeyer, Angelika Hinterbrandner, Christian Holl, Philipp Jamme, David Kasparek, Katja Knaus, Mario Krämer, Katharina Matzig, Elina Potratz, Christian Schmieder, Jan O. Schulz, Heiner Stengel, Finn Warncke, Susanne Wartzeck und Uta Winterhager.

Schließlich kamen über 200 Rechercheergebnisse und Vorschläge zusammen, die die Herausgeber diskutierten und abwägten, um die letztlich 101 nominierten Bauten (»Longlist«) in Deutschland zu ermitteln. Diese Auswahl diente der Jury bei ihrer ersten Sitzung Ende Mai 2024 als Grundlage. Es waren zwei Aufgaben zu erfüllen: die Bestimmung der engeren Wahl (»Shortlist«), die in diesem Buch detailliert besprochen

After more than three years of renovation, and a very successful guest appearance at the DAM Ostend, the Deutsches Architekturmuseum has returned to its original location at Schaumainkai 43. Irrespective of its location, the *German Architecture Annual* continued to be published in the interim as a continuous chronicle of building activity in Germany. It reflects the themes, issues, and trends discussed in the trade press and in politics. And it remains firmly focused on its goal of enriching these debates with realised buildings that stand out positively, can inspire, and set precedents. The reviews of the buildings are written by both renowned and young authors who have formed their own opinions on site.

The process

In order to select the year's crop, the DAM first conducts extensive research into the latest buildings that offer a special quality of architecture, as well as interesting, experimental, and forward-looking answers to the challenges of various construction tasks. Special attention is paid to younger offices. There are no restrictions on the typology, size, use, or budget of individual projects; the only condition is that they must be completed. The timeframe for the completion of the buildings in this edition was between the end of 2022 and the spring of 2024. We did not carry out the search alone: most of the architectural chambers supported us with suggestions. We would like to thank Isabella Göring and Annette Quirin from the Hessian Architectural Chamber for their coordination and forwarding. We have also benefited from the advice of external experts, often regional chairmen of the BDA (the Association of German Architects), whom we have asked to join our advisory board. We would like to take this opportunity to thank them: Christina Beaumont, Uwe Brösdorf, c/o now, Matthias Dreßler, Florian Fischer, Gerhard Greiner, Martin Haas, Florian Heilmeyer, Liza Heilmeyer, Angelika Hinterbrandner, Christian Holl, Philipp Jamme, David Kasparek, Katja Knaus, Mario Krämer, Katharina Matzig, Elina Potratz, Christian Schmieder, Jan O. Schulz, Heiner Stengel, Finn Warncke, Susanne Wartzeck, and Uta Winterhager.

In the end, more than 200 research results and suggestions were collected, which the editors discussed and weighed up to determine the 101 nominated buildings (longlist) in Germany. This selection served as the basis for the jury's first meeting at the end of May 2024. There were two tasks to be completed: determining the shortlist, which is discussed in detail in this book, and naming a few buildings within this selection to form the highlighted group of finalists. In 2025, there were a total of 23 buildings, of which four were selected as finalists.

wird, und die Benennung einiger weniger Bauten innerhalb dieser Auswahl, die die nochmals hervorgehobene Gruppe der »Finalisten« bilden. Es sind im Jahrgang 2025 insgesamt 23 Bauten, unter denen wiederum vier zu Finalisten gekürt wurden. Anfang September 2024 besuchte die Jury gemeinsam diese Projekte, am Ende der Reise wurde in einer Abschlussdiskussion der Gewinner des DAM Preis 2025 bestimmt.

Die Finalisten

Die Juryreise führte an drei Orte: München, Berlin und Finsterwalde. In München stand das »Clusterwohnen Wabenhaus« von PETER HAIMERL . ARCHITEKTUR auf der Route. Der Name ist Programm: 22 Wohneinheiten in unterschiedlicher Größe stapeln sich in Form flachgedrückter Waben vier Geschosse hoch, erschlossen durch platzsparende Treppenläufe, ergänzt durch ein gemeinschaftlich genutztes Wohnzimmer, eine Küche und eine kleine Dachterrasse. Erstaunlich ist zweierlei: Hier hat sich eine Wohnungsbaugenossenschaft weit aus dem Bau-Allerlei hervorgewagt, und die sechseckigen Strukturen bieten ungewöhnlich zugeschnittene, überraschend großzügige Räume.

At the beginning of September 2024, the jury visited these projects together. At the end of the trip, the winner of the DAM Preis 2025 was determined in a final discussion.

The finalists

The jury visited three locations: Munich, Berlin, and Finsterwalde. In Munich, the first stop on the route was the Clusterwohnen Wabenhaus ('Cluster Living Honeycomb House') by PETER HAIMERL . ARCHITEKTUR. The name says it all: 22 residential units of different sizes are stacked on four floors in the form of flattened honeycombs, accessed by space-saving staircases and complemented by a shared living room, kitchen, and small roof terrace. Two things are surprising: firstly, a housing association has gone a long way to avoid a hodgepodge of buildings, and secondly, the hexagonal structures offer unusually tailored, and surprisingly spacious rooms.

Die Jury und der Preisträger des DAM Preis 2025 (von links nach rechts):
Christina Gräwe (freie Kuratorin DAM/Vorjury, Redaktion), Volker Staab (Staab Architekten), Sven Fröhlich (AFF Architekten, Preisträger DAM Preis 2025), Regula Lüscher (freie Architektin und Stadtplanerin, Juryvorsitzende), Andres Lepik (Direktor Architekturmuseum TU München), Kyung-Ae Kim (Kim Nalleweg Architekten), Peter Cachola Schmal (Direktor DAM), Max Hacke (büro hacke, Preisträger DAM Preis 2024), Dijane Slavic (Architektur Media Management International JUNG), Gustav Düsing (Preisträger DAM Preis 2024), Oliver Elser (Kurator DAM), Yorck Förster (freier Kurator DAM/Vorjury, Redaktion).

The jury and the winner of the DAM Preis 2025 (from left to right):
Christina Gräwe (freelance DAM curator/preliminary jury, editor), Volker Staab (Staab Architekten), Sven Fröhlich (AFF Architekten, winner DAM Preis 2025), Regula Lüscher (freelance architect and urban planner, chairwoman of the jury), Andres Lepik (director Architekturmuseum TU München), Kyung-Ae Kim (Kim Nalleweg Architekten), Peter Cachola Schmal (director DAM), Max Hacke (büro hacke, winner DAM Preis 2024), Dijane Slavic (Architektur Media Management International JUNG), Gustav Düsing (winner DAM Preis 2024), Oliver Elser (curator DAM), and Yorck Förster (freelance DAM curator/preliminary jury, editor).

Auf der Dachterrasse des Berliner Spore Haus.
On the roof top terrace of Spore Haus, Berlin.

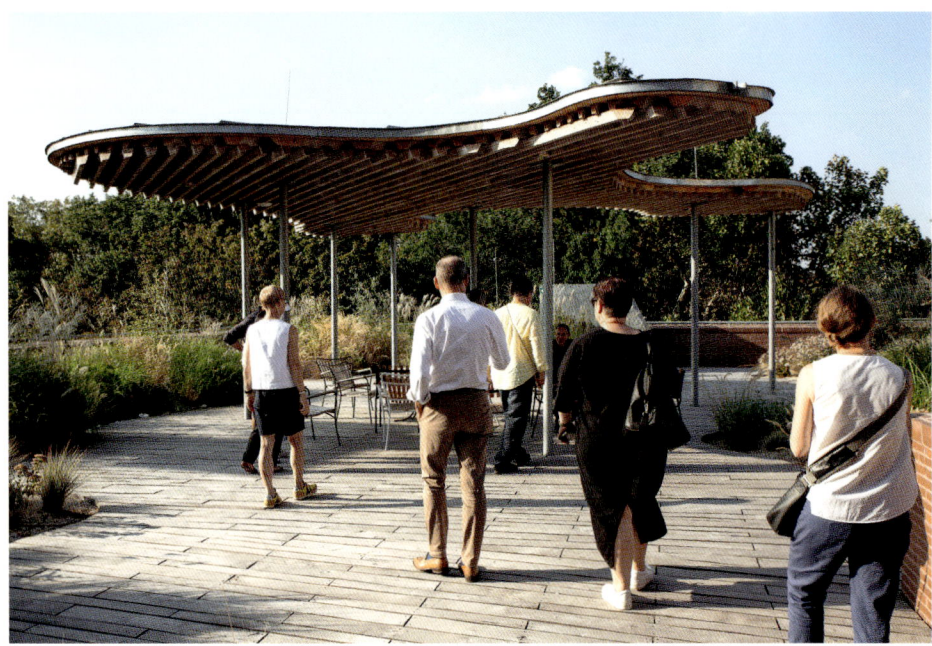

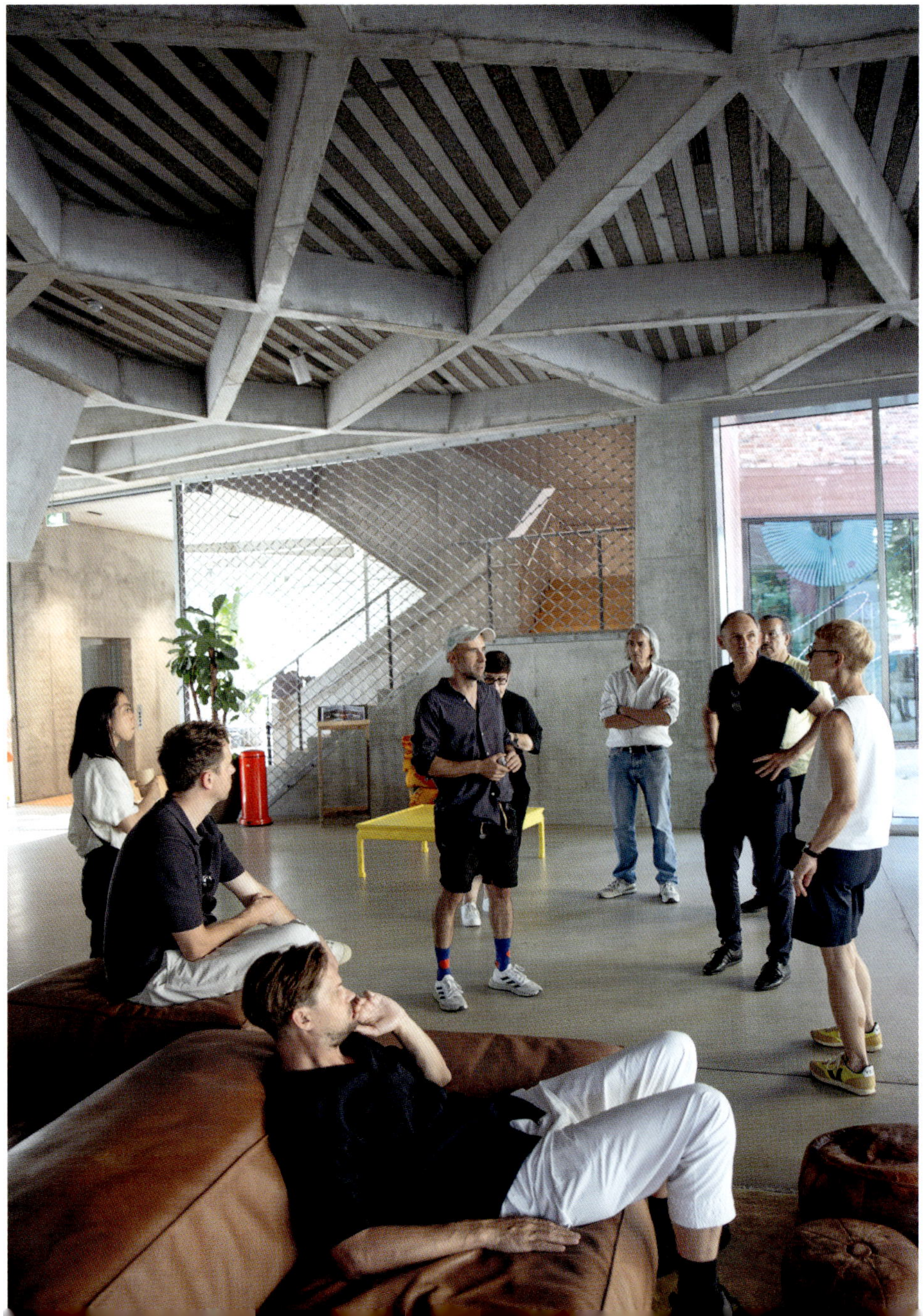

Sven Fröhlich (mittig) erläutert das Foyer des Spore Haus.
Sven Fröhlich (centre) explains the foyer of Spore Haus.

Etwas kleinteiliger geht es in München-Freimann im Sophie-Scholl-Haus zu, einem Studierendenwohnheim aus den 1970er Jahren. Die Architekten von bogevischs buero haben es einer Generalsanierung unterzogen, dabei die schweren Betonfertigteilbrüstungen entfernt und die Balkonflächen den Zimmern zugeschlagen. Eine leichte vorgehängte Konstruktion dient als neue Verschattung, Fluchtweg und laubengangartige Kommunikationszone zugleich. Die leuchtend olympiablaue Farbigkeit der Fassadenelemente überspielt beiläufig die strenge Serialität des Baukörpers. Die Zimmer wurden umorganisiert; jetzt liegen die Küchenzeilen zum Gang und sind durch neu eingesetzte Fenster mit ihm verbunden.

Ein Abstecher von Berlin aus führte nach Finsterwalde zur Kulturweberei. In der Sängerstadt hat das Büro HABERMANN ARCHITEKTUR eine ehemalige Tuchfabrik in ein Kulturzentrum verwandelt. Der sanierte Bestand wurde um neue Bauteile ergänzt, die zum einen dem Ort eine wahrnehmbare Adresse geben, zum anderen einen akustisch hochwertigen Konzertsaal und alle notwendigen Nebenräume aufnehmen. Eine wiederhergerichtete Sheddachhalle dient als Verteiler und Treffpunkt.

Der DAM Preis 2025

Das Spore Haus, eine Einrichtung, die sich der biokulturellen Vielfalt und lateinamerikanischen Kulturen widmet, überzeugte schließlich die Jury in städtebaulicher, räumlicher und ästhetischer Hinsicht: Nach einer intensiven Diskussion erkannte sie der Planung von AFF Architekten den DAM Preis 2025 zu. Herzlichen Glückwunsch an das Planerteam, die Bauherrin und alle Beteiligte!

Das Haus an der ruppigen Hermannstraße in Berlin-Neukölln bildet zusammen mit dem Nachbargebäude Publix (ebenfalls von AFF Architekten) einen neuen kleinen Stadtplatz. In Anlehnung an die vielen Friedhofsmauern der Umgebung dominieren Rottöne, ob beim durchgefärbten Betonsockel oder den teils wiederverwerteten, teils neuen Ziegeln. Durch die sehr schön proportionierten fließenden Räume im Erdgeschoss gelangt man in eine üppig grüne Oase an der straßenabgewandten Seite, einen ehemaligen Friedhof, der zum Garten umgewidmet ist. In den Obergeschossen liegen Ausstellungsräume, Büros und ein Wohnbereich für Gastkünstler. Bemerkenswert ist auch eine Vielzahl wiederverwerteter Details wie die Sitzschalen alter Schulstühle im Auditorium. Ein Großteil des Hauses ist öffentlich und ohne Eintrittsgeld zugänglich – ein wichtiges Anliegen der Spore Stiftung war, die Schwelle für die sehr gemischte Nachbarschaft möglichst niedrig zu halten.

The compartmentalised Sophie-Scholl-Haus in Munich-Freimann is a student residence built in the 1970s. The archictects of bogevischs buero undertook a general refurbishment, removing the heavy precast concrete parapets and adding balconies to the rooms. A light curtain-like structure provides new shade, an escape route, and a communication zone. The bright Olympic blue colour of the façade elements subtly disguises the strict seriality of the building structure. The rooms have been rearranged; the kitchenettes now face the corridor and are connected to it by newly installed windows.

A detour from Berlin led to Finsterwalde and the Kulturweberei ('Cultural Weaving Mill'). HABERMANN ARCHITEKTUR transformed a former cloth factory in the 'Singer City' into a cultural centre. They added new buildings to the renovated existing ones, giving the site a striking address and housing an acoustically high-quality concert hall, and all the necessary ancillary rooms. A restored shed roof hall serves as a distribution and meeting point.

The DAM Preis 2025

The Spore Haus, a facility dedicated to biocultural diversity and Latin American cultures, finally convinced the jury in terms of urban planning, spatial and aesthetic aspects: after intense discussions, the jury awarded the DAM Preis 2025 to the design by AFF Architekten. Congratulations to the planning team, the client, and all those involved!

The building on the rough Hermannstrasse in Berlin's Neukölln district, together with the neighbouring Publix (by the same architects), forms a new small town square. In keeping with the many cemetery walls in the area, red tones dominate, whether in the coloured concrete base or the partly recycled/partly new bricks. The beautifully proportioned flowing spaces on the ground floor lead to a lush green oasis on the side facing away from the street, a former cemetery that has been transformed into a garden. The upper floors house exhibition spaces, offices, and a residence for visiting artists. There are also many recycled details, such as the seat shells of old school chairs in the auditorium. Much of the building is open to the public free of charge – a key concern of the Spore Foundation was to keep the threshold for the very mixed neighbourhood as low as possible.

In der Shedhalle der
Kulturweberei Finsterwalde.
In the Shedhalle of
Kulturweberei, Finsterwalde.

Die Jury trifft sich vor dem
Wabenhaus in München von
Peter Haimerl . Architektur.
The jury meets in front of the
Wabenhaus, Munich, by
Peter Haimerl . Architektur.

Ritz Ritzer (links) und
Rainer Hofmann (mittig)
von bogevischs buero
beim Rundgang durch das
Münchner Sophie-Scholl-
Haus.
Ritz Ritzer (left) and
Rainer Hofmann (centre) of
bogevischs buero during the
tour at Sophie-Scholl-Haus,
Munich.

Die Shortlist

Die »Shortlist« fächert sich in die unterschiedlichen Nutzungen wie Soziales und Bildung, Wohnen und Arbeiten auf. Es finden sich zudem einzelne Bauten, die nicht eindeutig einer Kategorie zuzuordnen sind und solche, die neben ihrer eigentlichen Aufgabe auch als Best-practice-Beispiele für besonders gelungene Sanierungen dienen.

Die wohl ungewöhnlichste Nutzungskombination steht in Waldshut-Tiengen, wo bächlemeid die örtliche Feuerwehr mit einem Kindergarten gepaart haben: unten die Einsatzausfahrt, von oben schauen die Kinder fasziniert dabei zu. Dagegen ist der Campuskindergarten auf dem Areal der Merseburger Hochschule eine reine Kita, hat aber als umgebaute Telefonzentrale eine ungewöhnliche Vorgeschichte. Aline Hielscher Architektur ist es gelungen, auch das halb in den Hang gegrabene Untergeschoss in attraktive, helle Spielräume zu verwandeln und dem Haus durch eigenwillige Farbkombinationen einen neuen Charakter zu geben. Für Kinder

The shortlist

The shortlist covers a range of different uses, including social and educational, residential, and commercial. There are also individual buildings that do not fit neatly into any one category and those that, in addition to their actual function, serve as best practice examples of particularly successful refurbishment.

Probably the most unusual combination of uses is in Waldshut-Tiengen, where bächlemeid have combined the local fire station with a kindergarten: the fire engine drives out below while the children watch fascinated from above. The kindergarten on the campus of Merseburg University of Applied Sciences, on the other hand, is purely a day care centre, but as a converted telephone exchange it has an unusual history. Aline Hielscher Architektur has also succeeded in transforming the basement, half of which is dug into the hillside, into attractive, bright playrooms, and in giving the building a new character through idiosyncratic colour combinations. The Erlebnis-Hus in St. Peter-Ording, designed by

aller Altersstufen ist das Erlebnis-Hus in St. Peter-Ording von Holzer Kobler Architekturen gedacht: Die fünf Ebenen mit eingeschobenen Boxen und fließenden Übergängen zwischen Innen- und Außenräumen sind wie ein riesiges, vielseitiges Spielgerät aufgebaut. Ebenfalls Kindern und Jugendlichen gewidmet ist das Integrierte Familienzentrum in Dresden, für das ALEXANDER POETZSCH ARCHITEKTUREN eine ehemalige Fabrik umgebaut und dabei alle Zeitschichten ablesbar gelassen haben.

Schulen sollten nie nur reine Lehranstalten sein. Und ganz sicher nicht in Baiersbronn, wo Thomas Kröger Architekten einem Therapiezentrum ein Schulensemble hinzugefügt haben. Es nimmt Anleihen bei der regional-traditionellen Architektur; die tief gezogenen Dächer sind bewusst als bergende und schützende Geste zu verstehen. Das Gymnasium Langenhagen von gernot schulz : architektur ist wesentlich größer, eine Art Schulstadt. Das komplexe Raumprogramm ist mit einer Beton-Holz-Hybridkonstruktion zu einer anspruchsvollen Architektur geworden und zugleich mit der umgebenden Landschaft verknüpft.

Ein weiterer Hybrid, hier als Holz- und Lehmbau, ist das Umweltbildungszentrum in Augsburg von Hess/Talhof/Kusmierz. Eine Holzbox umschließt eine geschwungene, von Lehmwänden begleitete Passage, die sich einladend nach außen stülpt und im Kern zu einer Art Platz aufweitet. Das Lernhaus von Max Otto Zitzelsberger für das Freilandmuseum Oberpfalz weist eine ganz andere Besonderheit auf: Nicht das fertige (Holz-)Haus ist das Ergebnis, sondern der Prozess des andauernden Werdens. Aber auch von einer überzeugenden Sanierung unter den Bildungsbauten ist zu berichten: Schrammel Architektur Stadtplanung haben in Mönchengladbach die Zentralbibliothek saniert, neu sortiert und zu einem sieben Tage in der Woche geöffneten Bildungszentrum umgebaut, ohne den 1960er-Jahre-Charakter zu übertünchen. Das auffälligste Merkmal der Neustrukturierung ist ein abgesenkter Lichthof, über den ein zierlicher Steg führt.

Das Thema Wohnen nimmt – nicht überraschend – einen größeren Anteil im Buch ein. In ganz unterschiedlichen Maßstäben: SUMMACUMFEMMER Architekt*innen haben in Radebeul ein bestehendes Haus umgeformt. Unter intensiver Mitwirkung der Bauherrschaft ist eine Collage aus renoviertem historischem Bestand und neu interpretierten Elementen zu einer höchst individuellen Villa geworden. Ein ebenfalls ungewöhnliches Privathaus steht am und teilweise auf Stelzen im Hainer See bei Leipzig. Peter Grundmann hat das straßenseitige Werkstatt- mit dem wasserseitigen Wohnhaus über einen mit Polycarbonatplatten gedeckten Treppenhaussteg verbunden.

Holzer Kobler Architekturen, is intended for children of all ages. Its five levels, with inlaid boxes and flowing transitions between indoor and outdoor spaces, are structured like one huge, versatile play area. The Integrated Family Centre in Dresden, for which ALEXANDER POETZSCH ARCHITEKTUREN converted a former factory, leaving all the layers of time visible, is also dedicated to children and young people.

Schools should never be purely educational institutions. And they certainly shouldn't be in Baiersbronn, where Thomas Kröger Architekten have added a school complex to a therapy centre. It is based on the traditional architecture of the region, with low-slung roofs deliberately designed to convey a sense of shelter and protection. Langenhagen Gymnasium by gernot schulz : architektur is much larger, and a kind of school town. The complex spatial programme has been realised with a concrete-wood hybrid construction to create a sophisticated piece of architecture that is also linked to the surrounding landscape.

Another hybrid, this time of wood and clay, is the Environmental Education Centre in Augsburg, designed by Hess/Talhof/Kusmierz. A wooden box encloses a curved passage flanked by earthen walls, which extends invitingly outwards and widens in the centre to form a kind of square. Max Otto Zitzelsberger's Learning Centre for the Upper Palatinate Open-Air Museum has a completely different special feature: the result is not the finished (wooden) house, but the continuous process of becoming. But there is also a convincing renovation to report among the educational buildings: Schrammel Architektur Stadtplanung has renovated the central library in Mönchengladbach, reorganising it, and transforming it into an educational centre open seven days a week, without whitewashing its 1960s character. The most striking feature of the redevelopment is a sunken atrium with a delicate walkway leading across it.

Not surprisingly, the subject of housing takes up a large part of this book. On very different scales: SUMMACUMFEMMER Architekt*innen transformed an existing house in Radebeul. In close collaboration with the client, a collage of renovated historical elements and newly interpreted elements was transformed into a highly individual villa. Another unusual private house stands partly on stilts in the Hainer See lake near Leipzig. Peter Grundmann has connected the workshop on the roadside with the house on the waterside via a polycarbonate-covered staircase. DGJ Architektur is represented with two buildings. The Collegium Academicum in Heidelberg, a student residence built with a high degree of student participation. The construction method of wooden modules allows for flexible floor plans; the programme includes a lot of communal space

Das Büro DGJ Architektur ist mit zwei Häusern vertreten: dem Collegium Academicum in Heidelberg, einem Wohnheim, das unter hoher Beteiligung der Studierenden entstanden ist. Die Bauweise mit Holzmodulen lässt flexible Grundrisse zu; das Programm lautet dabei: viel Gemeinschaftsfläche, reduzierter privater Raum. Das gilt auch für das Haus der Wohngruppe »Gemeinsam Suffizient Wohnen«, das an einer viel befahrenen Straße in Frankfurt am Main durch seine gestreifte Fassade in Pastelltönen auffällt.

Am Spreeufer haben sich blrm mit dem Berliner Block auseinandergesetzt und die kompakte Form durch versetzte Hinterhäuser aufgelockert, die untereinander mit offenen Brücken verbunden sind. Entstanden ist ein begrünter, gemeinschaftlich genutzter Wohnhof.

Bleiben wir noch einen Moment in Berlin, wo gmp · Architekten von Gerkan, Marg und Partner den Charakter des Pressehauses von 1973 am Alexanderplatz – des Pendants zum Axel-Springer-Hochhaus in West-Berlin – durch eine sensible Sanierung wiederhergestellt und die notwendigen Arbeitsplätze in einem rucksackartigen Ergänzungsbau untergebracht haben. Ein Arbeitsplatz im kleineren Maßstab ist mit den im besten Sinne sparsamen Einbauten in eine Maschinenhalle in Leipzig-Connewitz durch KO/OK Architektur gelungen. Die Adaption der riesigen U-Halle anlässlich der Mannheimer BUGA von Hütten & Paläste wiederum zeigt, wie durch pointierten Rückbau und flexible Umbauten eine ehemalige Armee-Lagerhalle in eine vielseitig nutzbare Struktur verwandelt und zugleich eine Frischluftschneise verbessert werden kann.

Brückner & Brückner schließlich haben in Neumarkt in der Oberpfalz eine Bestandskirche in einen lichten Raum transformiert, der sich teilweise nahezu aufzulösen scheint. Für die Gemeinde wichtig ist die sehr differenzierte Bespielbarkeit des Raums zu unterschiedlichen Anlässen.

Die von den Dimensionen her kleinste Planung befindet sich im Berliner Stadtteil Wedding. Das Café Leo ist mehr als nur eine Gastronomiestation. Der überaus freundliche Holzpavillon von sophie & hans auf einem eher unfreundlichen Platz bietet Sitzgelegenheiten auch für nicht zahlungsfähige Klientel, daneben zweisprachige Sprechstunden zur Unterstützung bei Behördengängen in der Agentur für Arbeit schräg gegenüber.

and reduced private space. The same applies to the house of the *Gemeinsam Suffizient Wohnen* ('Living Together Sufficiently') housing group, which stands out on a busy street in Frankfurt am Main with its pastel striped façade.

On the banks of the River Spree, blrm have responded to the Berlin Block by breaking up the compact form with staggered rear buildings, connected by open bridges. The result is a green shared courtyard.

Let us briefly stay in Berlin, where gmp · Architekten von Gerkan, Marg und Partner have sensitively restored the character of the 1973 Pressehaus (Press Building) on Alexanderplatz – the counterpart to the Axel Springer high-rise in West Berlin – and accommodated the necessary workplaces in a backpack-like extension. On a smaller scale, KO/OK Architektur have successfully created a workplace in a machinery hall in Leipzig-Connewitz, which they have equipped in the best sense of the word. The adaptation of the huge U-Halle by Hütten & Paläste for the *Bundesgartenschau* ('Federal Horticulture Show') in Mannheim shows how a former army warehouse can be transformed into a versatile building through targeted deconstruction and flexible conversion, while at the same time improving a fresh air corridor.

Finally, Brückner & Brückner transformed an existing church in Neumarkt in the Upper Palatinate into a light space, parts of which almost seem to dissolve. It is important for the congregation to be able to use the space in a variety of ways for different occasions.

The smallest project by size is in Berlin's Wedding district. Café Leo is more than just a place to grab a bite to eat. The extremely friendly wooden pavilion by sophie & hans on a rather unfriendly square also offers seating for non-paying customers, as well as bilingual office hours to help people dealing with the authorities at the employment agency diagonally opposite.

Shortlist Architektur-Export

Zwei Bauten laufen außer Konkurrenz im DAM-Preis-Verfahren und stehen für hervorzuhebende Beispiele von Planungen in Deutschland ansässiger Büros im Ausland. Da ist zum einen die Factory Lisbon in der, wie der Name sagt, portugiesischen Hauptstadt. Julian Breinersdorfer Architekten bauten die ehemalige Keks- und Nudelfabrik mit ortsansässigen Partnerbüros in einen modernen Arbeitsort um und begegneten dem schwierigen Zuschnitt des sehr schmalen, langen Gebäudes mit außenliegenden Treppenkaskaden und Stegen. Einen sehr ungewöhnlichen Prozess haben c/o now hinter sich. Von ihrer Planung eines Wohnhauses in einem Vorort von Dakar, Senegal, die sie aufgrund der Pandemie mit den Kontaktpersonen vor Ort ausschließlich via WhatsApp und Zoom steuern konnten, erzählen sie in einem Interview.

Essays

Die beiden ausführlicheren Beiträge in diesem Buch beleuchten sehr aktuelle Themen: Günter Murr untersucht verschiedene Standorte aufgegebener Kaufhäuser und welche neuen Nutzungen dort einziehen können, um diese prägenden Gebäude am Leben und für die Innenstadtlagen einen Mehrwert zu erhalten.
Peter Cachola Schmal widmet sich im Gespräch mit Mustafa Rasch dem Thema der Verschattung von Plätzen in aufgeheizten Städten und damit einem wichtigen Instrument zur Steigerung der Klimaresilienz.

Die Partner

Seit 2007 gibt es den DAM Preis, seit 2017 besteht die Partnerschaft des Deutschen Architekturmuseums für diesen Preis mit der Firma JUNG. Seither wurde ein digitales Archiv mit allen der bisher rund 1.000 nominierten Projekten aus neun Jahrgängen unter www.dam-preis.de geschaffen. Bedanken möchten wir uns dafür herzlich bei Dijane Slavic, Uwe Bresan und Deniz Turgut. Auch Dirk Oberhoff, Klaas Bahnen und Robin Ruttkamp von der Agentur Richter danken wir sehr für die technische Betreuung dieses virtuellen Fundus.

Nicht minder herzlich danken wir außerdem dem Team von DOM publishers, namentlich Björn Rosen, Nicole Wolf, Uta Keil und Sarah Roberts. Die professionelle Zusammenarbeit war wieder eine große Freude! Nicht zuletzt gilt unser Dank allen beteiligten Architektinnen und Architekten, ihren Teams, ihrer Bauherrschaft sowie den Fotografinnen und Fotografen für ihr kooperatives Engagement. Unsere Gratulation zu den gelungenen Projekten!

Yorck Förster
Christina Gräwe
Peter Cachola Schmal

Shortlist of German Architectural Export

Two out-of-competition buildings in the DAM Preis process stand out as examples of planning by German offices abroad. One is the Factory Lisbon. As the name suggests, it is located in the Portuguese capital. Julian Breinersdorfer Architekten converted the former biscuit and pasta factory into a modern workplace with local partner offices and tackled the difficult layout of the very narrow, long building with external staircases and walkways. c/o now have gone through a very unusual process. In an interview, they talk about planning a residential building in a suburb of Dakar, Senegal, which they had to manage with local contacts exclusively via WhatsApp and Zoom due to the pandemic.

Essays

The two more detailed contributions in this book deal with very topical issues: Günter Murr examines various locations of abandoned department stores, what new uses can be introduced to keep these distinctive buildings alive, and how to maintain the added value of their inner city locations. In an interview with Mustafa Rasch, Peter Cachola Schmal looks at the issue of sun shading in hot cities and its importance as a tool to increase resilience to climate change.

The partners

The DAM Preis has existed since 2007, and the partnership between Deutsches Architekturmuseum and JUNG for this prize has existed since 2017. Since then, a digital archive has been created at www.dam-preis.de with all of the approximately 1,000 nominated projects from the nine years. We would like to thank Dijane Slavic, Uwe Bresan, and Deniz Turgut. We would also like to thank Dirk Oberhoff, Klaas Bahnen, and Robin Ruttkamp from the Agentur Richter for their technical support of this virtual collection.

We would also like to express our sincere thanks to the team at DOM publishers, in particular Björn Rosen, Nicole Wolf, Uta Keil, and Sarah Roberts. It was once again a great pleasure to work with them! Last but not least, we would like to thank all the architects involved, their teams, their clients, and the photographers for their cooperation. Congratulations on your successful projects!

Yorck Förster
Christina Gräwe
Peter Cachola Schmal

Architekt Clemens Habermann und Bauherrinnenvertreterin Susan Schüler im Gespräch mit Volker Staab und Regula Lüscher.
Architect Clemens Habermann, and client representative Susan Schüler, talking to Volker Staab and Regula Lüscher.

Die Himmelsleiter im Wabenhaus, oben Peter Haimerl.
The Jacob's ladder in Wabenhaus, Peter Haimerl on top.

Im Hof des Sophie-Scholl-Hauses.
In the courtyard of Sophie-Scholl-Haus.

Grußwort von JUNG

JUNG LOVES ARCHITECTURE. Gemeinsam mit dem Deutschen Architekturmuseum (DAM) zeichnet JUNG im Rahmen des DAM Preis Bauten aus, die Perspektiven verändern und Lösungen für die Zukunft entwickeln. Warum? Weil uns die drängenden Fragen am Puls der Zeit interessieren und wir aus den gewonnenen Einsichten und den Dialogen lernen, Perspektiven zu wechseln und gemeinsam Lösungen für die Zukunft zu entwickeln.

Das *Deutsche Architektur Jahrbuch 2025* präsentiert sich in einer Zeit, in der resiliente Quartiere und nachhaltige Architektur zu Schlüsselstrategien für einen effektiven Umgang mit den Herausforderungen des Wandels werden. Bauen ist mehr als eine Frage der Form, des Materials und der Konstruktion. Architektur spielt eine zentrale Rolle, wenn es darum geht, auf die Megatrends unserer Zeit mit innovativen und zukunftsfähigen Lösungen zu reagieren. Die im Jahrbuch vorgestellten wegweisenden Projekte – allen voran die vier Finalisten – zeigen, wie die Welt aussehen könnte, in der wir leben und arbeiten wollen.

Das Experiment, ob neue Räume nicht das Denken, Leben und vielleicht auch Arbeiten anders formen oder vielleicht sogar erst ermöglichen, wagt der Neubau des Wabenhauses von Peter Haimerl. Dass auch aus dem strengen Raster des brutalistisch geprägten Bestandes des Sophie-Scholl-Hauses in der Studentenstadt München ein Mehrwert generiert werden kann, zeigen die geschickte Erweiterung der Wohnfläche der Apartments und die Schaffung horizontaler und vertikaler Kommunikationszonen in der Fassade durch bogevischs buero. Der Frage des Weiterbauens widmet sich ebenfalls die Kulturweberei im brandenburgischen Finsterwalde. HABERMANN ARCHITEKTUR gelang es, so viel wie möglich vom Bestand der ehemaligen Tuchfabrik zu erhalten und durch geschickte Eingriffe einen neuen Ort mit alter Identität zu schaffen. Einen anderen Weg wählten AFF Architekten bei dem Neubau für die Spore Initiative am Rande eines Friedhofs nahe des Tempelhofer Feldes. Form und Fassade des Gebäudes zeigen explizit die Überlagerung der Funktionen des Sitzes einer Kultur- und Umweltorganisation und verzahnen so einen Ort der Begegnung mit den umgebenden Stadträumen.

Foreword by JUNG

JUNG LOVES ARCHITECTURE. Together with the Deutsches Architekturmuseum (DAM), JUNG awards the DAM Preis to buildings that change perspectives and develop solutions for the future. Why do we do this? Because we are interested in pressing issues at the forefront, and we learn from insights and dialogues to change perspectives, and jointly develop solutions for the future.

The *German Architecture Annual 2025* is published at a time when resilient neighbourhoods and sustainable architecture are becoming key strategies for dealing effectively with the challenges of change. Building is more than a question of form, material, and construction. Architecture plays a central role in responding to the megatrends of our time with innovative and sustainable solutions. The pioneering projects featured in the annual – and in particular the four finalists – show what the world we want to live and work in could look like.

The new Wabenhaus ('Honeycomb House') by Peter Haimerl dares to experiment with whether new spaces might not shape thinking, living, and working differently, or perhaps even make them possible.
bogevischs buero's skilful extension of the apartments' living space, and the creation of horizontal and vertical communication zones in the façade, show that added value can also be generated from the strict grid of the existing brutalist-influenced Sophie-Scholl-Haus in Munich's student city.
The Kulturweberei ('Cultural Weaving Mill') in Finsterwalde, also addresses the question of how to continue building. HABERMANN ARCHITEKTUR succeeded in preserving as much as possible of the former cloth factory and, through clever interventions, creating a new place with an old identity.
AFF Architekten took a different approach to the new building for the Spore Initiative on the edge of a cemetery near Tempelhofer Feld in Berlin. The building's form and façade explicitly show the overlapping functions of the headquarters of a cultural and environmental organisation, thus interlocking a place of encounter with the surrounding urban spaces.

Alle im Jahrbuch vorgestellten Projekte stehen exemplarisch für die Vielfalt und Innovationskraft der Baubranche. Sei es durch räumliche Antworten auf die Anforderungen an den Raum, in dem wir leben und arbeiten, sei es durch die Art und Weise, wie digitale Innovationen, aber auch analoge Wiederverwendungsstrategien neue Wege in der Planung und Umsetzung eröffnen. Sie zeigen, dass ökologische Verantwortung und gestalterische Qualität keine Gegensätze sind, sondern sich in herausragenden Bauwerken vereinen lassen. Der DAM Preis für Architektur ist deshalb für uns über die Jahre zu einem wichtigen Gradmesser und Impulsgeber auf der Suche nach herausragenden und nachhaltigen Gestaltungslösungen geworden. Unser Glückwunsch gilt dieses Jahr natürlich besonders dem Preisträger: dem Spore Haus von AFF Architekten für die Spore Initiative für biokulturelle Vielfalt.

Ihr
Deniz Turgut
JUNG

All the projects featured in the annual are examples of the diversity and innovative power of the construction industry. This is demonstrated by the spatial responses to the demands on the spaces in which we live and work, and by the way in which digital innovations, but also analogue re-use strategies, open up new avenues in planning and implementation. They show that environmental responsibility and design quality are not mutually exclusive, but can be combined in outstanding buildings. Over the years, the DAM Preis for Architecture has become an important benchmark and driving force in our search for outstanding and sustainable design solutions. This year, of course, our congratulations go to the winner: the Spore Haus by AFF Architekten for the Spore Initiative for Biocultural Diversity.

Yours,
Deniz Turgut
JUNG

Essay
Essay

—

Vom Kaufhaus zum »vertikalen Dorf«
From Department Store to 'Vertical Village'

Günter Murr

Vom Kaufhaus zum »vertikalen Dorf«

Günter Murr

Die erste Änderung am Hanauer Marktplatz wurde im August 2024 sichtbar: Am ehemaligen Kaufhof ließ die Stadt das alte Galeria-Logo abnehmen. »Stadthof Hanau« steht seitdem an der Fassade des Gebäudes mit 16.000 Quadratmeter Fläche. Der neue Name ist aus einer Bürgerbefragung hervorgegangen. Er soll der Tatsache Rechnung tragen, dass das alte Warenhaus künftig nicht nur dem Einkaufen dient, sondern zu einem Begegnungs- und Erlebnisort für alle Bürgerinnen und Bürger werden soll. Unter anderem sind Gastronomie sowie eine Bildungs- und Gesundheitsetage geplant. »Wir befinden uns in einem Schicksalsjahrzehnt für die Innenstädte«, sagt Claus Kaminsky, Oberbürgermeister der Stadt, die kürzlich die Marke von 100.000 Einwohnern überschritten hat und damit Hessens jüngste Großstadt ist. Der SPD-Politiker erkennt einen Wandel, der das Geschäftsmodell der Kaufhäuser und Einkaufsstraßen infrage stellt und den Charakter der Stadtzentren verändern wird.

Er steht mit dieser Ansicht nicht allein. Laut Rita Roland vom Beratungsunternehmen PWC ist es angesichts der Krise des Einzelhandels längst »fünf nach zwölf« für die Innenstädte. Nie war der Handlungsbedarf größer – es gab aber auch selten mehr Chancen, die Stadtzentren wieder zu urbaneren Orten zu machen, in denen es ganz verschiedene Nutzungen gibt. Es zeichnet sich ab, dass die Innenstädte künftig nicht mehr allein Orte des Einkaufens sein werden. Als solche wurden sie betrachtet, seit vor rund 70 Jahren in Kassel und Kiel die ersten Fußgängerzonen Deutschlands eingerichtet wurden. In den 1970er Jahren kam dann kaum noch eine Stadt ohne autofreie Einkaufsstraßen aus, während zugleich die Zufahrtsstraßen immer breiter und die Parkhäuser immer größer wurden. Es war eine Folge der Charta von Athen mit ihrem Postulat der funktionalen Trennung und dem daraus folgenden Abschied von der traditionellen Stadt mit ihrer Mischung aus Wohnen, Arbeit, Handel, Verwaltung und Kultur.

Diese ist tatsächlich als Ort des Kommerzes entstanden, als geschützter Marktplatz. Über Jahrhunderte blieb der Handel neben dem Rathaus und der Kirche der wesentliche Grund, das Zentrum einer Stadt aufzusuchen. Das hat sich nicht erst mit dem wachsenden Online-Handel geändert. Selbst Kleinstädte lagerten in den vergangenen Jahrzehnten den Handel an die Ränder aus, wo Shoppingmalls oder Fachmarktzentren

From Department Store to 'Vertical Village'

Günter Murr

The first change in Hanau's market place was visible in August 2024. The city had the old Galeria logo removed from the former Kaufhof. Since then, 'Stadthof Hanau' has been written on the façade of the 16,000-square-metre building. The new name is the result of a public survey. It is intended to reflect the fact that the old department store will not only be used for shopping in the future, but will also become a place of encounter and experience for all citizens. Among other things, there are plans for a restaurant, an education, and health floor. 'We are in a fateful decade for city centres,' said Claus Kaminsky, Lord Mayor of the city, which recently passed the 100,000 population mark, making it the youngest major city in the German state of Hesse. The SPD (*Sozialdemokratische Partei Deutschlands*: 'German Social Democratic Party') politician recognises a change that is challenging the business model of department stores and shopping malls, and changing the character of city centres.

He is not alone in this view. According to Rita Roland of consulting firm PwC (PricewaterhouseCoopers), the crisis in the retail sector means that it has long been 'five past twelve' for city centres. The need for action has never been greater – but the opportunities for transforming city centres into more urban, mixed-use places have rarely been better. It is becoming clear that city centres will no longer just be places for shopping. They have been seen as such since the first pedestrian precincts were created in Kassel and Kiel in Germany some 70 years ago. In the 1970s, hardly any city could do without car-free shopping streets, while access roads became wider and multi-storey car parks larger. This was a consequence of the 'Athens Charter' with its postulate of functional separation and the resulting departure from the traditional city with its mix of living, working, commerce, administration, and culture.

In fact it emerged as a place of trade and a sheltered marketplace. For centuries, the main reason to visit a town centre, alongside the town hall and the church, was to trade. This has not only changed with the growth of online retailing. In recent decades, even small towns have seen trade move to the outskirts, where shopping

Aus dem ehemaligen Kaufhof ist der Stadthof Hanau geworden.
The former Kaufhof department store has become the Stadthof Hanau.

entstanden, die sich vor allem an automobile Kunden richteten. Am Ende wunderte man sich darüber, dass es im historischen Zentrum kaum noch Einzelhandel gibt und die Läden leer stehen – wie in der Innenstadt von Oberhausen, die sich seit der Eröffnung der Shoppingmall Centro 1996 im Niedergang befindet. Ironie der Geschichte: Mittlerweile kämpfen einige Einkaufszentren selbst mit Leerständen und suchen nach neuen Konzepten. Die Erkenntnis lautet auch hier: Einzelhandel allein zieht nicht genügend Besucher an.

In den vergangenen Jahren hat die Diskussion an Tempo gewonnen. Die Corona-Pandemie hat den Druck auf Bekleidungsgeschäfte, Buchhandlungen und Blumenläden erhöht. Das liegt nicht nur am Online-Handel, dessen Marktanteil zuletzt nicht weiter gewachsen ist. Der Trend zum Homeoffice führt dazu, dass weniger Menschen in die Innenstädte fahren, wo sie nach Feierabend noch etwas einkaufen. Selbst wenn die Büros langsam wieder voller werden und einige Unternehmen wieder mehr Wert auf Anwesenheit am Arbeitsplatz legen, gehört die klassische Fünf-Tage-Pendlerwoche der Vergangenheit an. Die neuen Gewohnheiten beim Einkaufen werden sich wohl nicht mehr ändern.

malls or retail parks have sprung up, aimed primarily at customers with cars. The result has been astonishingly little retail activity in historic town centres and empty shops – as in the town centre of Oberhausen, which has been in decline since the Centro shopping centre opened in 1996. One of the ironies of history is that some shopping centres are now struggling with vacancies themselves and are looking for new concepts. The lesson here is the same as in the retail sector: retail alone does not attract enough visitors.

In recent years the debate has gained momentum. The coronavirus pandemic has increased the pressure on clothing stores, bookstores, and florists. This is not only due to online retailing, whose market share has not increased recently. The trend towards work from home means that fewer people travel to city centres to do their shopping after work. Although offices are starting to fill up again, and some companies are putting more emphasis on workplace presence, the classic five-day commute is a thing of the past. These new shopping habits are unlikely to change.

Einkaufszentrum und Gastro-
nomiemeile: Das Centro
Oberhausen hat die Innenstadt
veröden lassen.
Shopping centre and restaurant
strip: Centro Oberhausen has left
the city centre desolate.

Das Gebäude der inzwischen
ehemaligen Galeries Lafayette
an der Friedrichstraße in Berlin.
The building of the now
former Galeries Lafayette on
Friedrichstrasse in Berlin.

Beständiger Anker in den Innenstädten waren lange Zeit die großen Warenhäuser. Deren Krise setzte schon vor vielen Jahren ein: Nach Recherchen des Beratungsunternehmens Empirica wurden von Ende der 1990er Jahre bis 2023 insgesamt 131 Warenhäuser geschlossen. Durch die Insolvenz der Galeria-Kette sind seitdem zahlreiche weitere hinzugekommen. Selbst einstige Prestige-Projekte wie die Galeries Lafayette an der Berliner Friedrichstraße hat es zuletzt erwischt. Durch die Schließung der Kaufhäuser seien die Besucherfrequenzen in den betroffenen Städten leicht zurückgegangen, hat Erik Maier, Professor an der HHL Leipzig Graduate School of Management, in einer Analyse ermittelt. Anlass für Pessimismus sieht er aber nicht. Seine Schätzung legt nahe, »dass eine Schließung eines Galeria-Standorts nicht das Ende der Innenstadt bedeutet«.

Die Stadt Hanau entschloss sich dennoch dazu, sofort zu handeln. Das 1957 als Kaufhof eröffnete Warenhaus am Marktplatz war ein Ankerpunkt für den Einzelhandel, Anfang 2024 wurde es geschlossen. »Wir können es uns nicht leisten, dass dieses Gebäude vor unseren Augen verkommt«, sagt Oberbürgermeister Kaminsky. Um langen Leerstand zu vermeiden, erwarb Hanau die Immobilie kurzerhand selbst. 27 Millionen Euro hat die Stadt dafür gezahlt, für den Umbau fallen voraussichtlich weitere 40 Millionen Euro an. »Wir müssen in das Innenstadt-Leben eingreifen«, sagt Kaminsky. Es gehe nicht darum, damit Geld zu verdienen. »Uns reicht eine schwarze Null.« So bekommen auch Händler eine Chance, die keine hohen Mieten zahlen können. Stolz berichtet er davon, dass es gelungen sei, ein traditionsreiches Haushaltswarengeschäft aus Frankfurt dazu zu bewegen, eine Filiale in der 20 Kilometer entfernten Nachbarstadt zu eröffnen.

Für Christine Lemaitre, geschäftsführende Vorständin der Deutschen Gesellschaft für Nachhaltiges Bauen, weist dieses Vorgehen in die Zukunft. »Unsere Immobilien haben wir viel zu lange als reine Rendite-Objekte betrachtet.« Das führte gerade in Großstädten zu hohen Mieten. In der Münchner Fußgängerzone zum Beispiel werden in bester Lage mehr als 300 Euro pro Quadratmeter verlangt. Den dafür nötigen Umsatz erzielt nur ein begrenzter Kreis von Einzelhändlern – mit der Folge, dass deutsche Fußgängerzonen mit den Filialen weniger Ketten häufig nahezu identisch aussehen. Ein vielfältiges Angebot auch kleinerer Anbieter gibt es kaum noch.

Nicht alle Städte sind in der Lage, wie Hanau selbst in das Marktgeschehen einzugreifen. An der Einkaufsstraße Zeil in Frankfurt am Main zum Beispiel liegt der Bodenrichtwert bei bis zu 40.000 Euro pro Quadratmeter – das ist so teuer wie an keiner anderen Stelle in der Stadt und zu viel für die Kommune.

For a long time, large department stores were a constant anchor in city centres. However, their crisis began many years ago. According to research by the consulting firm Empirica, a total of 131 department stores closed between the late 1990s and 2023. Bankruptcy of the Galeria chain has since added many more. Even former prestige projects such as the Galeries Lafayette on Berlin's Friedrichstrasse have recently been affected. According to an analysis by Erik Maier, professor at HHL Leipzig Graduate School of Management, the closure of department stores has slightly reduced the number of visitors in the cities affected. But he sees no reason for pessimism. His assessment suggests that 'the closure of a Galeria store does not mean the end of the city centre.'

Nevertheless, the city of Hanau decided to act immediately. The department store on the market square, which opened in 1957 as Kaufhof, was an anchor for the retail trade. It closed at the beginning of 2024. 'We cannot afford to let this building fall into disrepair in front of our eyes,' said Mayor Kaminsky. To avoid long-term vacancy, Hanau simply bought the property itself. The city paid 27 million euros for it, and another 40 million is expected to be needed for the conversion. 'We have to intervene in the life of the city centre,' said Kaminsky. And it's not about making money from it. 'A break-even result is enough for us.' This also gives retailers who cannot pay high rents a chance. He is proud of the fact that they were able to persuade a traditional Frankfurt-based household goods store to open a branch in a neighbouring town 20 kilometres away.

For Christine Lemaitre, managing director of the *Deutsche Gesellschaft für Nachhaltiges Bauen* ('German Sustainable Building Council'), this is the way forward. 'For far too long we have seen our buildings as pure investment properties,' she said. This has led to high rents, especially in large cities. In Munich's pedestrian zone, for example, the best locations command more than 300 euros per square metre. Only a limited number of retailers generate the necessary turnover – with the result that German pedestrian zones often look almost identical with branches of a few chain stores. There is hardly any variety on offer from smaller operators.

Not all cities are in a position to intervene in the market as Hanau has done. For example, the Zeil shopping street in Frankfurt has a land value of up to 40,000 euros per square metre – more than anywhere else in the city and too much for the municipality.

Deshalb wurde nur kurz über den Vorschlag diskutiert, auf dem Grundstück des Karstadt-Warenhauses, das im Sommer 2023 geschlossen worden war, als Ersatz für die marode Bühne am Willy-Brandt-Platz ein neues Opernhaus zu bauen. Eine solch große Kultureinrichtung hätte den Charakter der Einkaufsmeile grundlegend geändert. Düsseldorf geht diesen Weg mit der Entscheidung, die Oper nicht am bisherigen Standort neu zu bauen, sondern dafür ein ehemals von Kaufhof genutztes Grundstück in bester Innenstadtlage zu kaufen. Damit betreibt die Landeshauptstadt nicht nur Kulturpolitik, sondern aktive Stadtentwicklung.

Auf Kultur setzt auch Berlin. Kultursenator Joe Chialo (CDU) will in den seit Juli 2024 geschlossenen Galeries Lafayette die Zentral- und Landesbibliothek unterbringen. Abschreckend erschien zunächst allerdings der vom Eigentümer des Gebäudes aufgerufene Kaufpreis von 589 Millionen Euro. Angesichts dieser Summe erscheinen die 30 Millionen Euro, die Wiesbaden für den ehemaligen Kaufhof in der Innenstadt zahlen sollte, vergleichsweise niedrig. Dennoch konnte sich die Kommunalpolitik nicht zum Kauf durchringen. Aus der Idee, dort das Stadtmuseum oder Bildungseinrichtungen unterzubringen, wird erst einmal nichts. Jetzt wird über eine Zwischennutzung diskutiert. Das erscheint als gute Idee, um den ehemaligen Konsumtempeln zumindest vorübergehend neues Leben einzuhauchen. Die Hürden sind oft groß. Im ehemaligen Esprit-Haus an der Frankfurter Zeil zum Beispiel war es nicht so leicht, vorübergehend Kunstdrucke des Graffiti-Künstlers Banksy auszustellen. Die Räume waren als Handelsfläche, nicht als Galerie genehmigt. Da dort aber auch Poster verkauft wurden, gab es am Ende doch noch grünes Licht von den Behörden.

Gescheitert ist hingegen ein Vorhaben in München, das ein Vorzeigeprojekt für eine Zwischennutzung hätte werden sollen. Unter dem Namen »Lovecraft« sollten in die sieben Etagen des ehemaligen Kaufhofs am Stachus Ausstellungen, Veranstaltungen, Sportflächen, ein Café und Co-Working-Angebote gebracht werden. Das Experiment scheiterte an den Kosten, obwohl die Stadt München 300.000 Euro bereitstellte. Die Instandsetzung der Haustechnik war aufwendiger als gedacht, und die Initiatoren kritisierten, der Hauseigentümer habe sich daran nicht beteiligen wollen. Jetzt soll das unter Denkmalschutz stehende Gebäude nach Plänen des Münchner Büros Steidle Architekten umgebaut werden. Ganz dem Trend folgend wird auch hier der Einzelhandel nicht mehr Alleinunterhalter sein. Büros, ein Hotel und Konferenzräume sind als weitere Nutzungen im Gespräch.

For this reason, the proposal to build a new opera house to replace the dilapidated one on Willy-Brandt-Platz in Frankfurt – on the site of the Karstadt department store that closed in summer 2023 – was only briefly discussed. Such a large cultural institution would have fundamentally changed the character of the shopping street. Düsseldorf took a different approach. It decided not to rebuild its opera house at its original location, but to buy a plot of land in a prime inner-city location that was previously occupied by Kaufhof. In doing so, the state capital is not only pursuing cultural policy, but also active urban development.

Culture is also on the agenda in Berlin. The city's Senator for Culture and Social Cohesion, Joe Chialo, CDU (*Christlich Demokratische Union*: 'Christian Democratic Union') wants to house Berlin's Central and State Library in the Galeries Lafayette department store, which has been closed since July 2024. However, the owner's asking price of 589 million euros seemed daunting at first. By comparison, the 30 million euros that Wiesbaden was prepared to pay for the former Kaufhof department store in the city centre seems comparatively low. Nevertheless, local politicians could not bring themselves to buy it. The idea of using it to house the city museum or educational facilities has been shelved for the time being. Discussions are now taking place about an interim use. It seems a good idea to breathe new life, at least temporarily, into the former temples of consumerism. The hurdles are often high. In the former Esprit store on Frankfurt's Zeil, for example, it was not so easy to temporarily exhibit prints by the graffiti artist Banksy. The premises were approved as retail space not as a gallery. But as posters were also sold there, the authorities eventually gave the go-ahead.

On the other hand, a project in Munich that was to have been a showcase for temporary use failed. Called 'Lovecraft', the seven floors of the former Kaufhof department store on Stachus were to be used for exhibitions, events, sports facilities, a café, and co-working. The experiment failed because of the costs, even though the city of Munich provided 300,000 euros. Repairs to the building services were more expensive than expected, and the initiators criticised the building owner's refusal to participate. Now the listed building is to be converted according to plans by Munich-based Steidle Architekten. In keeping with the trend, retail will no longer be the only tenant. Other possible uses include offices, a hotel, and conference rooms.

Die großen Kaufhausimmobilien gehören in der Regel Unternehmen, denen man kaum vorwerfen kann, dass sie in erster Linie wirtschaftliche Interessen im Auge haben. Das kann aber zu der Situation führen, dass lieber Leerstand in Kauf genommen wird, als die Mieten zu senken. Denn eine Vermietung zu niedrigen Preisen würde automatisch den Gebäudewert mindern – und könnte das Geschäftsmodell ins Wanken bringen. Diese wirtschaftliche Logik steht nichtkommerziellen Angeboten oft im Weg. Thomas Sevcik, Gründer des Strategie-Thinktanks Arthesia, warnt vor der Vorstellung, es könne sich entlang der Einkaufsstraßen eine Nutzung etablieren, die nichts mit Geldverdienen zu tun hat. »Die Innenstädte waren schon immer kommerziell, das wird sich nie ändern«, sagt er. Allerdings werde künftig nicht nur mit dem Verkauf von Dingen Geld verdient. »Wir werden neue Angebote bekommen: kommerzielle Kultur, kommerzielle Gesundheit, kommerzielle Bildung.« Er sieht das durchaus positiv: »Die Innenstadt ist nicht tot«, meint er. »Sie ist nur besser als früher.«

Der Weg in die bessere Zukunft erfordert allerdings ein Umdenken bei den Gebäudeeigentümern und erhebliche Investitionen. Das Unternehmen Midstad, das den Immobilienbestand der Familie Cloppenburg verwaltet, will diesen Weg an mehreren Standorten gehen. Zum Beispiel beim Peek & Cloppenburg-Haus an der Zeil in Frankfurt, die trotz aller Krisen zu den meistfrequentierten Einkaufsstraßen in Deutschland gehört. 23,3 Millionen Passanten meldete das Unternehmen Hystreet, das alle Fußgänger automatisiert erfasst, für 2023. Midstad-Geschäftsführer Kevin Meyer sieht diese Zahlen skeptisch. Er verweist lieber auf eine andere Statistik, die auf der Auswertung von Handy-Daten beruht. Daraus lässt sich zum Beispiel ermitteln, woher die Besucher der Einkaufsstraßen kommen und wie das Einkommensniveau am Wohnort ist. Für die Frankfurter Zeil zeigt sich, dass dort überwiegend Menschen unterwegs sind, die in Gegenden mit einem geringeren Durchschnittseinkommen wohnen. Vor allem junge, gut ausgebildete Singles würden die Innenstädte heute weniger häufig besuchen als noch vor einigen Jahren, so Meyer. Es fehle der Anreiz. Dieser Trend sei in fast allen Großstädten festzustellen.

Midstad sucht deshalb nach neuen Konzepten. »Wir dürfen heute keine Immobilien bauen, die in zehn Jahren nicht mehr funktionieren«, sagt Meyer. In Gebäuden, die ausschließlich auf den Einzelhandel ausgerichtet sind und die in den Innenstädten seit Jahrzehnten dominieren, sieht er keine Zukunft. Stattdessen setzt er auf Mischnutzungen mit Sport, Bildung, Kultur und Gastronomie. Positive Beispiele findet Meyer vor allem im Ausland: Das Centre Pompidou in Paris etwa, in dem es unter anderem ein Museum, eine

The large department store properties are usually owned by companies that cannot be accused of having primarily economic interests in mind. However, this can lead them to accept vacancies rather than reduce rents. After all, low rents would automatically reduce the value of the building – and could jeopardise the business model. This economic logic often gets in the way of non-commercial offers. Thomas Sevcik, founder of the strategy think tank Arthesia, warned against the idea that a use that has nothing to do with making money could become established along shopping streets. 'City centres have always been commercial, that will never change,' he said. In the future, however, money will not only be made by selling things. 'We will get new services: commercial culture, commercial health, and commercial education.' He sees this as a positive: 'The city centre is not dead. It's just better than it used to be.'

The road to a better future, however, requires building owners to change their way of thinking and make considerable investments. Midstad, the company that manages the property portfolio of the Cloppenburg family, is taking this route at several locations. One example is the Peek & Cloppenburg store on Frankfurt's Zeil, which despite the crisis remains one of Germany's busiest shopping streets. The company Hystreet, which automatically registers all pedestrians, reported 23.3 million passers-by for 2023. Midstad managing director, Kevin Meyer, is sceptical about these figures. He prefers another statistic based on mobile phone data. This can be used, for example, to determine where visitors to shopping streets come from and what their income level is. In the case of Frankfurt's Zeil, this shows that the people who are out and about there tend to come from areas with a lower average income. According to Meyer, young, well-educated singles in particular are less likely to visit city centres than they were a few years ago. The incentive is missing. This trend can be seen in almost all major cities.

Midstad is therefore looking for new concepts. 'We can't build properties today that won't work in ten years' time,' said Meyer. He sees no future in the kind of retail-only buildings that have dominated city centres for decades. Instead, he favours mixed-use developments with sports, education, culture, and restaurants. The Centre Pompidou

Bibliothek und Theatersäle gibt, sei an allen Tagen gut frequentiert und belebe auch das Umfeld. Ein zweites Centre Pompidou wird in der Frankfurter Innenstadt nicht entstehen. Dem von Midstadt geplanten Umbau des Peek & Cloppenburg-Hauses kommt dennoch eine Vorreiterrolle zu. Im fünften und im sechsten Obergeschoss soll eine Grundschule untergebracht werden – so wünscht es sich die Stadt, die große Probleme hat, in kurzer Zeit die nötigen Räume für die steigende Zahl an Schülern bereitzustellen. Für den Pausenhof soll das Dach eines benachbarten Parkhauses genutzt werden. Ungewöhnlich ist die Idee, aus einem Kaufhaus einen Ort der Bildung zu machen, keinesfalls: In Lübeck wird ein ehemaliges Karstadt-Haus nach Plänen von ppp Architekten und Studio Caspar sogar komplett zum Schulgebäude.

Im Frankfurter P&C-Haus sind neben der Schule auch Büros, Co-Working-Angebote, Gastronomie und ein Boardinghaus geplant, der Einzelhandel beschränkt sich künftig auf die unteren Geschosse. Wohnungen will die Stadt nicht zulassen, um lärmintensivere Nutzungen nicht zu beschränken. Statt privater Loggien wird es deshalb einen öffentlich zugänglichen »Stadtbalkon« geben, der die Möglichkeit bietet, hoch über der turbulenten Einkaufsmeile im Freien zu sitzen. »Unsere Umfragen haben gezeigt: Die Menschen wollen aufs Dach«, sagt Meyer. Als besonderen Clou betrachtet der Midstad-Geschäftsführer aber die große, flexibel nutzbare Sporthalle. Sie soll zu marktgerechten Preisen vermietet werden, etwa an Unternehmen, die ein Soccer-Turnier für ihre Mitarbeiter veranstalten wollen. »Frankfurt kann zum Vorbild für andere Städte werden.«

Die Substanz des 1988 errichteten Gebäudes soll weitgehend erhalten werden, eine Aufstockung ist in Holzbauweise vorgesehen. Mitte 2026 soll Baubeginn sein. In einem kleinen Wettbewerb mit renommierten Architekturbüros setzte sich am Ende der Star des Teilnehmerfeldes durch: Renzo Pianos Konzept eines »vertikalen Dorfs« hat die Jury am meisten überzeugt. Für den Bauherrn war entscheidend, dass sich die meisten Räume flexibel nutzen lassen. Werden Büros nicht mehr benötigt, lassen sich daraus Hotelzimmer machen – und umgekehrt. »Das nachhaltigste Gebäude ist eines, das sich leicht umnutzen lässt«, sagt Meyer. Midstad investiert einen dreistelligen Millionenbetrag in das Gebäude. Diese Investition muss sich am Ende rechnen. Meyer ist überzeugt: »Man kann den wertvollen Innenstadtraum wirtschaftlich und gleichzeitig auch sozial nutzen.« Die These, dass eine gemischt genutzte Immobilie auf lange Sicht werthaltiger ist, will Midstad gemeinsam mit einer Hochschule wissenschaftlich belegen.

in Paris, for example, which includes a museum, library, and theatres, is packed with people every day and also revitalises the surrounding area. A second Centre Pompidou will not be built in Frankfurt city centre. However, the conversion of the Peek & Cloppenburg building planned by Midstadt is a pioneering project. The fifth and sixth floors will be used to house a primary school, in response to a request from the city, which is struggling to provide enough space for the growing number of schoolchildren. The roof of a neighbouring car park will be used as a playground. The idea of converting a department store into an educational facility is by no means unusual. In Lübeck, a former Karstadt store is being converted into a complete school building according to plans by ppp Architekten and Studio Caspar.

In addition to the school, offices, co-working spaces, restaurants, and a boarding house are planned for the P&C building in Frankfurt. The city does not want to allow apartments so as not to restrict more noise-intensive uses. Instead of private loggias, there will be a publicly accessible 'city balcony' where people can sit outside high above the busy shopping street. 'Our surveys have shown that people want to go up on the roof,' said Meyer. However, the Midstad managing director considers the large, flexible sports hall to be a particular highlight. It will be rented out at market prices, for example to companies that want to organise a football tournament for their employees. 'Frankfurt can become a model for other cities.'

The building, which was constructed in 1988, will be largely retained with a planned addition of timber construction. Construction is due to start in mid-2026. In a small competition with renowned architecture firms, the star of the field finally prevailed: the jury was won over by Renzo Piano's 'vertical village' concept. The decisive factor for the client was that most of the rooms could be used flexibly. When offices are no longer needed, they can be converted into hotel rooms – and vice versa. 'The most sustainable building is one that can be easily converted,' said Meyer. Midstad is investing hundreds of millions of euros in the building. This investment has to pay off in the end. Meyer is convinced: 'You can use the valuable inner-city space economically and for social purposes at the same time. 'Together with a university, Midstad wants to scientifically prove that a mixed-use property retains its value better in the long term.

Die Planung von Renzo Piano Building Workshop für den Umbau und die Erweiterung des P&C-Hauses an der Zeil in Frankfurt am Main.
The design by Renzo Piano Building Workshop for the conversion and extension of the P&C building on the Zeil in Frankfurt am Main.

Co-Working-Bereich im ersten Obergeschoss.
Co working area on the first floor.

Markthalle im Erdgeschoss.
Market hall on the ground floor.

Das CORE in Oldenburg.
The CORE in Oldenburg.

Dass eine Mischnutzung wirtschaftlich funktionieren kann, zeigt ein Beispiel aus Oldenburg. Dort haben private Anleger um den Architekten Alexis Angelis rund 20 Millionen Euro investiert, um aus dem ehemaligen Hertie am Rande der Innenstadt das Projekt CORE zu machen. Seit 2021 gibt es dort eine Markthalle mit Veranstaltungsflächen im Erdgeschoss sowie Co-Working-Plätzen und Besprechungsräumen im ersten Obergeschoss. Anders als in Innenstädten üblich werden die höchsten Mieten nicht im Erdgeschoss verlangt, da sonst das vielfältige Streetfood-Angebot wohl kaum möglich wäre. Wirtschaftlich wird das Projekt durch andere Mieter – unter anderem eine Bank und ein Hotel. Dieses Konzept sehen die Initiatoren auch als Vorbild für andere Städte.

Die Umnutzung einzelner Immobilien allein wird die Innenstädte allerdings nicht retten. Eine entscheidende Rolle spielt der öffentliche Raum. Man muss nicht so weit gehen wie der Frankfurter Architekt Christoph Mäckler, der die Fußgängerzonen wieder zu normalen Stadtstraßen umwandeln will, auf denen auch Autos unterwegs sind. Aber es wird immer mehr deutlich, dass das Konzept, aus den Innenstädten austauschbare Shoppingmalls unter freiem Himmel zu machen, gescheitert ist. Aufenthaltsqualität lautet das Stichwort, dem sich die Städte verstärkt widmen müssen. Dazu gehört eine ansprechende Gestaltung, die mit kühlen, beschatteten Inseln auf die Folgen des Klimawandels reagiert, sich aber auch den oft verpönten Begriff der Schönheit zum Maßstab nehmen darf. Marcus Gwechenberger (SPD), Planungsdezernent in Frankfurt, nennt die Ramblas in Barcelona als Vorbild. Auch Midstad-Geschäftsführer Meyer blickt ins Ausland, aber eher in den Norden Europas. »Skandinavische Länder haben ein tieferes Verständnis für Stadtplanung«, sagt er. Das habe sich mittlerweile auch in Deutschland herumgesprochen. »Alle fahren nach Kopenhagen, aber nach ihrer Rückkehr machen sie doch wieder die gleichen Fehler.«

Vielleicht bleibt von solchen Exkursionen aber doch hängen, dass Innenstädte nur dann eine Zukunft haben, wenn sie wieder zu gemischten Quartieren werden, in denen sich Menschen nicht nur zum Einkaufen aufhalten, sondern auch zum Wohnen und Arbeiten, zum Ausgehen und für Kulturveranstaltungen, für Bildung, Behördengänge oder bürgerschaftliches Engagement. Von der Erkenntnis über die Planung bis zur Realisierung ist es ein langer Weg. Ob die Bemühungen der Städte und Immobilieneigentümer zum Wandel der Innenstädte von Erfolg gekrönt sein werden, wird sich deshalb erst in einigen Jahren zeigen. »Den Kampf führen wir«, sagt Hanaus Oberbürgermeister Kaminsky. »Aber ich weiß nicht, ob wir ihn gewinnen werden.«

An example from Oldenburg shows that mixed use can work economically. There, private investors led by architect Alexis Angelis have invested around 20 million euros to transform the former Hertie department store on the edge of the city centre into the 'CORE' project. Since 2021, it has been home to a market hall with event space on the ground floor and co-working and meeting space on the first floor. Unlike in city centres, the highest rents are not charged on the ground floor, as the diverse street food offering would hardly be possible otherwise. Other tenants – including a bank and a hotel – make the project economically viable. The initiators see this concept as a model for other cities.

But converting individual properties alone will not save city centres. The public realm plays a crucial role. You do not have to go as far as the Frankfurt architect Christoph Mäckler, who wants to turn pedestrian zones back into normal city streets with cars. But it is becoming increasingly clear that the concept of turning city centres into interchangeable open-air shopping malls has failed. The keyword is quality of place, which cities need to focus on more and more. This includes an attractive design that responds to the consequences of climate change with cool, shady islands, but that also takes the much-maligned concept of beauty as a yardstick. Marcus Gwechenberger (SPD), head of Frankfurt's planning department, cites La Rambla in Barcelona as a model. Midstad managing director Meyer also looks abroad, but more to northern Europe. 'The Scandinavian countries have a deeper understanding of urban planning,' he said. The word has got around in Germany too. 'Everyone goes to Copenhagen, but when they come back they make the same mistakes.'

Perhaps the realisation that city centres have a future only if they become mixed-use districts again, where people not only go shopping but also live and work, go out, and attend cultural events, for education, administration or civic engagement, will stick after such excursions. It is a long way from vision to planning and implementation. It will be years before we know whether the efforts of cities and property owners to transform city centres will be crowned with success. 'We are fighting the battle,' said Hanau's Lord Mayor Kaminsky. 'But I don't know if we're going to win it.'

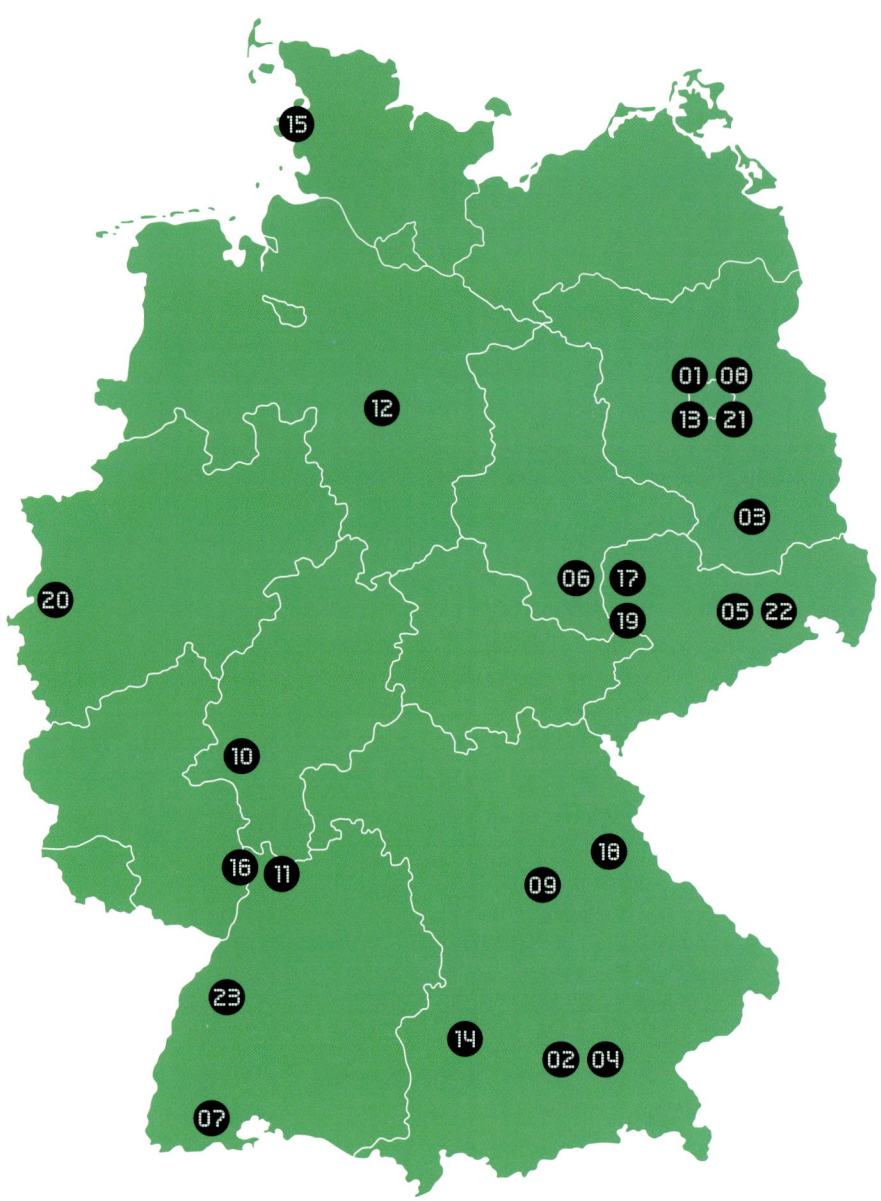

01 AFF Architekten
Spore Haus, Berlin

02 bogevischs buero architektur & stadtplanung
**Generalsanierung Sophie-Scholl-Haus,
München**

03 HABERMANN ARCHITEKTUR
Kulturweberei, Finsterwalde

04 PETER HAIMERL . ARCHITEKTUR
Clusterwohnen Wabenhaus, München

05 ALEXANDER POETZSCH ARCHITEKTUREN
**Integratives Familienzentrum des
Kinderschutzbund e. V., Dresden**

06 Aline Hielscher Architektur
Campus Kindergarten, Merseburg

07 bächlemeid architekten stadtplaner
**Feuerwehr und Kindertagesstätte
Waldshut-Tiengen**

08 blrm / Workshopverfahren 2013:
Bruno Fioretti Marquez
**Arcostraße – Neuinterpretation des
Berliner Blocks, Berlin**

09 Brückner & Brückner Architekten
Christuskirche, Neumarkt in der Oberpfalz

10 DGJ Architektur
**Wohngruppe »Gemeinsam Suffizient
Leben«, Frankfurt am Main**

11 DGJ Architektur
IBA Collegium Academicum, Heidelberg

12 gernot schulz : architektur
Gymnasium Langenhagen, Langenhagen

13 gmp · Architekten von Gerkan,
Marg und Partner
Pressehaus am Alexanderplatz, Berlin

14 Hess/Talhof/Kusmierz
Umweltbildungszentrum, Augsburg

15 Holzer Kobler Architekturen
Erlebnis-Hus, St. Peter-Ording

16 Hütten & Paläste
U-Halle, Mannheim

17 KO/OK Architektur
Maschinenhalle Connewitz, Leipzig

18 Max Otto Zitzelsberger
Lernhaus für Umweltbildung, Nabburg

19 Peter Grundmann Architekten
Haus Fügener, Neukieritzsch

20 Schrammel Architekten Stadtplaner
**Sanierung und Erweiterung
Zentralbibliothek, Mönchengladbach**

21 sophie & hans
Café Leo, Berlin

22 SUMMACUMFEMMER Architekt*innen
**Sanierung und Umbau Wohnhaus,
Radebeul**

23 Thomas Kröger Architekten
**Heimschule des Therapiezentrums
Osterhof, Baiersbronn**

Shortlist
Architektur in Deutschland
Shortlist
Architecture in
Germany
—

2025

ALEXANDER POETZSCH ARCHITEKTUREN
Integratives Familienzentrum des Kinderschutzbund e. V., Dresden

Kritik **Oliver G. Hamm**

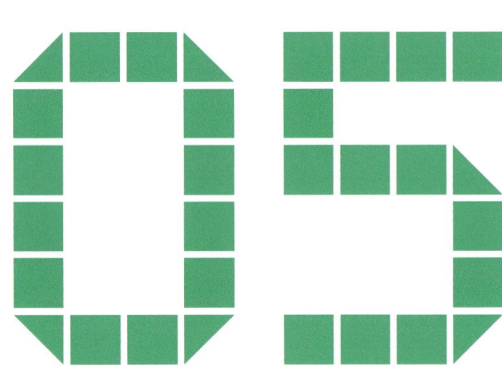

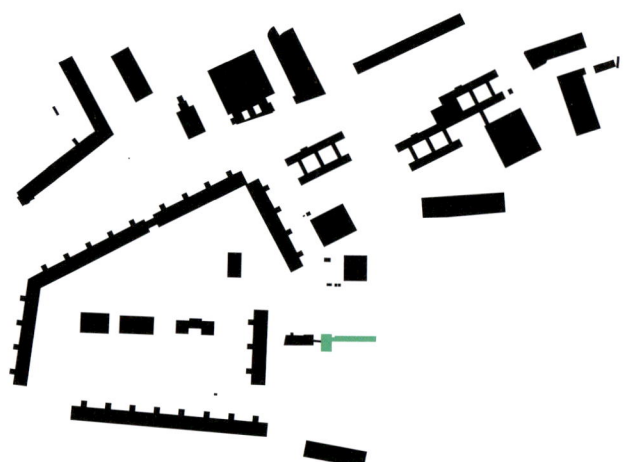

Architekten / Architects
ALEXANDER POETZSCH
ARCHITEKTUREN
Königsbrücker Straße 37
01099 Dresden
www.alexanderpoetzsch.de
kontakt@alexanderpoetzsch.de

Projektteam / Project team
Alexander Pötzsch, Projektleiter
Susanne Glaubitz, Stv. Projektleitung,
Objektüberwachung
Quentin Delaval, Objektüberwachung
Uta Lambrette, Objektüberwachung
Matthias Nolden, Projektbearbeitung
Philipp Werner, Projektbearbeitung

Bauherr / Client
Der Kinderschutzbund e. V.,
Ortsverband Dresden

**Projektsteuerung / Project
management**
Ingenieurbüro Ulrich Röder GmbH,
Dresden

**Tragwerksplanung /
Structural engineering**
ICL Ingenieur Consult GmbH, Leipzig /
Dresden

**Haustechnik /
Building services engineering**
Petschow & Thiel GmbH, Dresden

**Heizung, Sanitär /
Plumbing and heating**
Brockmann Klima GmbH, Großenhain

Elektro / Electrical engineering
ELEKTROBAU DRESDEN OST GmbH,
Dresden

**Bauphysik, Akustik /
Building physics, acoustics**
Graner Ingenieure GmbH, Leipzig

Brandschutz / Fire prevention
Ing.-Büro für Brandschutz Hartmann,
Dresden

**Landschaftsarchitektur /
Landscape architecture**
hase landschaftsarchitektur, Dresden

**Innenarchitektur, Lichtplanung /
Interior design, lighting design**
ALEXANDER POETZSCH
ARCHITEKTUREN, Dresden

Fassadenplanung / Façade planning
ALEXANDER POETZSCH
ARCHITEKTUREN, Dresden

Standort / Location
Lili-Elbe-Straße 7
01307 Dresden

Fertigstellung / Completion
Juli 2023

Fotografie / Photography
Johann Husser, Dresden

Der neue Hauptzugang an der autofreien Lili-Elbe-Straße.
The new main entrance on the car-free Lili-Elbe-Strasse.

Wo heute einzelne Bauwerke wie zufällig in eine groß-
flächige begrünte Stadtbrache eingestreut erscheinen,
breitete sich bis zu den verheerenden Fliegerangriffen
am 13./14. Februar 1945 ein überwiegend mit gründer-
zeitlichen Wohngebäuden dicht bebauter Stadtteil aus.
Am Ende des Zweiten Weltkriegs war die östlich an
die Altstadt grenzende Johannstadt die größte Trüm-
merfläche der Stadt Dresden. Erst Ende der 1950er
Jahre begann hier der Wiederaufbau, seit den 1970er
Jahren prägen vor allem Plattenbauten insbesondere
den westlichen Teil der ehemaligen Vorstadt. Dort hatte der Unternehmer Bruno Clauß 1917 eine Schokoladenfabrik errichten lassen, in der auch Kaffee geröstet
und Marzipan hergestellt wurde. Von der Fabrik über-
stand einzig ein Backsteingebäude mit angrenzender
Werkhalle die Bombardements. Ab 1954 wurde es vom
VEB IFA-Karosseriewerke Dresden genutzt, der hier
vor allem den *Wartburg Tourist* produzierte. Nach der
Rückübertragung 1996 vermieteten die Erben des 1953
enteigneten Fabrikanten das Ensemble an Architekten,
Künstler und Musiker, die auch heute noch den westlichen Gebäudetrakt als Kreativwirtschaftszentrum
Schokofabrik e. V. mit Ateliers, Büros und einem Ton-
studio nutzen.

Where individual buildings now appear to be scattered
haphazardly across a large green urban wasteland there
was, until the devastating air raids of 13–14 February
1945, a densely built district of mainly Wilhelminian-
style residential buildings. At the end of the Second
World War, Johannstadt, which borders the Old Town
to the east, was the largest area of rubble in the city of
Dresden. Reconstruction did not begin until the late
1950s, and since the 1970s the western part of the former
suburb has been dominated by prefabricated concrete
high-rises. In 1917, entrepreneur Bruno Clauß had
a chocolate factory built here, which also roasted coffee
and produced marzipan. Only a brick building with
an adjoining factory workshop survived the bombing.
From 1954 it was used by the *VEB IFA-Karosseriewerke*
Dresden, which mainly produced the 'Wartburg Tourist'
car. After the retransfer of the property in 1996, the heirs
of the factory owner – who was expropriated in 1953 –
have rented the buildings to architects, artists, and musi-
cians, who still use the western part of the building as a
creative industry centre called *Schokofabrik e. V.* ('Chocolate Factory') with studios, offices, and a recording studio.

Der östliche Teil der ehemaligen Schokoladenfabrik, ein im Grundriss L-förmiger Backsteinbau mit von ihm eingefasster Werkhalle, stand ab 2000 weitgehend leer. Die Idee, ihn zu einem Familienzentrum umzugestalten, geht auf eine Sitzung des Quartiersbeirats Nördliche Johannstadt im April 2016 zurück, als der im Beirat vertretene Architekt Christian Ecklebe – der als Student im Fabrikgebäude gearbeitet hatte – erste Überlegungen zur Instandsetzung und möglichen Entwicklung der damals vollkommen ruinösen Halle vorstellte. Diese Vorschläge veranlassten die Geschäftsführung des Deutscher Kinderschutzbund e. V., Ortsverband Dresden, der Ende der 1990er Jahre dort bereits einen Jugendclub betrieben hatte und schon lange auf der Suche nach Räumlichkeiten zur Bündelung seiner bislang verstreuten Angebote in der Johannstadt war, sich der Sache anzunehmen. Eine Ideenkonkurrenz unter fünf Planungsbüros für ein Integratives Familienzentrum gewann das Büro ALEXANDER POETZSCH ARCHITEKTUREN; das von ihm umgeplante und erweiterte Gebäude konnte im Juli 2023 bezogen werden.

Der grundsätzliche Ansatz des Architektenteams war, die bestehende Bausubstanz mit den Spuren von verschiedenen Nutzungen so weit wie möglich zu erhalten und zeitgemäß zu ergänzen. Das baufällige Dach der Werkhalle musste entfernt werden. Dadurch entstand ein an drei Seiten von Gebäudeflügeln beziehungsweise von einer hohen Mauer eingefasster Innenhof, der – spärlich begrünt – vor allem als Spielfläche sowie als Begegnungsort für die Anlieger gedacht ist und über den das Gebäude erschlossen wird. Das alte Mauerwerk blieb hier – wie auch größtenteils im Innenbereich – unverputzt. Es wurde lediglich weiß geschlämmt und korrespondiert dadurch mit dem sehr hellen, durch treppenartige Podeste in verschiedene Zonen aufgeteilten Betonboden. Erhalten geblieben sind die paarweise angeordneten, nun grau angestrichenen stählernen Dachträger der ehemaligen Halle, die visuell den Innenhof in der Tiefe staffeln. Ein großes, tagsüber weit geöffnetes und ebenfalls grau angestrichenes Stahltor schließt den Hof nach Osten, zu der sehr ansprechend neu gestalteten autofreien Lili-Elbe-Straße, ab.

The eastern part of the former chocolate factory, an L-shaped brick building surrounded by a factory hall, has been largely empty since 2000. The idea of developing it into a family centre dates back to a meeting of the Nördliche ('Northern') Johannstadt neighbourhood advisory board in April 2016. Architect Christian Ecklebe, who was a member of the advisory board and had worked in the factory building as a student, presented initial considerations for the restoration and possible development of the hall – then in a state of complete disrepair. These ideas prompted the management of the Dresden branch of the *Deutscher Kinderschutzbund e. V.* ('German Child Protection Association') – which had been running a youth club there since the late 1990s, and had long been looking for premises to consolidate its previously scattered services in the Johannstadt district – to take on the project. ALEXANDER POETZSCH ARCHITEKTUREN won a competition among five planning offices to design an integrative family centre; the building, which it redesigned and extended, was ready for occupation in July 2023.

The basic approach of the architectural team was to preserve as much as possible of the existing structure, with its traces of various uses, and to add contemporary elements. The dilapidated roof of the workshop had to be removed. This created an inner courtyard, enclosed on three sides by building wings and a high wall, which – sparsely planted – is intended primarily as a play area for children and a meeting place for the residents, and through which the building is accessed. The old brickwork here, as well as much of the interior, was left unplastered. It has been whitewashed to match the very light concrete floor, which is divided into different zones by stair-like platforms. The steel roof beams of the former hall, arranged in pairs and painted grey, have been preserved and visually deepen the courtyard. A large steel gate, also painted grey and left wide open during the day, closes off the courtyard to the east, and faces the attractively redesigned and car-free Lili-Elbe-Strasse.

Schnitt
Section

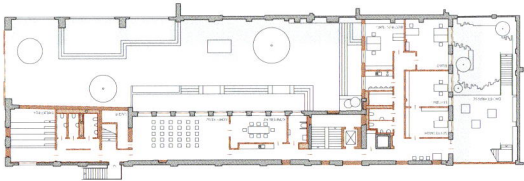

Grundriss Erdgeschoss
Ground floor plan

Blick in die ehemalige Werkhalle ...
View into the former factory hall ...

Der zweite Innenhof im Westen.
The second courtyard in the west.

... treppenartige Podeste zonieren den heutigen Innenhof.
... stair-like platforms divide the current courtyard into zones.

Sichtbare Spuren des Bestandes ...
Visible traces of the old building ...

... und Ergänzungen für die neue Nutzung.
... and additions for the new purpose.

Der Innenhof ist Spielfläche und Begegnungsort.
The inner courtyard is a play area and meeting place.

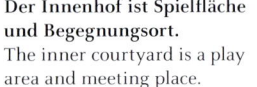

Unterschiedliche Oberflächen kennzeichnen Bestand und Aufstockung.
Different surfaces characterise the existing and added floors.

Neben den Büro-, Beratungs- und Konferenzräumen des Kinderschutzbundes, der Kinder, Jugendliche und ihre Eltern berät und unterstützt, wurde in den beiden Vollgeschossen zudem eine kleine Stadtteilbibliothek untergebracht, auf deren Sitzstufen nicht nur gelesen, sondern auch diskutiert werden kann. In den Räumen werden außerdem Ehrenamtliche ausgebildet, die telefonisch und anonym bei Erziehungsfragen helfen. Die Räume und Flure sind jeweils mit einem mattgrünen Linoleumfußboden ausgestattet, im Konferenzbereich wurde Parkett verlegt. Die Decken und ein Teil der Wände sind weiß gestrichen, neu eingefügte Wände aus Sichtbeton bilden einen bewussten Kontrast. Die innen weiß, außen jedoch grau gefassten Fenster verfügen jeweils über einen gelochten Lüftungsflügel; auf der Süd- und Westseite können sie durch terrakotta-farbene Senkrechtmarkisen verschattet werden. Das teilbarrierefreie Souterrain mit seinen Kappendecken wird von der mobilen Jugendarbeit (*Jinos MoJo*) betreut. Dort sind neben dem obligatorischen Billardtisch und diversen Sitzgelegenheiten auch eine Küche und, räumlich getrennt, eine Werkstatt untergebracht. Dem gesamten Längsflügel wurde ein neues Geschoss, ein außen zartrosa gehaltener Holzrahmenbau, aufgesetzt. Ihn nutzt eine therapeutische Wohngemeinschaft, in der bis zu sieben junge Menschen, die vorübergehend oder dauerhaft nicht bei ihren Eltern leben können, in ihrem Lebensalltag unterstützt werden. Außer individuellen Zimmern stehen ihnen dort ein Therapiezimmer, ein gemeinsamer Wohn- und Kochbereich (mit dem raumbestimmenden alten Fabrikschornstein) sowie eine vorgelagerte Terrasse zur Verfügung. Ein begrüntes, aber nicht zugängliches Flachdach schließt das Bauwerk nach oben ab.

Für die Finanzierung des Integrativen Familienzentrums standen, neben Eigenmitteln des Kinderschutzbundes und der Landeshauptstadt Dresden, auch knapp 4,7 Millionen Euro Städtebaufördermittel aus dem Investitionspakt *Soziale Integration im Quartier* und dem Bund-Länder-Programm *Sozialer Zusammenhalt* zur Verfügung. Das Geld ist offensichtlich gut und nachhaltig angelegt worden.

In addition to the office, counselling, and conference rooms of the Kinderschutzbund – which provides advice and support to children, young people, and their parents – the two full floors also house a small district library, where people can not only read, but also have discussions on the seating steps. The rooms are also used to train volunteers who provide anonymous telephone support on parenting issues. The rooms and corridors have matt green linoleum flooring, while the conference area has parquet flooring. The ceilings and some of the walls are painted white, with newly added exposed concrete walls providing a deliberate contrast. The windows, which are white on the inside and grey on the outside, have perforated ventilation sashes, and can be shaded on the south and west sides by terracotta-coloured vertical awnings. The basement, which is partially accessible and has a vaulted ceiling, is used by 'Jinos MoJo', a mobile youth outreach project. As well as the obligatory pool table and various seating areas, there is a kitchen and a workshop in a separate room. The entire long wing has been given a new floor, a timber frame structure finished in a soft pink on the outside. It will be used by a therapeutic living community, providing daily support for up to seven young people who are temporarily or permanently unable to live with their parents. In addition to individual bedrooms, they have access to a therapy room, a communal living, and cooking area (dominated by the old factory chimney) and a terrace in front of it. A green but inaccessible flat roof completes the structure at the top.

In addition to the funds provided by the Kinderschutzbund and the city of Dresden, almost 4.7 million euros in urban development funds from the investment pact *Soziale Integration im Quartier* ('Social Integration in the Neighbourhood') and the federal-state programme *Sozialer Zusammenhalt* ('Social Cohesion') were made available to finance the integrative family centre. The money has obviously been invested well and sustainably.

Aline Hielscher Architektur
Campus Kindergarten, Merseburg

Kritik **Julia Koschewski**

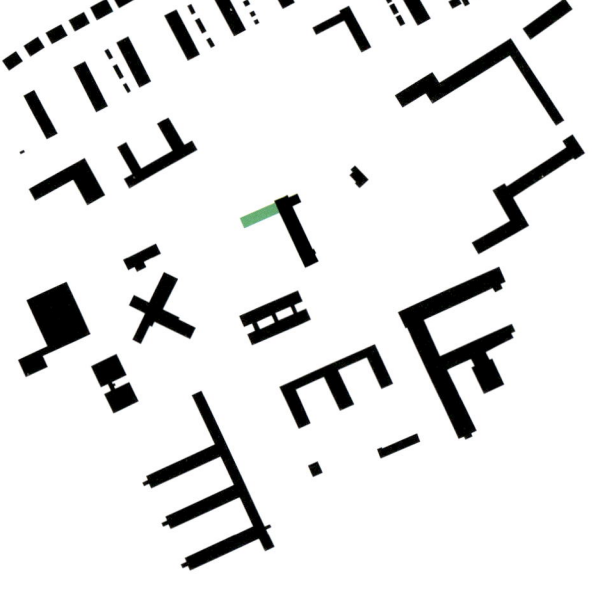

Architekten / Architects
Aline Hielscher Architektur
Josephstraße 33
04177 Leipzig
www.alinehielscher.com
communication@alinehielscher.com

Projektteam / Project team
Aline Hielscher, Projektleitung
Tom Döhler, Mitarbeit
Florian Tobschall, Mitarbeit
Johanna Knigge, Mitarbeit
Wiebke Kessler, Mitarbeit

Bauherren / Clients
Studentenwerk Halle AöR, Halle (Saale)

**Bauüberwachung /
Construction supervision**
Dr. Manfred Arlt (Büro Thomas
Zaglmaier), Halle (Saale)

**Tragwerksplanung /
Structural engineering**
DSH Ingenieure GmbH, Halle (Saale)

**Haustechnik /
Building services engineering**
Wohlrab, Landeck & Cie., Aschersleben

Elektro / Electrical engineering
Schimmel + Schönemann, Köthen
(Anhalt)

**Landschaftsarchitektur /
Landscape architecture**
kleine + kleine, Halle (Saale)

Küchenplanung / Kitchen planning
Triebe und Triebe GbR, Leipzig

Brandschutz / Fire prevention
Joachim Maske, Leipzig

Bauphysik / Building physics
Wohlrab, Landeck & Cie., Aschersleben

Standort / Location
Friedrich-Zollinger-Straße 1
01627 Merseburg

Fertigstellung / Completion
Juli 2023

Fotografie / Photography
Célia Uhalde, Sulzschneid
Kultur.Landschaft.Digital. (S. 80)

Rudolf Sitte: *Formen.*
Rudolf Sitte: 'shapes'.

In den lang gezogenen Flachbau der ehemaligen Telefonzentrale ist eine Kita eingezogen.
A day care centre has moved into the long, low-slung building that used to house the telephone exchange.

Eine gewisse Schläfrigkeit haftet ihm an, dem Forschungscampus Merseburg. Zwischen historischer Bausubstanz, Brachland und dem Wunsch nach Zukunftsfähigkeit gilt es auch hier Widersprüche auszuhalten. Architektonisch prägen DDR-Typenhäuser aus den 1950er Jahren den Charakter des Areals und erzählen längst vergangene Geschichten. Dem teils brüchigen Leerstand und geisterhaften Verwachsen von Gebäuden mit Flora und Fauna begegnete man lange Zeit mit Abriss. Heute gibt es auch ambitioniertere, nachhaltigere Konzepte. So ist unweit der alten Mensa mit dem 1974 entstandenen Betonrelief *Formen* von Rudolf Sitte – einem der wichtigsten Vertreter architekturgebundener Baukunst in der DDR – eine besonders spannende Transformation gelungen: der Umbau der ehemaligen Telefonzentrale zur Kindertagesstätte.

Im Kontext der studentischen Selbstorganisation entstand vor 15 Jahren das Projekt *Forschungskita CampusKids*, das zuletzt Räume in einem zentral gelegenen Seminargebäude nutzen konnte. Als der zunehmende Bedarf an Betreuungsplätzen unter den rund 3.000 Studierenden und Hochschulangehörigen deutlich wurde, rückte der unscheinbare, von grünem

There is a certain sleepiness about the Merseburg research campus. Here, too, the contradictions between the historic buildings, the wasteland, and the desire for a sustainable future have to be endured. Architecturally, the area is characterised by standard GDR (German Democratic Republic) houses from the 1950s, which tell of a previous era. For a long time, demolition was the only way to deal with the dilapidated vacant buildings and the ghostly overgrowth of flora and fauna. Today there are more ambitious, sustainable concepts. Not far from the old refectory – created in 1974 – with its concrete relief *Formen* ('shapes') by Rudolf Sitte, one of the most important representatives of architecture-bound art in the GDR, a particularly exciting transformation has been achieved: the conversion of the former telephone exchange into a day care centre for children.

The *Forschungskita CampusKids* ('CampusKids Research Day Care') project was set up 15 years ago by a student organisation, and has recently been able to use rooms in a centrally located seminar building. As the growing demand for childcare among the university's 3,000 students and staff became apparent, the unassuming block of the old telephone exchange, surrounded by green thickets,

Der Haupteingang im Norden.
The main entrance in the north.

Schnitt Ost-West
East-west section

Dickicht umschlossene Riegel der alten Telefonzentrale in den Fokus. Etwas streng, etwas trist, vielleicht zu dunkel für eine Kita? Es folgte eine erste Annäherung. Das Studentenwerk Halle beauftragte Aline Hielscher Architektur zunächst mit einer Machbarkeitsstudie, die die Potenziale des zweigeschossigen Flachbaus auf Kita-Eignung prüfen und Möglichkeitsräume offenlegen sollte. Ein interessantes Unterfangen, liegt das Sockelgeschoss des Baus doch halb im Gelände eingegraben und kann so nur von einer Seite belichtet werden. Das Leipziger Team entwickelte trotz der räumlichen Prädisposition ein überzeugendes Umnutzungskonzept und wurde final mit dem Umbau beauftragt.

Der rund 40 Meter lange Flügel befindet sich nach Norden und Süden ausgerichtet am unteren Ende des Campus-Geländes an der Geusaer Straße und wurde zuletzt noch an Studierende vermietet. Während der zweijährigen Umbauphase erhielt der Flachbau einen neuen Eingang samt eigener Adresse an der Nordseite. Steht man vor dem Entree, wirkt das Gebäude eingeschossig, doch gartenseitig im Süden öffnet es sich auch über das gesamte Untergeschoss.

Die Fassade dominieren neue großformatige Fenster, die als Holz-Aluminium-Konstruktion ausgeführt sind. Der helle Außenputz bildet die optisch zurückhaltende Basis für das Farbkonzept der Fenster und Türen, das sich mit den Grundfarben Englischrot und Türkis stimmungsvoll ins Gesamtbild einfügt. Einen stilsicheren Akzent setzt die schlichte, industriell anmutende Beleuchtung an der Fassade. Sie erinnert ein wenig an Reagenzgläser, Leuchtstoffröhren, Laborästhetik – möglicherweise eine gewollte Assoziation im Hinblick auf den spielerischen Forschungsauftrag der Kita?

Wie in den 1990er Jahren üblich hatte auch dieses Gebäude eine Wärmedämmverbundsystem-Hülle aus Polystyrol erhalten, zumindest im Erdgeschoss und am Dach. Bei dem teilweise eingegrabenen Untergeschoss war dagegen komplett auf eine Außendämmung verzichtet worden. Im Zuge des Umbaus zwischen 2020 und 2023 wurde das Gebäude entkernt, die veraltete Polystyroldämmung entfernt und durch ein neues Verbundsystem aus Mineralwolle, auf das außenseitig Putz aufgetragen wurde, ersetzt. Die ans Erdreich angrenzenden Bauteile im Untergeschoss erhielten im Inneren eine Wärmedämmung aus weißzementgebundenen Holzwolle-Mehrschichtplatten mit Steinwollekern. Eine bautechnische Lösung, die mit Eigenschaften wie sehr guter Wärmedämmfähigkeit, schwerer Entflammbarkeit und Verbesserung der Raumakustik (Kita!) gleich mehrere Vorteile hat.

came into focus. A little austere, a little dull, perhaps too dark for a crèche? A first approach followed. The *Studentenwerk Halle* commissioned Aline Hielscher Architektur to carry out a feasibility study to examine the two-storey low-rise building's potential as a nursery, and to identify the possibilities. An interesting task given that the basement of the building is half buried in the ground and can therefore only be lit from one side. Despite the space constraints, the Leipzig team developed a convincing conversion concept and was ultimately awarded the contract.

The approximately 40-metre-long wing faces north and south at the lower end of the campus site on Geusaer Strasse, and was last rented to students. During the two-year conversion phase, the low-rise building received a new entrance and its own address on the north side. From the entrance, the building appears to be a single-storey structure, but on the garden side to the south, it also opens up over the entire basement.

The façade is dominated by new large-format windows in a timber-aluminium construction. The light exterior rendering provides a visually unobtrusive base for the colour scheme of the windows and doors, which blends atmospherically with the primary colours of English red and turquoise. The simple, industrial-looking lighting on the façade adds a stylish accent. It is somewhat reminiscent of test tubes, fluorescent tubes, laboratory aesthetics – perhaps an intentional association with the playful research mission of the day care centre?

As was common practice in the 1990s, this building also had an external insulation system of polystyrene, at least on the ground floor and the roof. However, no external insulation was applied to the partially buried basement. During the 2020–2023 refurbishment, the building was gutted, the obsolete polystyrene insulation removed, and replaced with a new composite system of mineral wool covered with external render. The interior of the basement walls adjacent to the ground floor were insulated with white cement-bonded wood-wool composite panels with a rock wool core. This construction solution offers several advantages, including excellent thermal insulation, low flammability, and improved room acoustics (important in a day care centre!).

Im Inneren gab der Bestand ein Konstruktionsraster von drei Metern vor, das vom Planungsteam aufgegriffen und effektiv mit neuen Raumkonfigurationen verflochten wurde. »Von der Dunkelheit ins Licht« – so beschreibt Aline Hielscher das zentrale Entwurfsmotiv. Der vier Meter hohe Raum im Untergeschoss wurde zu einem großzügigen Bewegungsraum und zum planerischen Initialpunkt, von dem aus sich die restliche Fläche entwickelt.

Der gesamte Innenraum folgt einer pointierten Gestaltungssprache. Das Farbkonzept, das sich schon an der Gebäudehülle abzeichnet, wird im Inneren weitergeführt und mit Möbeleinbauten und sitztiefen Fensterbänken aus hellem Fichtenholz ergänzt. In den Sanitärräumen entstehen derweil monochrome Farbwelten aus den Rottönen von Wand- und Bodenfliesen. Die weißen Sanitärobjekte bilden hierzu den passenden Kontrast. An der Akustikdecke finden sich die Leuchten der Außenfassade wieder. Raumtrennende Elemente zu Verkehrsflächen hin sind unter anderem als Japanische Wände ausgebildet, bieten Stauraum und lassen Tageslicht hinein. Eine Kletter-, Spiel- und Sitztreppe führt vom Untergeschoss in die nächste Ebene und dabei nicht nur im metaphorischen Sinne aus den Tiefen ans Licht. Die ausgewählten Materialien halten sich auf den 630 Quadratmetern Innenraum im Hintergrund, regen aber durchaus Sensitives an.

Die Transformation der ehemaligen Telefonzentrale übersetzt räumliche Potenziale in ein zeitgemäßes Architekturnarrativ und bildet einen wegweisenden Schritt in Richtung einer qualitativen Umnutzung des Baubestands auf dem Areal des Forschungscampus Merseburg.

Inside, the existing building provided a three-metre grid, which the design team took up and effectively intertwined with new room configurations. 'From darkness to light' is how Aline Hielscher describes the central design motif. The four-metre-high room in the basement was converted into a spacious 'movement space' and became the initial planning point from which the rest of the space was developed.

Throughout the interior there is a clear design language. The colour scheme of the building's exterior is continued in the interior, where it is complemented by built-in furniture and deep windowsills in light spruce. In the sanitary rooms, the reds of the wall and floor tiles create a monochrome colour scheme. The white sanitaryware provides a fitting contrast. The acoustic ceiling features the same lighting as the exterior façade. Room dividers facing the circulation areas are designed as Japanese screens, among other things, to provide storage space and allow daylight to pass through. A staircase for climbing, playing, and sitting on leads from the basement to the next level – and not only metaphorically from depth to light. The materials chosen for the 630 square metres of interior space remain in the background, but they certainly appeal to the senses.

The transformation of the former telephone exchange translates spatial potential into a contemporary architectural narrative, and marks a pioneering step towards a qualitative conversion of the existing buildings on the Merseburg research campus.

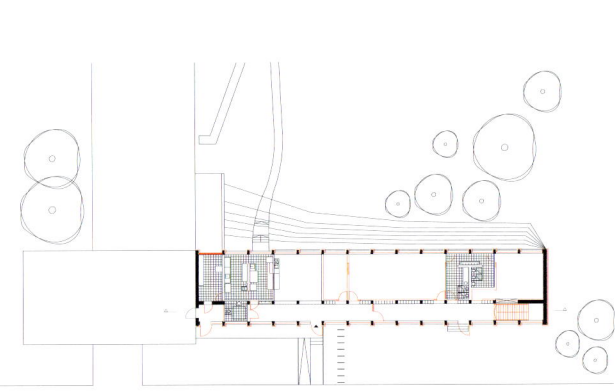

Grundriss Erdgeschoss
Ground floor plan

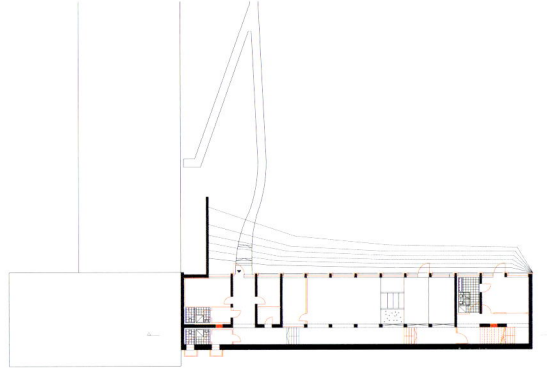

Grundriss Untergeschoss
Basement floor plan

Es wird täglich frisch gekocht.
Fresh meals are cooked every day.

Englischrot sind auch die Fliesen in den Sanitärräumen.
The bathroom tiles are also English red.

Spielräume im Erd- ...
Playrooms on the ground floor ...

... und im Sockelgeschoss.
... and in the basement.

bächlemeid architekten stadtplaner
Feuerwehr und Kindertagesstätte Waldshut-Tiengen

Kritik **Stefanie Lampe**

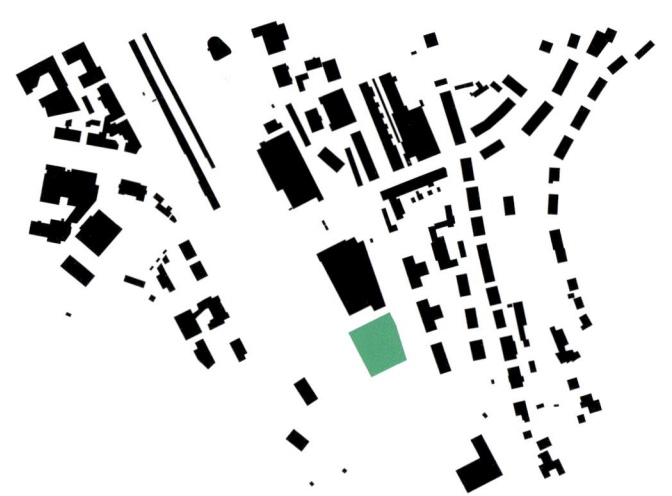

Architekten / Architects
bächlemeid architekten stadtplaner bda
PartGmbB
Zollernstraße 4
78462 Konstanz
www.baechlemeid.de
info@baechlemeid.de

Projektteam / Project team
Hanna Diesch, projektverantwortliche
Mitarbeiterin
Alexandra Bolocan, projekt-
verantwortliche Mitarbeiterin

Bauherren / Clients
Stadt Waldshut-Tiengen

**Beteiligtes Architekturbüro /
Other architects involved**
Achim Schreiner Freier Architekt
Klingenweg 11
79736 Rickenbach-Hütten
www.architekturbuero-schreiner.de
schreiner@architekturbuero-schreiner.de

**Tragwerksplanung /
Structural engineering**
Baustatik Relling GmbH, Singen

**Haustechnik /
Building services engineering**
Ingenieurbüro ibp knauszentner,
Pfullendorf

Elektro / Electrical engineering
Neher Butz Plus GmbH, Konstanz

**Bauphysik, Akustik /
Building physics, acoustics**
GSA Körner GmbH, Reichenau

Lichtplanung / Lighting design
Stromlinie+ Lichtdesign, Konstanz

Brandschutz / Fire prevention
Ingenieurbüro Sutter, Waldshut-
Tiengen

**Landschaftsarchitektur /
Landscape architecture**
Stötzer Landschaftsarchitekten,
Freiburg

Standort / Location
Robert-Gerwig-Straße 19
79761 Waldshut-Tiengen

Fertigstellung / Completion
Juni 2023

Fotografie / Photography
Roland Halbe, Stuttgart

Ungewöhnliche Stapelung: Auf der Feuerwehr sitzt eine Kita. Die offene Fassade im Südwesten.
Unusual stacking: a day care centre is located on top of a fire station. The open façade in the south-west.

Die Kombination einer Feuerwache mit einem Kindergarten ist nicht unbedingt naheliegend. In Waldshut aber wurde erreicht, dass das Ergebnis nicht nur funktioniert, sondern geradezu zwingend erscheint.

Doch von Beginn an: Waldshut, ein Teil der Doppelstadt Waldshut-Tiengen, liegt ganz im Süden Deutschlands direkt an der Schweizer Grenze. Die idyllische Lage zwischen Hochrhein und südlichem Schwarzwald bedeutet jedoch eine topografische Englage. Für Stadterweiterungen stehen kaum Flächen zur Verfügung – wachsen kann Waldshut eigentlich nur nach innen. Als nun die Freiwillige Feuerwehr dringend eine neue Feuerwache benötigte, da durch die Tore der alten denkmalgeschützten Wache in der Altstadt die modernen Fahrzeuge kaum mehr passten und die Ausfahrt über den Hof der benachbarten Schule erfolgte, sowie gleichzeitig – wie überall im Land – neue Kindergartenplätze gebraucht wurden, entschloss man sich, die beiden Funktionen zu verbinden. 2018 wurde ein Wettbewerb ausgeschrieben, den das Büro bächlemeid gewann.

Combining a fire station with a kindergarten is not necessarily an obvious move. In Waldshut, however, the result is not only functional, but it is downright compelling.

Let's start at the beginning: Waldshut, part of the twin town of Waldshut-Tiengen, is situated in the very south of Germany, right on the Swiss border. However, its idyllic location between the High Rhine and the southern Black Forest means that it is topographically constrained. There is little room for urban expansion – Waldshut can only grow inwards. The volunteer fire brigade desperately needed a new fire station. Its modern vehicles could barely fit through the gates of the old listed station in the old town, and its exit was through the courtyard of the neighbouring school. At the same time – as across Germany – new day care places for children were needed. So it was decided to combine the two functions. In 2018 a competition was announced, which was won by bächlemeid architekten stadtplaner.

Zur Verfügung stand ein städtisches Grundstück zwischen den Bahngleisen und den östlichen Wohngebieten Waldshuts. Es liegt am Ende einer schmalen Gewerbeachse zwischen den banalen Standardkisten großer Supermärkte und dem städtischen Busdepot. Zwischen der heutigen Feuerwache und dem Busdepot beschreibt die Straße eine Kehre, so dass das Gebäude von zwei Seiten bedient wird. Damit waren die Grundlagen gegeben, zwei getrennte Zugänge und eine komplette Trennung der beiden Funktionen zu planen.

Diese Trennung lässt sich heute von außen nicht ohne Weiteres ablesen. Ein stark strukturierter hellroter Putz überzieht sowohl den massiven Betonbau des Erdgeschosses als auch das Obergeschoss in Holzbauweise aus heimischem Holz. Im gleichen Rotton gehalten sind die Rolltore der Fahrzeughalle und die Metalllamellen, die den Außenbereich der Kita abschirmen. Das gedämpfte Rot bildet einen angenehmen Kontrast zum Grün des dahinter liegenden Hangs und verweist einerseits direkt auf die Nutzung als Feuerwache sowie andererseits auf die Historie des Ortes, des sogenannten Ziegelfelds.

Im Osten des Grundstücks befindet sich eine für eine Kleinstadt dichte Wohnsiedlung aus Mehr- und Einfamilienhäusern. Hier liegt auch der Eingang zum Kindergarten im Obergeschoss. Nach Westen an der Gewerbeachse sind die Rolltore und die Ausfahrten der Feuerwache orientiert. Im Süden des Gebäudes liegt die Zufahrt für die Privatautos der Feuerwehrleute. Bei einem Einsatzruf parken Letztere unter dem östlichen Kindergartenbereich, gehen vom Parkplatz direkt in die Umkleiden und von dort aus weiter in die Fahrzeughalle. So wird bei einem Einsatz keine Zeit vergeudet. In der Fahrzeughalle ist Platz für sechs Löschfahrzeuge. Optisch entspricht sie ganz einer Industriehalle: Sichtbeton, sichtbar geführte Leitungen – und bereit für effiziente Bewegungsabläufe. Die Feuerwache ist auch für den Katastrophenfall ausgerüstet; dafür gibt es südlich neben der Halle einen großen und einen kleinen Raum für Schulungen und Lagebesprechungen sowie einen Raum für die Einsatzleitung. Darüber hinaus ist hier eine Küche untergebracht. Zum Katastrophenfall kam es bisher glücklicherweise noch nicht, aber die Freiwillige Feuerwehr fährt von hier aus immerhin rund 150 Einsätze im Jahr.

A municipal plot of land was available between the railway tracks and the eastern residential areas of Waldshut. It is located at the end of a narrow commercial axis between the banal standard boxes of large supermarkets and the municipal bus depot. The road bends between the current fire station and the bus depot, so the building is served from two sides. This provided the basis for the design of two separate entrances and a complete separation of the two functions.

Today, this separation is not readily apparent from the outside of the building. The solid concrete structure of the ground floor is covered with a heavily textured light red plaster. The upper floor is a timber construction made of local wood. The rolling gates of the vehicle depot and the metal louvres that screen the outdoor area of the kindergarten are in the same shade of red. The muted red contrasts pleasantly with the green of the hillside behind, and makes a direct reference to the building's use as a fire station, as well as to the history of the site, known as the *Ziegelfeld* ('brick field').

The eastern part of the site is one of the small town's dense residential areas, with both apartment blocks and detached houses. The entrance to the kindergarten on the upper floor is also located here. The roller shutters and exits of the fire station face the industrial estate to the west. The entrance for the firefighters' private cars is to the south of the building. When called out, the firefighters park under the eastern part of the nursery school, walk directly from the car park to the changing rooms and from there to the vehicle hall. This ensures that no time is wasted when they are called out. There is space for six fire engines in the vehicle hall. It looks like an industrial hall: exposed concrete, visible piping – and ready for efficient movement. The fire station is also equipped for emergencies, with a large and a small room to the south of the hall for training and briefings, as well as a room for the incident commander. There is also a kitchen. Fortunately, there has not yet been a catastrophic incident, but the volunteer fire brigade does, after all, respond to around 150 calls a year from here.

Die Fahrzeughalle.
The vehicle depot.

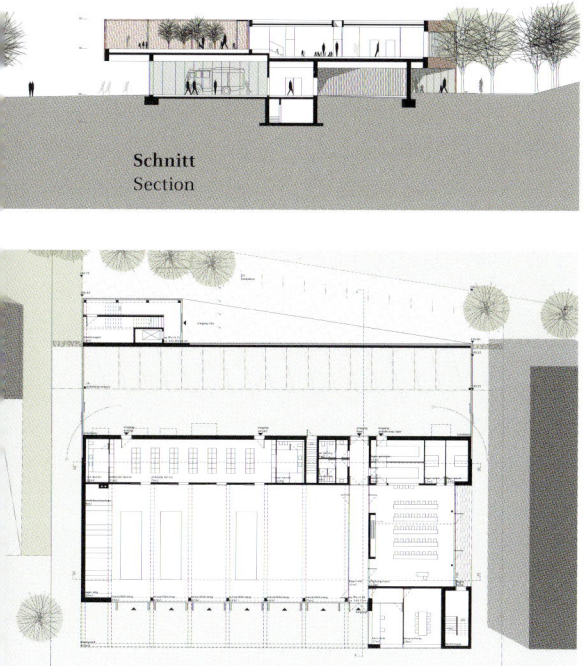

Schnitt
Section

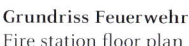

Grundriss Feuerwehr
Fire station floor plan

Das »Doppelhaus« zwischen der Gleistrasse und Wohnbebauung.
The 'semi-detached house' between the railway line and the residential area.

Vor dem Eingang zum Kindergarten auf der östlichen Seite befindet sich eine großzügige »Ablieferungszone« mit zehn Parkplätzen – hier kommt es sicher morgens und nachmittags nicht zum Stau. Allerdings verführt gerade das dazu, die Kinder nicht zu Fuß oder mit dem Fahrrad zu bringen. Über eine große Treppe geht es dann nach oben, wo Platz für rund 60 Kinder in zwei Gruppen für Drei- bis Sechsjährige und einer Krippengruppe für Ein- bis Dreijährige – den »Löschzwergen« – ist. Holz ist das vorherrschende Material im Inneren; alles ist zurückhaltend gestaltet, ganz nach der Devise, dass die Kinder genug Farbe mitbringen. Das Büro bächlemeid konnte hier auch die Einbaumöbel planen.

Im Osten liegen zunächst der Bewegungs- und der Essensraum, die nach Bedarf zusammengeschaltet und sogar noch zum Eingangsbereich hin geöffnet werden können. Dann folgen im Kern alle Funktionsräume: Küche, Toiletten, Abstellräume. Auf der anderen Seite des Mittelflurs liegen die drei Gruppen- und Schlafräume. Von den luftig hohen Gruppenräumen führen große Sitzstufen, die sich wunderbar für kleine Vorführungen, Vorlesekreise oder einfach zum Verweilen eignen, hinaus in den Außenbereich. Dieser ist für die Kinder sicherlich ein Highlight: Direkt über der Fahrzeughalle wird jeder Einsatz tagsüber zum begeistert beobachteten Ereignis. Und auch wenn die Feuerwehr gerade nicht ausrückt, gibt es hier immer etwas zu sehen: Der Blick geht auf die Gleise, wo vorbeifahrende Züge beobachtet werden können, und weiter auf die Altstadt und grüne Hänge. Grüne Raseninseln und geschlängelte Wege bieten außerdem Platz zum Toben.

Aus der Lage und dem Grundstückszuschnitt ergeben sich der Baukörper und die Verteilung der Funktionen mitsamt ihren Anforderungen an die völlig unterschiedlichen internen Ablauforganisationen. Die Architekten von bächlemeid haben es geschafft, die unwahrscheinliche Kombination aus Feuerwache und Kindergarten so selbstverständlich wirken zu lassen, dass es heute kaum mehr anders vorstellbar ist. Und auch wenn die Funktionen vielleicht andere sind, so sollte der Mut zu ungewöhnlichen Verbindungen Vorbild sein.

In front of the kindergarten entrance on the east side, there is a large 'delivery zone' with ten parking spaces – no traffic jams in the morning or afternoon. However, this may tempt some people not to walk or cycle with their children. A large staircase leads up to the top floor, where there is space for around 60 children in two groups of three-to-six year olds and a crèche group for one-to-three year olds – the *Löschzwerge* ('fire brigade dwarves'). Wood is the predominant material inside, and everything is designed with restraint, on the principle that the children should bring enough colour with them. The built-in furniture was also designed by bächlemeid architekten stadtplaner.

The exercise room and dining room are to the east. They can be connected as required and even opened up to the entrance area. All the functional rooms are in the centre: kitchen, toilets, and storage rooms. On the other side of the central corridor are the three group rooms and the bedrooms. From the airy high group rooms, large seating steps lead out to the outdoor area, which is perfect for small performances, reading groups, or just relaxing. The outdoor area is certainly a highlight for the children. It is directly above the vehicle hall, and every daytime operation becomes an event to be watched with excitement. Even when the fire brigade is not on duty, there is always something to see. The view stretches over the railway tracks, where you can watch passing trains, to the old town and the green hillsides. Green islands of grass and winding paths also provide space to romp around.

The structure of the building and the distribution of its functions – as well as the requirements for the very different internal organisation of processes – result from the location and layout of the site. Bächlemeid's architects have managed to make the unlikely combination of fire station and kindergarten seem so natural that it is hard to imagine otherwise. And even if the functions are different, the courage to make unusual connections should be an example to follow.

Der Außenspielbereich auf dem Dach.
The outdoor play area on the roof.

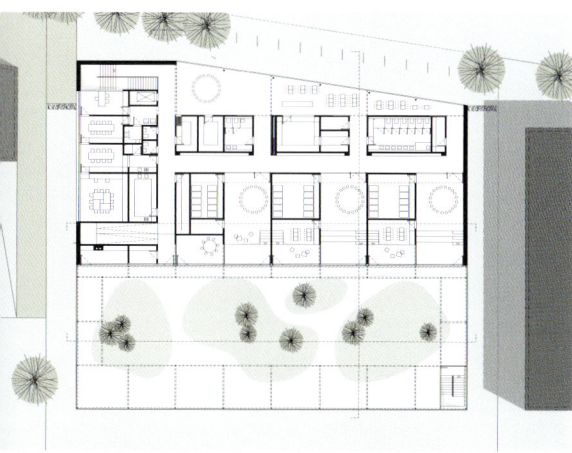

Grundriss Kita
Floor plan of the day care centre

Die geschlossenere Nordostfassade.
The more closed north-eastern façade.

Ein Gruppenraum der Kita.
A group room in the day care centre.

Treppenaufgang zur Kita.
Staircase to the day care centre.

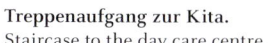

blrm / Workshopverfahren 2013: Bruno Fioretti Marquez
Arcostraße – Neuinterpretation des Berliner Blocks, Berlin

Kritik **Regula Lüscher**

Architekten / Architects
blrm
Brunnenhofstraße 2
22767 Hamburg
www.blrm.eu
presse@blrm.eu

Projektteam / Project team
Jan Busemeyer, Projektleitung
Rüdiger Ebel, stellv. Projektleitung
Volker Halbach, stellv. Projektleitung
Jannes Wurps, stellv. Projektleitung

Bauherren / Clients
Gewobag Wohnungsbau-
Aktiengesellschaft Berlin

**Beteiligtes Architekturbüro /
Other architects involved**
Bruno Fioretti Marquez GmbH
Schlesische Straße 26 E
10997 Berlin
www.bfm.berlin
Franziska Käuferle, Architektin
César Trujillo Moya, Architekt
Dominik Müller, Architekt
Simon Davis, Architekt
Stefano D'Elia, Architekt

**Tragwerksplanung /
Structural engineering**
Assmann Beraten + Planen GmbH,
Berlin

**Haustechnik, Bauphysik, Heizung,
Sanitär, Elektro / Building services
engineering, building physics,
plumbing, heating, electrical
engineering**
Assmann Beraten + Planen GmbH,
Berlin

**Akustik, Lichtplanung /
Acoustics, lighting design**
Assmann Beraten + Planen GmbH,
Berlin

Brandschutz / Fire prevention
hhpberlin, Berlin

**Landschaftsarchitektur /
Landscape architecture**
Holzwarth Landschaftsarchitektur,
Berlin

Standort / Location
Arcostraße 9, 11, 13, 15
10587 Berlin

Fertigstellung / Completion
Mai 2023

Fotografie / Photography
Joshua Delissen, Hamburg

Von der geschlossenen Bebauung entlang der Arcostraße führen offene Stege zu den »Gartenhäusern«.
From the enclosed development along Arcostrasse open walkways lead to the 'garden houses'.

Der Senat von Berlin rief 2013 auf meine Initiative als damalige Senatsbaudirektorin hin unter dem Titel *Urban Living – Neue Formen des städtischen Wohnens* in Kooperation mit den städtischen Wohnungsbaugesellschaften zu einem internationalen Ideenworkshop auf. Gesucht wurden kreative architektonische Entwürfe für Wohnbauten in unterschiedlichen städtebaulichen Situationen. Aus über 200 Bewerbungen wurden 31 Büros ausgewählt, die Entwurfsvorschläge für acht Grundstücke einreichten. Im Unterschied zu Realisierungswettbewerben waren die Beteiligten in der Gestaltung ihrer Entwürfe nur durch wenige Vorgaben eingeschränkt. Die in dem Workshopverfahren vorgestellten Entwürfe sollten als Modellvorhaben eine neue Ära des Wohnungsbaus einläuten.

Auf jedem der acht Grundstücke erarbeiteten drei bis vier Büros in Konkurrenz jeweils einen Entwurf. Mit den Wohnungsbaugesellschaften war vereinbart, dass das jeweilige Siegerprojekt wohlwollend für eine zukünftige Umsetzung geprüft würde. Klar war aber auch, dass eine Auftragserteilung über ein zusätzliches, wie auch immer geartetes Vergabeverfahren erfolgen

In 2013, the Berlin Senate – on my initiative as then Senate Building Director – in cooperation with the city's housing companies called an international ideas workshop, under the title *Urban Living – Neue Formen des städtischen Wohnens* ('Urban Living – New Forms of Urban Housing'). The aim was to find creative architectural designs for residential buildings in different urban environments. From over 200 applications, 31 offices were selected to submit design proposals for eight sites. In contrast to architectural competitions, the participants were limited in the design of their proposals by only a few specifications. The designs presented in the workshop process were intended to usher in a new era of housing.

Three to four offices competed for each of the eight plots. It was agreed with the housing associations that the winning project would be given favourable consideration for future implementation. However, it was also clear that some form of additional tendering process would have to be carried out, as the housing associations are bound by public procurement procedures, and the workshop process was discursive and therefore not suitable for awarding contracts.

müsse, da die Wohnungsbaugesellschaften an das öffentliche Vergabewesen gebunden sind und das Workshopverfahren diskursiv angelegt und insofern nicht vergabetauglich war.

Im Stadtteil Charlottenburg, abseits der Einkaufsstraßen, befindet sich an der südlichen Uferpromenade der Spree in der Nähe des Alt-Lietzower Dorfkerns an der Arcostraße eines der Grundstücke. Das Straßenbild ist von der typischen Berliner Blockrandbebauung der Gründerjahre geprägt, gemischt mit Wohnbauten der 1960er und 1970er Jahre.

Die Aufgabe war, an dieser besonderen Stelle zwischen Blockrandtypologie und aufgelockertem Städtebau direkt an der Spree eine Signalwirkung zu entfalten und eine zeitgenössische Interpretation der gemischt genutzten Gründerzeittypologie aufzuzeigen. Diese Herausforderung löste damals das Büro Bruno Fioretti Marquez am überzeugendsten.

Die kommunale Wohnungsbaugesellschaft Gewobag entschloss sich erfreulicherweise daraufhin, das Experiment weiterzuführen und das Konzept der siegreichen Architekten umzusetzen. Das damalige Projekt sah einen Blockrand mit vier Vorderhäusern und jeweils zwei dahinterliegenden Einzelbauten vor. Es war also sehr stark an der typischen Berliner Typologie des Vorder- und Hinterhauses orientiert. Allerdings wurde das Berliner Zimmer uminterpretiert in eine offene Loggia beziehungsweise einen Laubengang, so dass die Hinterhäuser freigestellt wurden und eine allseitig gute Orientierung und Befensterung erhielten.

Bei der Ausführung durch die Hamburger Architekten blrm (vormals blauraum Architekten) mit der Planungsgemeinschaft Assmann Beraten + Planen wurde das Prinzip beibehalten, jedoch vereinfacht, so dass nun fünf sechs- bis siebengeschossige Vorderhäuser die Blockrandbebauung entlang der Arcostraße bilden. Fünf schachbrettartig versetzt angeordnete Einzelbaukörper, die sogenannten Gartenhäuser, besetzen das Innere des Blocks. Dazwischen sind durch ein Wegenetz verbundene, angenehm proportionierte bepflanzte Höfe entstanden.

In the district of Charlottenburg – away from the shopping streets – one of the properties is located on the southern promenade of the River Spree, near the area of the former village centre of Alt-Lietzow on Arcostrasse. The streetscape is characterised by the typical Berlin perimeter block development of the *Gründerzeit* ('Wilhelminian era'), mixed with residential buildings from the 1960s and 1970s.

The task was to develop a design for this special site, between block perimeter typology and relaxed urban development, directly on the River Spree, that would make a statement and show a contemporary interpretation of the mixed-use *Gründerzeit* typology. The office of Bruno Fioretti Marquez provided the most convincing solution to this challenge.

Fortunately, the municipal housing association Gewobag decided to continue the experiment and implement the winning architects' concept. The original project was for a perimeter block with four front buildings and two individual buildings behind each. It was therefore very much based on the typical Berlin typology of front and rear buildings. However, the *Berliner Zimmer* (a large room that connects the front building with the side wing of a building, or the side wing with the rear building, and despite its size, has only one corner window facing the courtyard, and therefore lets in little light, especially on the lower floors) was reinterpreted as an open loggia or access balcony, thus freeing up the rear buildings and providing good orientation and windows on all sides.

Hamburg architects blrm (formerly blauraum Architekten), in collaboration with Assmann Beraten + Planen, retained the principle, but simplified it so that five six- to seven-storey front buildings now form the perimeter block development along Arcostrasse. The interior of the block is occupied by five individual buildings, the so-called garden houses, arranged in a staggered checkerboard pattern. Between them, a network of paths connects pleasantly proportioned, planted courtyards.

Schnitt
Section

Das Ensemble an der Spree in Charlottenburg.
The complex on the River Spree in Charlottenburg.

Das Ensemble besteht insgesamt aus zehn Einzelhäusern.
The complex consists of ten individual buildings.

Die Erdgeschossebene wird gemeinschaftlich und gewerblich genutzt.
The ground floor is used for both shared and commercial purposes.

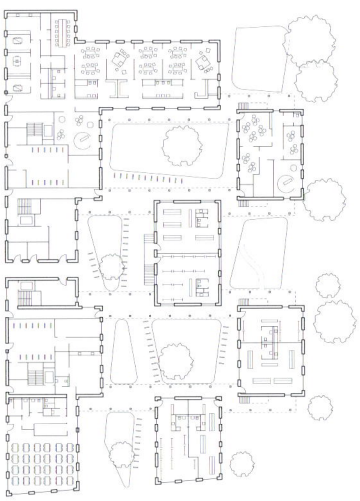

Grundriss Erdgeschoss
Ground floor plan

Grundriss Regelgeschoss
Typical floor plan

Maisonettewohnung im fünften Obergeschoss.
Maisonette on the fifth floor.

Spielerisches Detail: Rutsche im Gemeinschaftsbereich.
Playful detail: kids' slide in the common area.

Die Raffinesse liegt allerdings nicht nur in der Auflösung der Volumina und den dadurch gewonnenen vielfältigen Orientierungen der Wohnungen, sondern auch in der Effizienz der Erschließung. Die Gartenhäuser habe nämlich keine eigenen Treppen und Aufzüge, sondern die Etagen sind durch eine viergeschossige Treppenanlage von den Vorderhäusern aus horizontal zugänglich. Offene Brücken verbinden die Häuser untereinander und mit dem Treppenhaus. Diese Laubengänge sind zugleich Begegnungsraum und Spielfläche. Sobald es wärmer wird, sind sie belebt, und einige Wohnungen haben hier auch eine als Terrasse individuell abgegrenzte Fläche.

Durch das Wegfallen von fünf Erschließungskernen wurden plötzlich großzügige Frei- und Bewegungsflächen möglich. Auch die etwas größere Wandabwicklung wird ökologisch mehr als kompensiert durch die deutliche Reduktion von innenliegender Erschließungsfläche. Weniger umbauter Raum bedeutet in diesem Fall also mehr Aufenthaltsfläche, die im Sommer vor den Fassaden und in den Hofräumen auch Schattenspender ist. Die Durchlässigkeit der Anlage erlaubt eine Durchlüftung, und das Spiel von Licht und Schatten erzeugt eine angenehme, fast mediterran anmutende Atmosphäre im Inneren.

Überzeugend ist die urbane Mischung. Die Erdgeschosse sind gemeinschaftlich genutzt. Es gibt etwa gewerbliche Nutzungen, und die sorgfältig bezüglich Inklusion gestaltete Kita belebt den Innenraum. Im nördlichen Eckhaus, direkt zur Spree orientiert, wünscht sich die Gewobag ein Café oder Restaurant.

Das Wohnungsangebot ist nicht nur attraktiv, sondern auch bezahlbar. Die Ein- bis Sechszimmerwohnungen in den Obergeschossen mit Wohnflächen zwischen 34,6 und 132,7 Quadratmetern sind zur Hälfte barrierefrei gestaltet. 55 Einheiten werden freifinanziert zu durchschnittlich 11 Euro pro Quadratmeter vermarktet, 56 an Wohnberechtigungsschein-Inhaber ab 6,50 Euro pro Quadratmeter vermietet. Statt einer Tiefgarage und Fahrzeugstellplätzen wurde viel Raum für Fahrräder geschaffen.

An der Arcostraße ist ein Stück Stadt entstanden, das dicht ist wie ein Gründerzeitblock und dabei luftig, licht, durchlässig, grün und freundlich wirkt. Wären auf den Brücken, Terrassen und Laubengängen Wäscheleinen aufgespannt mit bunt flatternden Hemden und Röcken, dann würde es für Berliner Verhältnisse vielleicht schon fast zu verspielt erscheinen. Auf jeden Fall hat das Experiment *Urban Living* zu einer überzeugenden Typologie der dringend notwendigen Nachverdichtung geführt. Nachahmung wäre wünschenswert.

Ingenuity lies not only in the way the volumes are broken up and the resulting variety of residential orientations, but also in the efficiency of access. The garden houses do not have their own staircases and lifts, but the floors are horizontally accessible from the front buildings via a four-storey staircase. Open bridges connect the houses to each other and to the staircase. These access routes serve as meeting and play areas. They come alive when the weather warms up, and some apartments also have a separate area that is used as a terrace.

The elimination of five access cores suddenly made generous open spaces and movement areas possible. From an environmental point of view, the increase in wall area is more than compensated for by the significant reduction in internal access space. In this case, less enclosed space means more living space, which in summer provides shade in front of the façades and in the courtyards. The permeability of the complex allows for ventilation, and the interplay of light and shade creates a pleasant, almost Mediterranean atmosphere inside.

The urban mix is compelling. The ground floors are for communal use, with commercial uses and the day care centre, which has been carefully designed with inclusion in mind, bringing the interior to life. The Gewobag would like to see a café or restaurant in the building on the northern corner, directly on the River Spree.

The apartments are not only attractive but also affordable. Half of the one- to six-room apartments on the upper floors, ranging in size from 34.6 to 132.7 square metres, are accessible. Fifty-five units will be sold at an average price of 11 euros per square metre, and 56 units will be rented to qualifying tenants from 6.50 euros per square metre. Instead of an underground car park and outdoor parking spaces for cars, there is plenty of space for bicycles.

A piece of the city has been created on Arcostrasse that is as dense as a *Gründerzeit* block and yet airy, light, permeable, green, and friendly. If the bridges, terraces, and sidewalks were hung with clotheslines full of colourful fluttering shirts and skirts, it would be almost too playful for Berlin. In any case, the Urban Living experiment has produced a convincing typology for the much-needed redensification. Imitation would be desirable.

Brückner & Brückner Architekten
Christuskirche, Neumarkt in der Oberpfalz

Kritik **Yorck Förster**

Architekten / Architects
Brückner & Brückner Architekten GmbH,
Tirschenreuth | Würzburg
Franz-Böhm-Gasse 2 | Veitshöchheimer
Straße 1a
95643 Tirschenreuth | 97080 Würzburg
www.brruecknerundbrueckner.de
kommunikation@
brruecknerundbrueckner.de

Projektteam / Project team
Stephanie Sauer, Projektleitung
Alexandra Heger, Bauleitung
Johanne Bruhat, Projektarchitektin
Orlando Licha, Projektmitarbeiter

Bauherren / Clients
Evangelisch-Lutherische Kirchengemeinde
Neumarkt i. d. Opf., vertreten durch
Pfarrer Michael Murner

**Tragwerksplanung /
Structural engineering**
Lerzer ING + Plan GmbH,
Neumarkt i. d. Opf.

**Heizung, Sanitär /
Plumbing and heating**
Team für Technik GmbH, Nürnberg

Elektro / Electrical engineering
Elektroplan Scheidler (LPH 1–4),
Neumarkt i. d. Opf.
SL Elektroplanung GmbH (ab LPH 5),
Nürnberg

Akustik / Acoustics
Müller-BBM GmbH, Planegg / München

Lichtplanung / Lighting design
Die Lichtplaner, Limburg-Staffel

Brandschutz / Fire prevention
goetz architektur & brandschutz,
Würzburg

Kunst am Bau / Artworks
Brückner & Brückner Architekten,
Tirschenreuth | Würzburg

Standort / Location
Kapuzinerstraße 3
92318 Neumarkt i. d. Opf.

Fertigstellung / Completion
Juni 2023

Fotografie / Photography
Constantin Meyer, Köln (S. 99,
S. 101, S. 102 oben rechts, unten / top
right, bottom)
mju-fotografie, Marie Luisa Jünger,
Hümpfershausen (S. 102 oben links /
top left)
Brückner & Brückner Architekten,
Tirschenreuth | Würzburg (S. 98)

Der Innenraum der Christuskirche vor der Sanierung.
The interior of the Christuskirche before the renovation.

Die Christuskirche war katholische Klosterkirche, Kornspeicher, Militärlazarett, Bäckerei und Wohnung.
The Christuskirche was a Catholic monastery church, granary, military hospital, bakery, and dwelling.

Die Christuskirche in Neumarkt gehörte ursprünglich zu einem Kapuzinerkloster. Mit der Säkularisierung 1803 wurde das Kloster aufgegeben; die Kirche war keine mehr und wurde ganz pragmatisch in drei Gebäude aufgeteilt. Mitte des 19. Jahrhunderts erwarb die noch kleine evangelische Gemeinde in Neumarkt den mittleren Bauteil, später auch den an der Straße gelegenen Baukörper. In den 1930er Jahren kam schließlich der Bau im Osten dazu, und das Ensemble aus Kirchenstücken wurde neu gestaltet. Die historische Fragmentierung und der Raumbedarf führten allerdings dazu, das im Bereich des ehemaligen Chors im Osten der Gemeindesaal und die Wohnung des Mesners untergebracht wurden. Nur die beiden vorderen Bauteile bildeten nun die Kirche, die entsprechend den liturgischen Vorstellungen der 1930er Jahre gestaltet wurde.

Der Bauzustand war der unmittelbare Anlass für die jüngste Umgestaltung: Risse im Gewölbe, weil der Dachstuhl auflastete, aufsteigende Feuchtigkeit, eine völlig veraltete Haustechnik und der schwierige Zugang ohne Barrierefreiheit unmittelbar an einer viel befahrenen Straße. Aber auch der Charakter des Sakralraums insgesamt war passé. Der Altar stand auf

The Christuskirche in Neumarkt was originally part of a Capuchin monastery. With the secularisation of 1803, the monastery was abandoned; the church was no longer a church, and was pragmatically divided into three buildings. In the mid-19th century, the still small Protestant community in Neumarkt acquired the central part and later the building facing the street. In the 1930s, the eastern building was added and the church ensemble was redesigned. However, due to the historical fragmentation and the need for space, the parish hall and the sexton's apartment were built in the area of the former chancel in the east. Only the two front sections formed the church, which was designed according to the liturgical ideas of the 1930s.

Cracks in the vaulted ceiling due to the roof structure, rising damp, completely outdated building services, difficult access with no wheelchair access, and its location right next to a busy road, were all the direct cause of the most recent redesign. But the character of the sacred space as a whole was also out of date. The altar stood on a platform in a niche-like apse that ended abruptly in a closed wall with a larger-than-life sculpture of Christ suffering on the cross.

einem Podest in einer nischenartigen Apsis, die abrupt mit einer geschlossenen Wand endete, an der sich die überlebensgroße Skulptur eines am Kreuz leidenden Christus befand.

Es war der Gemeindevorstand, der sich an Brückner & Brückner Architekten wandte, um die bautechnischen Probleme anzugehen. Allmählich entwickelte sich dann die Idee, dass das große Ausräumen für die Sanierung die Chance bot, den Kirchenraum insgesamt zu überarbeiten. Das bedeutete aber auch, in einen intensiven Kommunikationsprozess mit den rund 8.000 Mitgliedern der Kirchgemeinde zu treten, die von klein auf mit der Gestalt und Ausstattung der Kirche vertraut waren. Wie sollte die neu gestaltete Kirche als unterschiedlich nutzbarer Versammlungsraum beschaffen sein? Die Diskussion fiel in die Zeit der Pandemie, deshalb entstand sogar ein eigenes Video, um die Entwurfsideen der Gemeinde vorstellen zu können.

Konzentriert und hell, aber nicht streng ist die Kirche geworden. Der Raum changiert zwischen Weiß an den Wänden und Decken und einem leichten Chamoiston der Beschichtung auf dem Boden. Die neue Bestuhlung hat einen warmen, hellen Eichenton. Das alles verändernde Element aber ist die neue Apsis. Sie wurde tief in den vormals verbauten östlichen Teil der Kirche eingeschnitten. Plötzlich endet die Kirche nicht mehr unvermittelt an einer Wand, sondern hat Raum für die Sehnsucht nach Transzendenz. Die Inszenierung einer Lichtmetaphysik war schon immer ein Thema in Sakralbauten. In Neumarkt befindet sich jetzt in mittlerer Höhe im neuen Chor das »Auferstehungsfenster«, gewissermaßen das magische Auge der Kirche. Ein halbrunder Abschluss oben und unten gibt der längsrechteckigen Lichtöffnung eine abstrakte Qualität. Je nach Jahreszeit und Sonnenstand wird an den weißen Wänden der Apsis der Farbton des einfallenden Lichts moduliert. Und wenn es ganz dunkel ist, hilft auch etwas Technik. Zu der suggestiven Wirkung trägt bei, dass es in der neuen Apsis keine Ecken, sondern nur Rundungen gibt. Die Zusammenarbeit von Brückner & Brückner Architekten mit dem Künstler James Turrell bei der Sanierung des Diözesanmuseums in Freising[1] mag dabei Spuren hinterlassen haben, ohne dass dadurch die sich konisch verjüngende Apsis weniger originell wäre. Es ist ja nicht allein die Lichterfahrung: In den Boden ist eine von einem feinen Metallkreuz durchzogene Vertiefung eingelassen. Es ist der Taufort. Ganz bewusst ist dafür kein erhöhtes Becken im Raum entstanden, sondern die assoziativ an eine Quelle erinnernde Stelle im hellen Boden der Apsis. Auch Krabbelgottesdienste finden hier statt.

It was the parish council that approached Brückner & Brückner Architekten to address the structural problems. Gradually, the idea developed that the extensive clearance work required for the renovation would also provide an opportunity to redesign the entire interior of the church. However, this also meant entering into an intensive communication process with the approximately 8,000 parishioners, who had been familiar with the church's design and furnishings from an early age. What should the redesigned church look like as a multi-purpose meeting place? The discussion took place during the pandemic, so a special video was made to present the design ideas to the congregation.

The church is bright and focused, but not austere. The space alternates between the white of the walls and ceiling and the light chamois colour of the flooring. The new pews are a warm, light oak colour. But the element that changes everything is the new apse. It has been cut deep into the eastern part of the church, which was previously blocked off. Suddenly, the church no longer ends abruptly at a wall, but gives space to the desire for transcendence. The staging of a metaphysics of light has always been a theme in sacred buildings. In Neumarkt, the 'resurrection window' is now at mid-height in the new choir, forming the 'magic eye' of the church. A semi-circular top and bottom finish gives the rectangular light opening an abstract quality. Depending on the season and the position of the sun, the hue of the incoming light is modulated on the white walls of the apse. And when it is completely dark, a little technology also helps. The fact that there are no corners in the new apse, only curves, adds to the suggestive effect. The collaboration between Brückner & Brückner Architekten and the artist James Turrell on the renovation of the Diocesan Museum in Freising[1] may have left its mark here, without making the conically tapering apse any less original. It is not only the light that is a sensation: in the floor there is a recess with a fine metal cross. This is the baptismal font. It was a conscious decision not to create a raised basin in the room for this purpose, but to use a spot in the light floor of the apse that resembles a spring. This is also where the baby services take place.

Der Chorraum bietet genug Platz, um separat vom Langschiff bespielt zu werden.
The chancel offers sufficient space to be used independently of the nave.

Das Taufbecken ist in den Boden der Apsis eingelassen.
The baptismal font is set into the floor of the apse.

Schnitt
Section

Die alten Buntglasfenster wurden
transluzent überspannt. Eine diffuse
Helligkeit bestimmt den Raum.
The old stained glass windows have been
covered with a translucent layer. The
room now has a diffuse brightness.

Blick durch das Hauptportal
in den Innenraum.
View through the main
entrance into the interior.

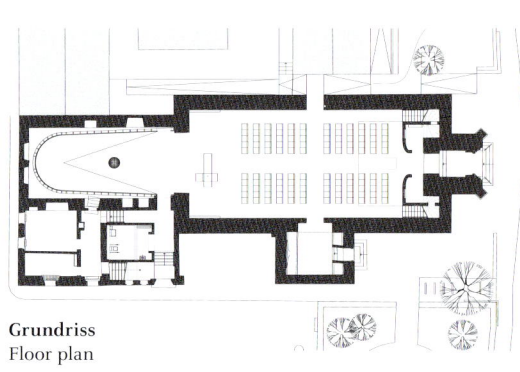

Grundriss
Floor plan

Blick auf die Empore. Links und rechts des
Eingangs der stilisierte Weinstock.
View to the gallery. To the left and right of the
entrance, stylised tendrils of vine.

Der neue Altar aus brüniertem Stahl ist ein abstrakt-skulpturales Multifunktionswerkzeug und kein block-hafter Tisch. Statt einer geschlossenen Form hat er eine Umrisslinie, die an einen mit einer Stufe nach oben gebogenen Bügel erinnert. Dieser Altarbügel lastet auch nicht komplett auf dem Boden, sondern balan-ciert auf einem quer gesetzten, längsrechteckigen bo-denweißen Block. Das ist einerseits etwas Spiel mit der dunklen, schwer wirkenden Materialität des Tischs im lichtweißen Raum. Andererseits ist es ein Kunstgriff, der eine multimodale Nutzung erlaubt. Steht der Pfar-rer auf dem Boden am niedrigeren Teil, ist das Objekt Tisch für das Sakrament. Steigt er auf das Podest mit dem höheren Teil des Objekts, wird es zur Kanzel, zum »Tisch« für das Wort. Dann steht der Pfarrer etwas hö-her (aber nicht zu sehr) und ist für die gesamte Gemein-de gut sichtbar. Das geht auch um 180 Grad gedreht, die Apsis dient dann für kleinere Versammlungen als Kapelle, und hinter dem Pfarrer erhebt sich feierlich die Empore mit der Orgel. Weil der Altar keine kom-pakte Masse hat, sondern nur die filigrane Linien-führung, verliert er den trennenden, riegelhaften Charakter zum Raum dahinter – was wiederum bei Kirchenkonzerten von Vorteil ist.

Im Raum der Stille an der Nordseite der Kirche hat die Christusskulptur jetzt einen neuen Platz. Ohne das Kreuz und neben einem Buntglasfenster, das den segnenden Heiland darstellt. Auch die Empore mit der Orgel im Westen wurde neu gestaltet und ist jetzt leichter zugänglich. Die Portaltür zur Straße ist wie ein Lattenzaun in Kreuzform mit transparenten Zwischen-räumen gestaltet. Wer sich der Kirche nähert, sieht in Streifenfragmenten den Innenraum und umgekehrt beim Verlassen der Kirche die Welt draußen. Es gibt aber auch einen neuen, barrierefreien Rampenweg an der Seite der Kirche. Vor allem aber ist es ein Kirchen-raum, der für und mit der Gemeinde ist: An den Stirn-seiten der Wand unter der Empore bilden geschmiedete Nägel das abstrakte Punktrelief eines (geordneten) Weinstocks. Inzwischen hängen hier bunte Zettel-blätter: auf der einen Seite mit den Namen und Segens-sprüchen der Täuflinge und auf der anderen Seite mit denen der Konfirmanden und Konfirmandinnen.

1 Siehe: Verena Konrad: Neugestaltung Diözesanmuseum Freising, in: Deutsches Architektur Jahrbuch 2024, Berlin 2023, S. 112.

The new burnished steel altar is an abstract, sculptural, multifunctional tool, rather than a block-like table. In-stead of a closed form, it has an outline reminiscent of a bracket bent upwards with a step. This altar bracket does not rest entirely on the floor, but instead it balances on a longitudinal rectangular block, which matches the white of the floor. This is a playful contrast to the dark heavy materiality of the table in the bright white room. On the other hand, it is a device that allows for multi-modal use. When the priest stands on the lower part of the floor, the table is for the sacrament; when he climbs onto the platform with the higher part of the object, it becomes a pulpit, a table for the word. Then the priest is also a little higher (but not too much) and is clearly visible to the whole congregation. It can also be turned 180 degrees, and then the apse serves as a chapel for smaller gatherings, with the organ loft rising solemnly behind the priest. Because the altar has no compact mass but only delicate lines, it loses its separating, barrier-like character from the space behind it – an advantage for church concerts.

The sculpture of Christ has been moved to the 'Room of Silence' on the north side of the church. It has been removed from the crucifix and placed next to a stained glass window depicting the Saviour giving his blessing. The organ gallery on the west side has also been rede-signed and is now more accessible. The front door, which faces the street, is designed as a cross-shaped picket fence with transparent spaces in between. As you approach the church you can see fragments of the interior, and as you leave the church you can see the world outside. There is also a new accessible ramp at the side of the church. Above all, however, it is a church interior for and with the community. On the front sides of the wall under the gallery forged nails form the abstract dotted relief of an (ordered) vine. Meanwhile, colourful sheets of paper with the names and blessings of the baptised hang on one side, and those to be confirmed on the other.

1 see: *Deutsches Architektur Jahrbuch 2024*, Verena Konrad, 'Neugestaltung Diözesanmuseum Freising', p. 112.

DGJ Architektur

Wohngruppe »Gemeinsam Suffizient Leben«, Frankfurt am Main

Kritik **Anna-Maria Mayerhofer**

Architekten / Architects
DGJ Architektur GmbH
Walter-Kolb-Straße 22
60594 Frankfurt am Main
www.dgj.eu
frankfurt@dgj.eu

Projektteam / Project team
Hans Drexler, Entwurfsverfasser
Frederik Ehling, Projektleiter
Léa Charpentier, Projektarchitektin
Anna Bulavintseva, Projektarchitektin
Filipa Almeida, Projektarchitektin

Bauherren / Clients
Wohnbaugenossenschaft in Frankfurt
am Main eG, vertreten durch Cora
Lehnert, Vorständin

**Projektsteuerung /
Project management**
DGJ Architektur GmbH,
Frankfurt am Main

**Tragwerksplanung /
Structural engineering**
bauart Konstruktions GmbH & Co. KG,
Lauterbach / Hessen

**Haustechnik, Heizung, Sanitär,
Elektro / Building services,
engineering, heating, plumbing,
electrical engineering**
Ingenieurbüro Theuer, Speyer

**Bauphysik, Akustik, Brandschutz /
Building physics, acoustics, fire
prevention**
bauart Konstruktions GmbH & Co. KG,
Lauterbach / Hessen

**Landschaftsarchitektur /
Landscape architecture**
DGJ Architektur GmbH,
Frankfurt am Main

Innenarchitektur / Interior design
DGJ Architektur GmbH,
Frankfurt am Main

Fassadenplanung / Façade planning
DGJ Architektur GmbH,
Frankfurt am Main

Standort / Location
Friedberger Landstraße 34
60316 Frankfurt am Main

Fertigstellung / Completion
November 2023

Fotografie / Photography
Thilo Ross, Heidelberg

Die helle Vielfarbigkeit des Hauses nimmt Motive der Nachbargebäude auf.
The bright polychromy of the house echoes the motifs of the neighbouring buildings.

Das Haus der Wohngruppe »Gemeinsam Suffizient Leben« in der Frankfurter Friedberger Landstraße ist ein echter Hingucker. Unter einer pastellisierenden Profilglasfassade ist es in bunten Streifen gestrichen. Rot, gelb, grün – damit nimmt es die hellen Farben einiger der Nachbargebäude auf. Die Vielfarbigkeit betont: »Das Wohngebäude ist Teil des Quartiers, ein Haus für alle«, erklärt Frederik Ehling, Projektleiter und Partner bei DGJ Architektur. Ins Erdgeschoss soll eine Kinderbetreuung einziehen. Auf dem Stellplatz im Hof parkt ein Carsharing-Auto, es gibt eine E-Ladesäule. Unter dem breiten Balkon im ersten Stock befindet sich bald die öffentliche Bushaltestelle. Auf ein Wartehäuschen kann so verzichtet werden.

Schon vor der Fertigstellung war das Gebäude eine lokale Berühmtheit. Wegen eines Baustopps nach Lieferschwierigkeiten während der Corona-Pandemie stand ein halbes Jahr nur das bereits betonierte Treppenhaus auf der Baustelle. Eine Boulevardzeitung titelte: »Wie bestellt und nicht abgeholt.« Dann ging es plötzlich ganz schnell. Eine Etage pro Woche konnte dank hohem Vorfertigungsgrad gebaut werden. Dass viele

The house of the *Gemeinsam Suffizient Leben* ('Living Together Sufficiently') residential group on Friedberger Landstrasse in Frankfurt is a real eye-catcher. It is painted in colourful stripes under a pastel profiled glass façade. Red, yellow, green – echoing the bright colours of some of the neighbouring buildings. The variety of colours underlines the fact that 'the residential building is part of the neighbourhood, a house for everyone', explained Frederik Ehling, project manager and partner at DGJ Architektur. Childcare facilities will be provided on the ground floor. A car-sharing vehicle is parked in the courtyard, and there is an e-charging station. The public bus stop will soon be located under the large balcony on the first floor. This will eliminate the need for a bus shelter.

Even before its completion, the building was a local celebrity. Due to a construction freeze caused by delivery problems during the coronavirus pandemic, only the concrete staircase stood on the site for half a year. A tabloid headline read, *As ordered and not collected*. Then suddenly things moved very fast. Thanks to a high degree of prefabrication, it was possible to build one floor per week.

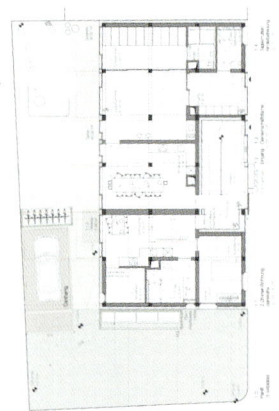

Grundriss Erdgeschoss
Ground floor plan

Schnitt
Section

Ansicht der Hofseite.
View of the courtyard side.

An der belebten Straße sorgt die Profilglas-Fassade für einen besonders guten Schallschutz.
The profiled glass façade provides particularly good sound insulation on the busy street.

Elemente vormontiert waren, wirkte sich auch positiv auf die Baukosten aus, so dass die neun Wohneinheiten langfristig zu fairen Preisen vermietet werden können. Bauherrin des Projekts ist die Wohnbaugenossenschaft in Frankfurt am Main eG (WBG). Eigentlich hatte sich das Büro DGJ Architektur auf das von der Stadt ausgeschriebene Konzeptverfahren gemeinsam mit einer Wohngruppe beworben, die sich über Online-Kanäle gefunden hatte. Doch nach dem Zuschlag an die Projektgemeinschaft bevorzugte die Stadt eine Genossenschaft als Eigentümerin. Mit der WBG fand die Wohngruppe eine geeignete Bauherrin und schloss eine Kooperationsvereinbarung. Die Mitglieder der Wohngruppe traten der WBG bei und haben lebenslanges Wohnrecht.

An der Planung wurde die generationenübergreifende Wohngruppe trotzdem stark beteiligt. Unter anderem in die Entwicklung der Grundrisse war die spätere Bewohnerschaft involviert. Gemeinschaftlich und ökologisch sollte das Projekt sein, das war die Prämisse. Nachhaltigkeit hieß für DGJ Architektur aber nicht nur Fotovoltaik und Wärmerückgewinnung: »In dem Moment, in dem wir Plusenergiehäuser bauen«, sagt Frederik Ehling, »ist nicht mehr der Energieverbrauch im Betrieb das Problem, sondern das in der Konstruktion verbaute Material ist der größte CO_2-Emittent.« Das Planungsteam entwickelte deshalb ein Fügungssystem für den Holzbauskelettbau, mit dem das Gebäude sortenrein konstruiert und dadurch komplett rückbaubar ist. Die Bauweise basiert auf traditionellen Zimmermannstechniken – Schwalbenschwänze, Dübel, Zapfen. Statt Metallverbindungen kommen Holzknoten zum Einsatz. Decken, Unterzüge und Stützen werden in einem einfachen Stecksystem gefügt.

Forschen und Bauen sind für DGJ Architektur eng verknüpft. Erscheint den Architekten ein konventionelles Konstruktionsdetail nicht geeignet, entwickeln sie kurzerhand eine neue Lösung. Wie bei den Fenstern zur verkehrsstarken Friedberger Landstraße: Durch den Einbau eines speziellen Abdichtungsbands konnten die Schallschutzanforderungen ohne die normalerweise verpflichtend anzunehmende Differenz zu den Prüfstandwerten nachgewiesen werden. Ist die Entwicklung dieser besonderen Lösungen aufwendiger, machen die Architekten ein Forschungsprojekt daraus und beantragen Fördermittel. Die Funktionsweise

The fact that many elements were pre-assembled also had a positive effect on construction costs, meaning that the nine residential units can be rented out at fair prices in the long term. The client for the project is Wohnbaugenossenschaft in Frankfurt am Main eG (WBG). DGJ Architektur had originally applied for the city's design competition together with a group of residents who had found each other online. However, after awarding the contract to the project partnership, the city preferred a cooperative as the owner. The housing group found a suitable client in the cooperative and signed a cooperation agreement. The members of the housing group joined the WBG and have lifelong residency rights.

Nevertheless, the intergenerational housing group was closely involved in the planning. Among other things, the future residents were involved in the development of the floor plans. The premise was that the project should be both communal and ecological. But for DGJ Architektur, sustainability is about more than just photovoltaics and heat recovery: 'As soon as we start building plus-energy houses,' said Frederik Ehling, 'the problem is no longer energy consumption during operation, but that the material used in the construction is the biggest emitter of CO_2.' The design team therefore developed a timber frame connection system that allows the building to be constructed from a single material and then completely dismantled. The construction method is based on traditional carpentry techniques – dovetails, dowels, and tenons. Wooden joints are used instead of metal ones. Ceilings, beams and columns are connected using a simple plug-in system.

For DGJ Architektur, research and construction go hand in hand. If a conventional construction detail does not seem suitable, the architects simply develop a new solution. For example, the windows facing the busy Friedberger Landstrasse: by installing a special sealing tape, the sound insulation requirements could be met without the normally required difference to the test values. If the development of these special solutions is more complex, the architects turn it into a research project and apply for funding. Funding from the Federal

des innovativen Fügungsprinzips für die Skelettkonstruktion und das Zusammenwirken von Tragwerk, Brand- und Schallschutz bei diesem neuen Bausystem wurden mithilfe von Geldern des Bundesinstituts für Bau-, Stadt- und Raumforschung und der Deutschen Bundesstiftung Umwelt untersucht. Durch die Open-Access-Veröffentlichung der Ergebnisse können auch andere Planende von dem Wissen profitieren. Für Frederik Ehling sind die Forschungsprojekte des Büros dabei nicht nur Mittel zum Zweck, sondern auch eine Art gesellschaftlicher Beitrag zu einem nachhaltigen Wandel der Baubranche.

Ähnlich zukunftsweisend (und namensgebend) ist bei »Gemeinsam Suffizient Leben« die Reduktion der privaten Wohnflächen zugunsten von Gemeinschaftsräumen. Der Pro-Kopf-Bedarf der 26-köpfigen Bewohnerschaft – 15 Erwachsene, 10 Kinder, ein Hund – liegt mit 28 Quadratmetern deutlich unter dem aktuellen Bundesdurchschnitt von 48 Quadratmetern. Entsprechend wohnt eine Kleinfamilie statt auf 130 auf 80 Quadratmetern. Beengt fühlt sich das nicht an, dafür sorgen unter anderem die raumhohen Fenster und die Einbaumöbel. Dazu gibt es im Erdgeschoss eine große Gemeinschaftsküche mit Gartenzugang und einen »Joker-Raum« im vierten Stock, der für Gäste oder als Homeoffice verwendet werden kann. Eine gemeinsame Waschküche befindet sich im Keller. Zusammen genutzt werden auch die drei Balkone zur Friedberger Landstraße. Das funktioniert überraschend gut. Pflanztöpfe und Stühle stehen hier, man hat einen Blick auf die Frankfurter Skyline und wunderbares Abendlicht. Der suffiziente Umgang mit Wohnraum kommt aber nicht nur der Gemeinschaft zugute. »An den Quadratmetern, die ich gar nicht erst baue, spare ich ökonomisch und ökologisch am meisten«, erklärt Frederik Ehling.

Gemeinschaft und Rückzug ins Private, dieser Zweiklang äußert sich in der Materialisierung des Gebäudes: Das Treppenhaus und die daran anschließenden Balkone sind in Sichtbeton belassen. Die Wohnungen haben dagegen weiß verputzte Wände und Holzdecken. Mit dem Profilglas und den Aluprofilen entwickelt das Gebäude eine cleane, metallisch-transparente Ästhetik – und bricht sie dank bunter Brausestäbchenfassade sogleich wieder auf. »Am Ende soll es auch Spaß machen«, fasst Frederik Ehling zusammen. Dazu gibt er einen Insider-Tipp: mit der Trambahn am Gebäude vorbeifahren. Aufgrund der unterschiedlich starken Reflexion des Profilglases ändert sich je nach Betrachtungswinkel die Fassadenfarbe.

Institute for Research on Building, Urban Affairs and Spatial Development, and the German Federal Environmental Foundation was used to investigate the innovative design principle of the skeleton construction, and the interaction of the load-bearing structure, fire protection, and sound insulation in this new construction system. The open-access publication of the results means that other designers can also benefit from the knowledge. For Frederik Ehling, the office's research projects are not only a means to an end, but also a kind of social contribution to a sustainable transformation of the construction industry.

Similarly forward-looking (and eponymous) is the reduction of private living space in favour of communal areas for the residential group. The per capita requirement of the 26 residents – 15 adults, 10 children, and one dog – is 28 square metres, well below the current national average of 48 square metres. This means that a small family lives in 80 square metres instead of 130. But it doesn't feel cramped, thanks in part to floor-to-ceiling windows and built-in furniture. There is also a large communal kitchen with access to the garden on the ground floor, and a 'joker room' on the fourth floor that can be used for guests or as a home office. There is a communal laundry room in the basement. The three balconies facing Friedberger Landstrasse are also shared. This works surprisingly well. There are plants and chairs, you have a view of the Frankfurt skyline, and the wonderful evening light. But it is not only the community that benefits from the sufficient use of living space. 'In terms of the square metreage I don't build, I make the most economic and ecological savings,' explained Ehling.

Community and privacy: this dichotomy is expressed in the building's materials. The staircase and adjoining balconies are in exposed concrete. In contrast, the apartments have white plastered walls and wooden ceilings. With its profiled glass and aluminium profiles, the building develops a clean, metallic-transparent aesthetic – which is immediately broken up by the colourful façade. 'At the end of the day, it should also be fun,' said Ehling. He gave an insider's tip: take the tram past the building. The colour of the façade changes depending on the angle from which it is viewed, due to the different degrees of reflection of the profiled glass.

Im Erdgeschoss ist Raum für eine Gewerbefläche/Kita.
There is space for a commercial unit/day care centre on the ground floor.

FLEXIBILITÄT
SKELETTBAU
FLEXIBLE
GRUNDSTRUKTUR

3ZI + 2ZI +3ZI

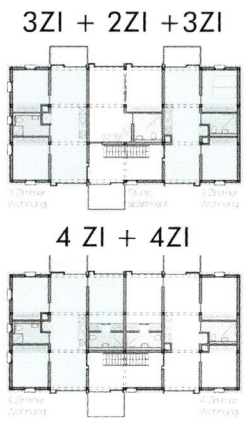

4 ZI + 4ZI

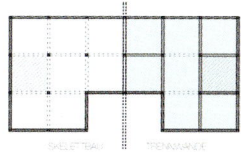

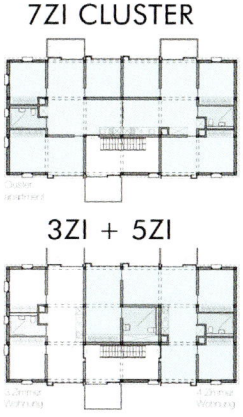

7ZI CLUSTER

3ZI + 5ZI

Grundrissvarianten
Floor plan variations

**Die individuelle Wohnfläche
wurde zugunsten der Gemeinschaftsflächen reduziert.**
The individual living space was
reduced in favour of shared areas.

Treppenhaus.
Staircase.

DGJ Architektur
IBA Collegium Academicum, Heidelberg

Kritik **Rebekka Rass**

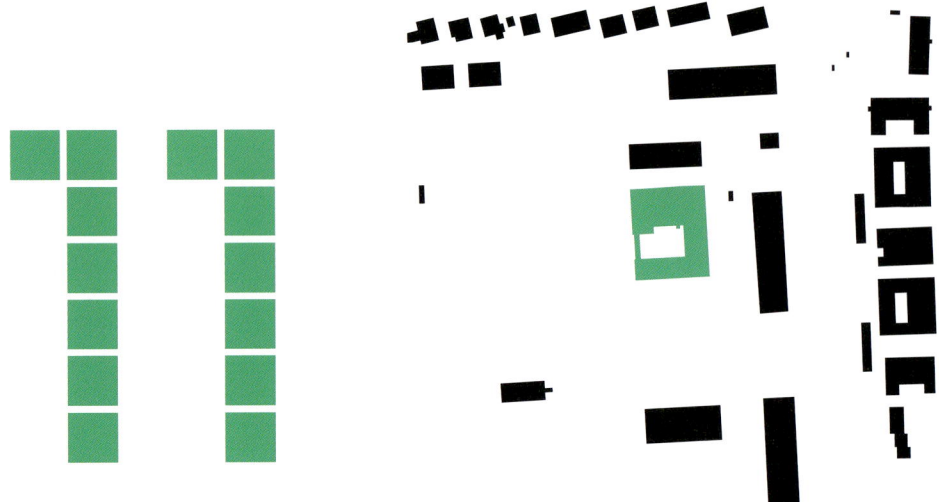

Architekten / Architects
DGJ Architektur GmbH
Walter-Kolb-Straße 22
60594 Frankfurt am Main
www.dgj.eu
frankfurt@dgj.eu

Projektteam / Project team
Hans Drexler, Entwurfsverfasser
Frederik Ehling, Projektleiter
Filipa Almeida, Projektarchitektin
Léa Charpentier, Projektarchitektin
Anna Bulavintseva, Projektarchitektin

Bauherren / Clients
Collegium Academicum GmbH,
Heidelberg

**Beteiligtes Architekturbüro /
Other architects involved**
Biek Architektur
Berger Straße 273
60385 Frankfurt am Main
www.biek-architektur.de
Konstantin Biek, Bauleitung

**Projektsteuerung /
Project management**
DGJ Architektur GmbH,
Frankfurt am Main

**Tragwerksplanung, Akustik /
Structural engineering,
acoustics**
Pirmin Jung Deutschland GmbH,
Remagen

**Haustechnik, Elektro /
Building services engineering,
electrical engineering**
sbi schicho ingenieure GmbH &
Co. KG, Regensburg

**Heizung, Sanitär /
Plumbing and heating**
IB Scholz GmbH & Co. KG,
Regensburg

Bauphysik / Building physics
ina Planungsgesellschaft mbH,
Darmstadt

Brandschutz / Fire prevention
Schoob Architektur, Offenbach
am Main

**Landschaftsarchitektur /
Landscape architecture**
GDLA Gornik Denkel
landschaftsarchitektur
partg mbb, Heidelberg

Innenarchitektur / Interior design
DGJ Architektur GmbH,
Frankfurt am Main

Fassadenplanung / Façade planning
DGJ Architektur GmbH,
Frankfurt am Main

Holzbau / Timber construction
ZÜBLIN Timber GmbH, Aichach

Standort / Location
Marie-Clauss-Straße 3
69126 Heidelberg

Fertigstellung / Completion
Februar 2023

Fotografie / Photography
Thilo Ross, Heidelberg
Hans Drexler, Frankfurt am Main
(S. 115 oben links / top left)

Südwestecke des Collegium Academicum an der Marie-Clauss-Straße.
South-west corner of the Collegium Academicum on Marie-Clauss-Strasse.

Mensch, es geht ja doch anders! Vor gut zehn Jahren beschließt eine Gruppe junger Aktivistinnen und Aktivisten, den Entwicklungen auf dem Heidelberger Mietwohnungsmarkt zu trotzen. Ihr Ziel: bezahlbaren Wohnraum und einen freien Bildungs- und Kulturort zu schaffen. Nach dem Abzug der Amerikaner aus der Stadt am Neckar war ein passendes Grundstück bald gefunden – das Gelände des US Hospital im Stadtteil Rohrbach stand zur Konversion an, ein neues Quartier zum Wohnen und Arbeiten sollte entstehen. Begleitet von der IBA Heidelberg, die das Vorhaben in ihrer Wirkungsdekade (2012–2022) unter dem Motto *Wissen | schafft | Stadt* beriet, nahm das selbst verwaltete Studierendenwohnheim Collegium Academicum als Pionierprojekt Gestalt an. In einem Werkstattverfahren fanden die studentischen Initiatoren für den partizipativen Prozess auch den passenden Planungspartner: Hans Drexler von DGJ Architektur.

Hey, there's another way! About ten years ago, a group of young activists decided to take a stand against developments in Heidelberg's rental housing market. Their aim was to create affordable housing and a free space for education and culture. After the United States army withdrew from the city on the Neckar River, a suitable site was quickly found – the site of the US hospital in the Rohrbach district was up for redevelopment, and a new neighbourhood for living and working was to be created. The self-governing student residence 'Collegium Academicum' took shape as a pioneering project, supported by IBA Heidelberg, who advised on the project during its decade of impact (2012–2022) under the motto *Wissen | schafft | Stadt* ('Knowledge | Creates | City'). In a workshop process, the student initiators also found the right planning partner for the participatory process: Hans Drexler of DGJ Architektur.

Blick in den Innenhof in Richtung Westen.
View of the courtyard to the west.

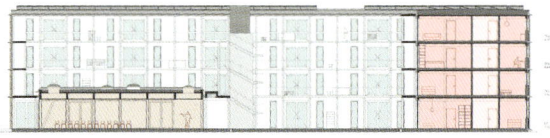

Schnitt
Section

Die Aula im Erdgeschoss.
The auditorium on the
ground floor.

Der zweiteilige Neubau beherbergt seit 2023 insgesamt 176 junge Menschen in Berufsausbildung, Studium oder Promotion. Er umschließt einen Innenhof mit Gemeinschaftsgarten, zu dem die Laubengänge zur Erschließung aller Wohnungen orientiert sind. Acht Dreier-WGs und 38 Vierer-WGs sind über die vier Etagen verteilt. Alle Wohnungen und Wege sind auf die Standards des barrierearmen Wohnens ausgelegt, insbesondere im Erdgeschoss. Dort befinden sich auch die Gemeinschaftsflächen: die Aula, ein Multifunktionsraum mit Küche, ein Waschkeller und die Holzwerkstatt mit CNC-Fräse.

Doch halt! Warum leistet sich ein Wohnheim eine eigene CNC-Fräse? Beim Besuch einer WG wird klar: Variowohnen und Selbstbau sind hier angesagt. Das bedeutet, dass es eine Gemeinschaftsfläche in der Mitte gibt, um die die drei oder vier individuellen Wohnräume und das Bad angeordnet sind. Die Individualräume bestehen aus zwei Teilen mit je sieben Quadratmeter Fläche: einer räumlich geschlossenen Kernzone sowie einer offenen Zone, die zunächst nicht vom Gemeinschaftsbereich getrennt ist. Die flexible Zone kann nach den individuellen Wünschen und Lebensgewohnheiten entweder offen verbleiben, durch Raumteiler – Tisch oder Regal – teilweise oder auch durch das Versetzen der Holzwand der Kernzone oder den Einsatz einer zweiten Wand komplett abgetrennt werden. Die Tendenz geht dabei deutlich zugunsten von größeren Gemeinschaftsflächen. Das Anpassen des Wohnraums kann mit einfachen Mitteln im Selbstbau erfolgen, entsprechende Möbel wie der CA-Schreibtisch, das CA-Bett oder der CA-Schrank können in der Werkstatt vorgefertigt und selbst aufgebaut werden.

Nachhaltigkeit fängt bei diesem Projekt aber nicht erst in der Nutzung an, sondern bereits im Bau mit seiner Kreislauffähigkeit: Holzbauteile und reine Holzkonstruktionen lassen sich sortenrein trennen und rezyklieren. Für das Holz-Skelett-System sind alle Verbindungen durch form- und kraftschlüssige Knotenpunkte konstruiert, ebenfalls komplett aus Holz. Hierbei kam das vom Planungsteam entwickelte Bausystem *Open Architecture* zur praktischen Anwendung. Errichtet wurde der Bau aus vorgefertigten Elementen für die Primärkonstruktion, die Sanitärbereiche und die Fassade mit den Schiebeläden – statt aus großen Montage-Modulen besteht die Konstruktion aus einer hohen Stückzahl von identischen Bauteilen.

Since 2023, the two-part new building houses a total of 176 young people in vocational training, study or doctoral studies. It surrounds an inner courtyard with a communal garden, to which all of the access balconies of the apartments look out. Eight shared apartments for three people, and 38 shared apartments for four people are spread over the four floors. All apartments and corridors have been designed to meet accessibility standards, especially on the ground floor. This is also where the communal areas are located: the assembly hall, a multifunctional room with a kitchen, a laundry room, and a wood workshop with a CNC milling machine.

But wait, why does a student residence have its own CNC milling machine? When you visit a shared flat, it becomes clear that variable living and do-it-yourself construction are the order of the day. This means that there is a communal area in the middle, around which the three or four individual living rooms and the bathroom are arranged. The individual rooms consist of two parts, each with a floor area of seven square metres: a spatially closed core zone, and an open zone that is initially not separated from the common area. This flexible zone can either remain open or be partially or completely closed off with room dividers – a table or a shelf – or by moving the wooden wall of the core zone, or inserting a second wall, depending on the individual's wishes and habits. The trend is clearly towards larger communal areas. The living space can be easily adapted by the do-it-yourself enthusiast, and matching furniture such as the CA desk, CA bed, or CA wardrobe can be prefabricated in the workshop and assembled by the user.

In this project, however, sustainability does not begin with the use of the building, but with its construction and recyclability. Wood components and pure wood structures can be separated and recycled according to type. All connections for the timber frame system are designed with positive and non-positive connections, also made entirely of wood. This is where the 'Open Architecture' construction system developed by the design team comes into play. The building was constructed using prefabricated elements for the primary structure, sanitary areas, and the sliding shutter façade – rather than large assembly modules, the construction is made up of a large number of identical components.

Als KfW40-Gebäude ist das Studierendenwohnheim ein Plusenergiehaus. Es wird mit einer Fotovoltaikanlage auf dem Dach und einem Batteriespeicher klimaneutral betrieben. Die Außenraumgestaltung mit heimischer Bepflanzung, Versickerungsflächen, Kompostieranlagen und Nistmöglichkeiten für Insekten und Vögel sind weitere Merkmale, wie das CA nachhaltig gedacht und umgesetzt ist. Sein Nachhaltigkeitskonzept aber überzeugt vor allem sozial: Nicht nur die ersten Bewohnenden sollen das Haus zu »ihrem« CA machen – durch das variable, flächenoptimierte Wohnen und die Selbstverwaltung erhält jeder Einzelne die Chance, seine Wohnumgebung aktiv mitzugestalten und die hohe Lebensqualität aufrechtzuerhalten. Selbstwirksamkeit at its best.

Und, was kostet nun ein WG-Zimmer? 375 Euro Warmmiete pro Person und Zimmer sind fällig, egal ob auf 7 oder auf 14 Quadratmetern. Das »Belegium« würfelt in einem möglichst transparenten Auswahlverfahren die Wohngemeinschaften zusammen. Finanziell gestemmt werden kann das Projekt natürlich nicht allein über die Mieteinnahmen. Nach der Gründung der Collegium Academicum GmbH 2016 erfolgten die Aufnahme in das Mietshäuser Syndikat 2018 sowie Förderzusagen durch Variowohnen und Holzinnovativ, die gemeinsam mit der als Eigenkapital angerechneten Eigenleistung der Studierenden einen Bankkredit ermöglichten. Weitere Direktkredite und viele einzelne Spenden puffern das finanzielle Konzept ab.

Zwischenzeitlich konnte der angrenzende Verwaltungsbau des ehemaligen Militärkrankenhauses ebenfalls in viel Eigenleistung und mit hohem gestalterischem Anspruch in Begleitung eines Architekturbüros vor Ort saniert werden. Er bietet neben Mietwohnungen rund 50 Personen die Möglichkeit, ein Orientierungsjahr zu absolvieren. Im alten Pförtnerhaus sind Büroräume für die Selbstverwaltung sowie ein offener Treffpunkt für das Quartier in Planung. Es bleibt diesem Leuchtturmprojekt zu wünschen, dass seine bauliche und soziale Strahlkraft (nicht nur) in das entstehende Quartier lange hineinwirken kann.

As a KfW40 efficiency building, the student residence is an energy-plus house. It is carbon neutral with a photovoltaic system on the roof and battery storage. The exterior design with native plants, infiltration areas, composting facilities, and nesting places for insects and birds are further features of the sustainable design and implementation of the CA. But the sustainability concept is particularly convincing from a social point of view. Not only are the first residents able to make the house 'their' CA – through variable, space-optimised living, and self-management – everyone is given the chance to actively shape their living environment and maintain a high quality of life. Self-efficacy at its best.

And how much does a room in a shared flat cost? The rent is 375 euros per person per month, regardless of whether the room is seven or 14 square metres. The 'Belegium' (pun meaning 'occupier') assembles the shared flats in a selection process that is as transparent as possible. Of course, the project cannot be financed by rental income alone. After the foundation of the Collegium Academicum GmbH in 2016, the project was accepted into the Mietshäuser Syndikat ('Tenement Syndicate') in 2018, and funding was secured through the Variowohnen and Holzinnovativ programmes, which, together with the students' own contribution, made a bank loan possible. Further direct loans and many individual donations helped to support the financial concept.

In the meantime, the adjacent administration building of the former military hospital has also been renovated to a high design standard with the help of a local architecture firm. In addition to rental apartments, it offers around 50 people the opportunity to complete an orientation year. The old gatehouse will house offices for self-government and an open meeting place for the neighbourhood. It is hoped that this flagship project will have a lasting structural and social impact on the developing neighbourhood and beyond.

Bei der Primärkonstruktion wurde ausschließlich mit form- und kraftschlüssigen Zimmermannsverbindungen gearbeitet.

The primary structure was built using only form-fitting and friction-locked carpentry joints.

Die Grundrisse können mit entsprechenden Trennwänden flexibel angepasst werden.

The floor plans can be flexibly customised with the appropriate partition walls.

Innenraum mit selbst gebauten Möbeln.

Interior with self-made furniture.

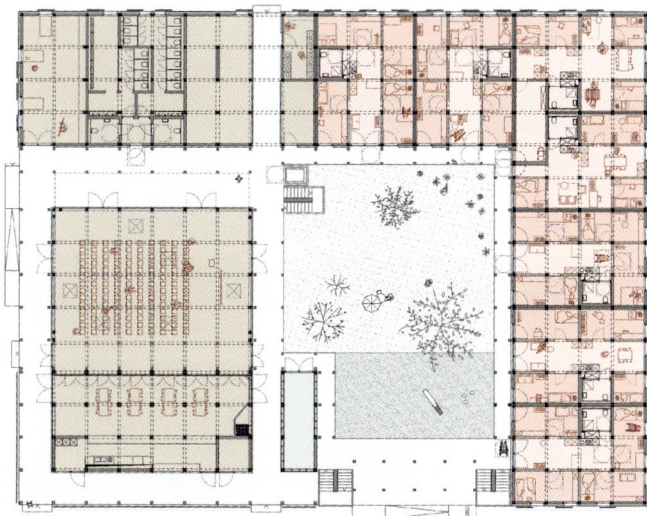

Grundriss Erdgeschoss
Ground floor plan

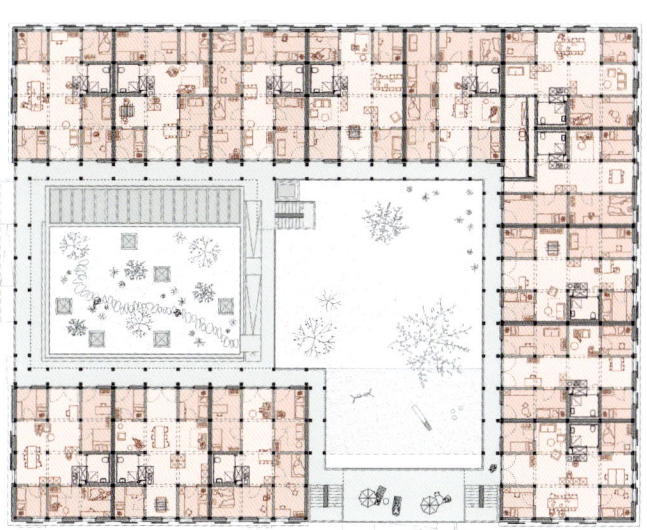

Grundriss Regelgeschoss
Typical floor plan

gernot schulz : architektur
Gymnasium Langenhagen, Langenhagen

Kritik **Christian Brensing**

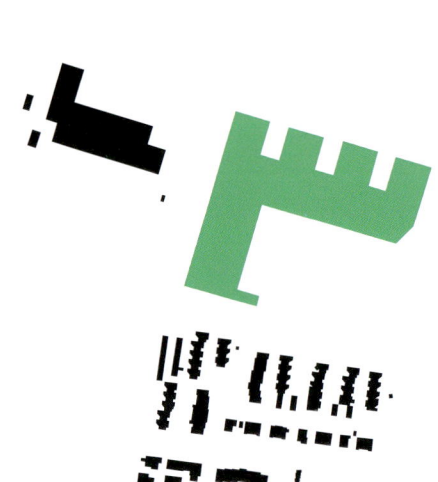

Architekten / Architects
gernot schulz : architektur GmbH
Sachsenring 69
50677 Köln
www.gernotschulzarchitektur.de
vanhueth@gernotschulzarchitektur.de

Projektteam / Project team
Gernot Schulz, Entwurf
André Zweering, Entwurf
Annegret Kufferath,
Projektleitung

Bauherren / Clients
Stadt Langenhagen

Bauleitung /
Construction management
Ernst² Architekten, Hannover

Tragwerksplanung /
Structural engineering
wh-p GmbH Beratende Ingenieure,
Stuttgart

Haustechnik /
Building services engineering
Ingenieurgesellschaft Grabe mbH,
Hannover

Elektro / Electrical engineering
ISR Ingenieurbüro Schlegel & Reußwig
GmbH, Lage / Lippe

Landschaftsarchitektur /
Landscape architecture
urbanegestalt PartGmbB, Köln
Projektsteuerung, Köln
CONSTRATA Ingenieur-Gesellschaft
mbH, Bielefeld

Akustik / Acoustics
KRÄMER-EVERS Bauphysik GmbH &
Co. KG, Stuttgart

Brandschutz / Fire prevention
HHP® West Beratende Ingenieure
GmbH, Bielefeld

Kunst am Bau / Artworks
Lotte Lindner & Till Steinbrenner,
Hannover

Standort / Location
Theodor-Heuss-Straße 51
30853 Langenhagen

Fertigstellung / Completion
Januar 2023

Fotografie / Photography
HGEsch, Hennef

Das Gynasium mit Park und See.
The grammar school with park and lake.

Oberstufencluster von der Seeseite aus.
Upper school clusters from the lake side.

Schulerlebnisse jeglicher Art sind, seit Einführung der allgemeinen Schulpflicht Ende des 18. Jahrhunderts, fester Bestandteil unserer individuellen Erinnerung. Schulen als Gemeinplätze der Jugend haben seitdem viel mit frühen und gleichsam prägenden Sinnesempfindungen und -eindrücken zu tun. Schulen sind daher Orte, die bestenfalls ansprechend, aufnehmend, gemeinschaftlich, behütend, bildend, motivierend oder schlichtweg offen und schön sein sollten. Der Neubau des Gymnasiums Langenhagen bei Hannover vereint alle diese Eigenschaften in sich.

Interessant dabei ist, wie sich neue Ansätze der Pädagogik im Gesamtbauwerk in der Gestaltung, der Materialwahl oder der Raumfolge wiederfinden. Auf seiner Webseite empfiehlt sich das Büro gernot schulz : architektur mit dem Kompositum »Raumdenker«. Übertragen auf das Gymnasium Langenhagen definieren die Architekten Räume, die sowohl einen Rahmen, eine Begrenzung, aber auch Freiheit und Flexibilität geben beziehungsweise zulassen. Lehrer wie Schüler sollen sich darin gemeinsam wiederfinden und dort einbringen können. Und das bei 1.700 Schülern und 150 Lehrern, verteilt über 28.000 Quadratmeter Gebäudefläche!

Since the introduction of compulsory education at the end of the 18th century, school experiences of all kinds have become an integral part of our individual memories. As places where young people congregate, schools have always been associated with early and formative sensory perceptions and impressions. Schools are therefore places that should ideally be inviting, welcoming, collaborative, protective, educational, motivational, or simply open and beautiful. The new building of the Langenhagen Grammar School near Hanover combines all these attributes.

It is interesting to see how new pedagogical approaches are reflected in the design, choice of materials, and spatial sequence of the overall structure. On their website, gernot schulz : architektur refer to themselves as *Raumdenker* ('space thinkers'). When applied to the Langenhagen Grammar School, they have defined spaces that provide a framework and boundaries, but also give and allow freedom and flexibility. Teachers and students should together be able to find themselves in these spaces, and be able to contribute to them. That's with 1,700 students and 150 teachers, spread over 28,000 square metres of building space!

Der Grundriss gleicht einem großdimensionierten L und unterliegt dem Prinzip: große Schule, aber kleine Einheiten. So ist der lange Schenkel von vier dreigeschossigen Clustern für jeweils zwei Jahrgangsstufen definiert. Im kurzen Schenkel liegen zwei Mehrfeld-Sporthallen und die Mensa, im Gelenk befinden sich Lehrerzimmer und die Verwaltung. Das gesamte Gebäudeensemble, einschließlich der direkt angegliederten Sportanlagen, kann als ein integraler Schulcampus verstanden werden.

»Die zugrunde liegende Verquickung von pädagogischem Konzept und architektonischer Gestaltung ist, dass man zu einem Austausch unterschiedlicher Formen, Begegnungen und zu diversen, Ein- und Durchblicke erlaubenden räumlichen Konstellationen übergeht. Nicht unwesentlich dabei ist, dass Schüler einer Ganztagsschule über den Schultag ständig wechselnde ›Arbeitsplätze‹ haben und sich vom frühen Morgen bis in den späten Nachmittag hinein auf dem Schulgelände aufhalten. Lernen und Freizeit verbinden sich hierbei eng. Das alles muss eine heutige Schule leisten«, erläutert die Projektleiterin Annegret Kufferath.

Früher gab es die sogenannten Flurschulen, in denen die Klassenzimmer an endlos langen Gängen angeordnet waren. Dem entgegengesetzt gilt heute das Raumprinzip der Lernhäuser, und so entstanden auch am Gymnasium Langenhagen vielseitige Cluster. Hier lernen Schüler jahrgangsstufen- und klassenübergreifend und sind so systembedingt einem ständigen Raum- und Perspektivwechsel ausgesetzt. Außer den Klassenzimmern gibt es eine Bibliothek, eine Aula und eine Mensa sowie Gruppen-, Studien- und Freizeiträume, die in unterschiedlicher Weise zu verschiedenen Zeiten »bespielt« werden. Nicht alles funktionierte auf Anhieb. Ein Jahr nach der Fertigstellung traf man sich in der Aula zur großen Aussprache. Das Architektenteam stand somit auch über das Ende der Planungen und Bauzeit hinaus mit dem Gymnasium Langenhagen im intensiven Austausch. Jedoch, auch nach einem Jahr, kommen immer noch und wieder Fragen auf. Annegret Kufferath erinnert sich: »Eigentlich hätten wir gleich zu Projektbeginn eine Art ›Rezeptbuch‹ schreiben sollen mit allen unseren Gedanken und Wünschen – also eine Anleitung: Was kann man wie nutzen?«

The layout resembles a large L and is based on the principle of a large school with small units. The long side of four three-storey clusters is defined for two grades each. The short side contains two multi-purpose sports halls and the cafeteria, while teachers' rooms and the administration are located at the junction. The entire building complex, including the adjacent sports facilities, can be seen as an integral school campus.

'The underlying combination of pedagogical concept and architectural design means that we are moving towards an exchange of different forms, encounters, and spatial constellations that allow for different insights and perspectives. It is not insignificant that pupils in an all-day school have constantly changing "workplaces" throughout the school day, and are on the school premises from early morning until late afternoon. Learning and leisure are closely linked. A modern school must be able to offer all of this,' said project manager Annegret Kufferath.

In the past, there were 'corridor schools', where classrooms were arranged in endless corridors. Today, the opposite principle applies: the 'learning house' concept, which is how the many different clusters at Langenhagen Grammar School came about. Here, pupils learn across year groups and classes and are thus exposed to a constant change of space and perspective. In addition to classrooms, there is a library, an assembly hall, and a refectory, as well as rooms for group work, study, and leisure, which are used in different ways at different times. Not everything worked straight away. A year after completion, everyone met in the assembly hall for a big discussion. This meant that the team of architects remained in close contact with Langenhagen Grammar School even after the planning and construction phase was over. But even after a year, questions still arise from time to time. Annegret Kufferath recalled: 'Actually, we should have written a kind of "recipe book" at the beginning of the project, with all our thoughts and wishes – in other words, instructions on what can be used and how?'

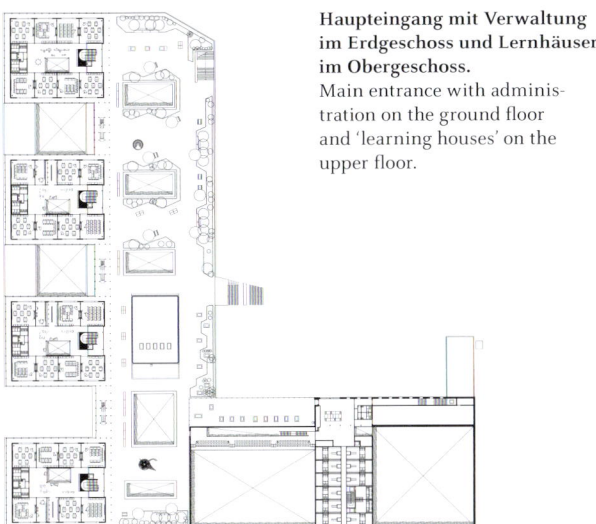

Haupteingang mit Verwaltung im Erdgeschoss und Lernhäusern im Obergeschoss.
Main entrance with administration on the ground floor and 'learning houses' on the upper floor.

Grundriss 1. Obergeschoss
First floor plan

Grundriss Erdgeschoss
Ground floor plan

Rue intérieure mit Zugang zu den Lernhäusern.
Interior street with access to the 'learning houses'.

Laubengang und Schulhof auf dem Dach.
Access balcony and schoolyard on the roof.

Holz, Beton und der tiefschwarze Gussasphalt-Terrazzo als Bodenbelag der inneren Erschließungsflächen sind die dominanten Materialien und Farbeindrücke. Das Erdgeschoss und die Treppenhäuser sind vorwiegend aus Ortbeton und teilweise Betonfertigteilen. In der Außenansicht fallen die schräg nach unten verlaufenden Pfeiler beziehungsweise Schotten auf. Die dazwischen liegenden Fassadenfelder sind an den nach außen orientierten Seiten überwiegend mit hellgrauen Glasfaserbetonplatten verkleidet. Ansonsten öffnen sie sich mit Türen und Fenstern, vor denen tiefe Betonbänke Sitzgelegenheiten bieten. Die zwei Obergeschosse sind tragende Holzkonstruktionen aus Lärche, die auf ihrer Wetterseite bereits die charakteristische silbergraue Farbgebung angenommen haben. In den Klassenräumen erheben die Deckenträger aus Fichte das Holz zum raumprägenden Element, das auch das offenliegende Dachtragwerk der Aula und der beiden Sporthallen bestimmt. Viele Sinne, bis hin zum Geruchssinn durch den Duft der Hölzer, werden hier angesprochen. Farblich ordnet sich die Schule einem dezenten optischen Gesamtkonzept unter. Jeder Cluster hat seine eigene Farbe, aber diese liefert nur erkennungstechnische Impulse, mehr nicht. Die stärksten Farbakzente setzt je nach Jahreszeit die Natur, etwa mit Lavendelblüten.

Denn das große Thema des Schulcampus Langenhagen ist das Zusammenspiel von Architektur und Natur. Es basiert auf Zirkulation und Bewegung auf und über mehreren Ebenen, Wegen und Orten. Keine eingefahrenen Bahnen, stattdessen Weitläufigkeit und Freizügigkeit. Laubengänge führen zu allen Klassenzimmern in den vier Clustern. Sie gelten als erweiterte Klassenräume, wo Schiebetüren Innen- und Außenraum verbinden. Nicht nur innenliegende Treppenhäuser, sondern auch eine Vielzahl von Freitreppen erschließt eine riesige, intensiv begrünte Dachlandschaft über dem 1. Obergeschoss. So erhebt sich die Schule aus südlicher Perspektive hinter Baum- wie Strauchgruppen und den Sportfeldern wie eine sanfte Hügellandschaft, durchsetzt von pflanzlichem Grün. Blicke auf und durch das Grün sind integraler Bestandteil des architektonischen Entwurfs. Zudem ist die Schule rundherum von parkähnlichem Grün umgeben; an die 100-Meter-Bahn der Sportanlagen grenzt das Ende der Galopprennbahn Hannover.

The dominant materials and colours are wood, concrete, and a deep black mastic asphalt terrazzo used for the internal access flooring. The ground floor and the staircases are mainly made of in-situ concrete and partly of prefabricated concrete elements. The exterior is characterised by the sloping columns and bulkheads. The intervening façade panels are mainly clad in light grey fibreglass panels on the outward-facing sides. Otherwise they open up with doors and windows, in front of which deep concrete benches provide seating. The two upper floors are load-bearing wooden structures made of larch, the weathered side of which has already taken on the characteristic silver-grey colouring. In the classrooms, the spruce ceiling beams make wood a defining element of the space, which also characterises the exposed roof structure of the auditorium and the two sports halls. Many senses are engaged, including the sense of smell through the scent of the wood. In terms of colour, the school is subordinated to a discreet overall visual concept. Each cluster has its own colour, but this is for recognition purposes only. The strongest colour accents are provided by nature, depending on the season, such as lavender flowers.

The main theme of the Langenhagen school campus is the interplay between architecture and nature. It is based on circulation and movement on and across several levels, paths, and places. There are no dead ends, only spaciousness and freedom of movement. Arcades lead to all the classrooms in the four clusters. They are seen as extended classrooms where sliding doors connect the indoor and outdoor spaces. Not only internal staircases, but also a large number of open staircases open up a huge, intensively planted roof landscape above the first floor. Viewed from the south, the school rises behind groups of trees, shrubs, and the sports fields, like a gently undulating landscape interspersed with greenery. Views of and through the greenery are an integral part of the architectural design. The school is also surrounded by parkland, and the 100-metre track of the sports facilities is bordered by the Hanover racecourse.

Schnitt
Section

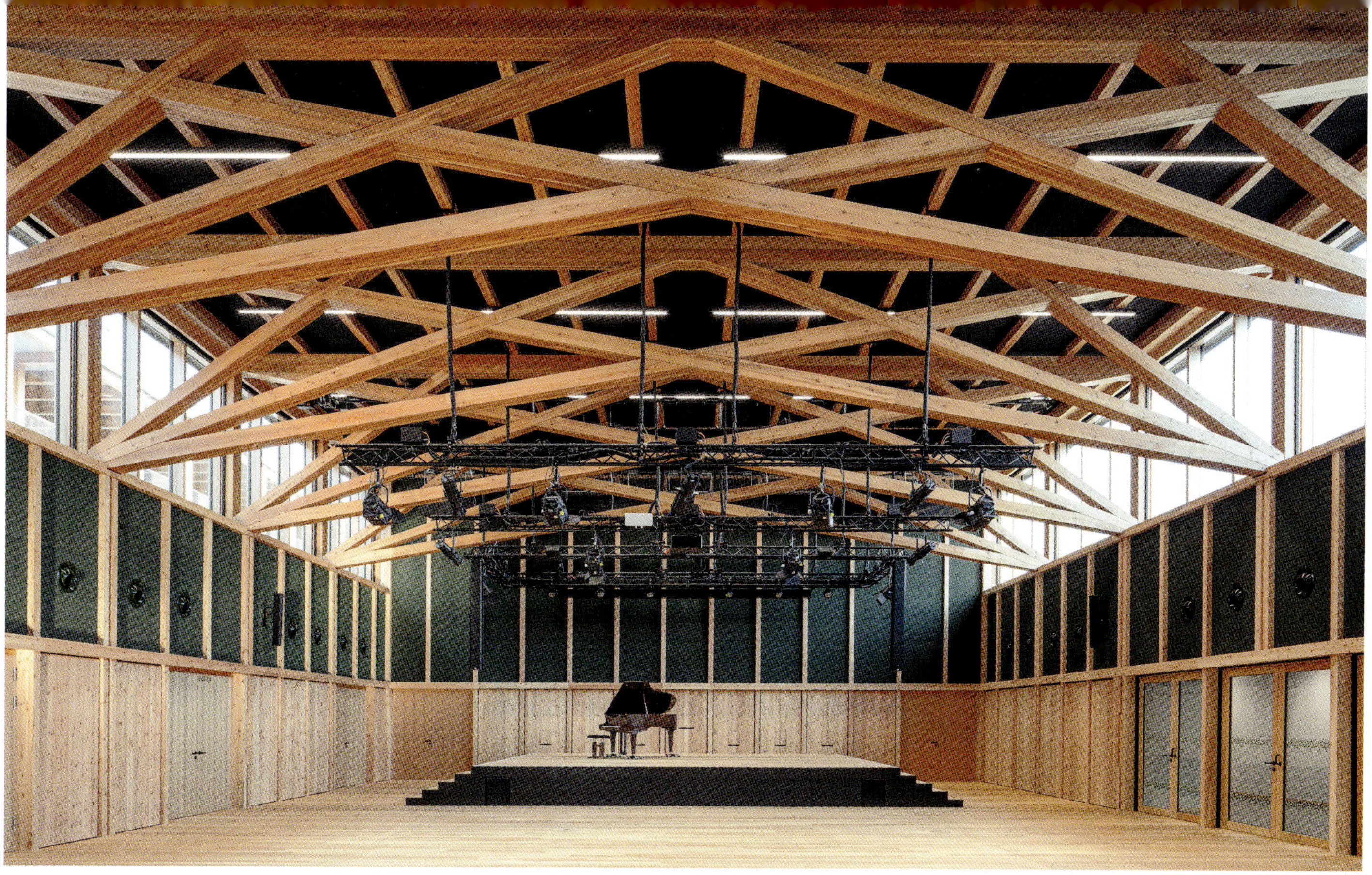

Aula mit expressivem Holzfachwerk.
Assembly hall with expressive timber
framework.

Schule aus!
School's out!

Mensa.
Refectory.

gmp · Architekten von Gerkan, Marg und Partner
Pressehaus am Alexanderplatz, Berlin

Kritik **Florian Heilmeyer**

Architekten/Architects
gmp · Architekten von Gerkan, Marg
und Partner
Hardenbergstraße 4–5
10623 Berlin
www.gmp.de
public.relations@gmp.de

Projektteam/Project team
Volkwin Marg, Gründungspartner
(Entwurf/Design New Podium)
Hubert Nienhoff, Executive Partner
(Entwurf/Design New Podium)
Martin Hakiel, Director (Entwurf/
Design New Podium)
Markus Pfisterer, Verantwortlicher
Associate Partner
Bernd Gossmann, Verantwortlicher
Associate Partner

Bauherren/Clients
Tishman Speyer Properties
Deutschland GmbH,
Frankfurt am Main

**Projektsteuerung/
Project management**
SMV Bauprojektsteuerung
Ingenieurgesellschaft mbH, Berlin

**Bauleitung/
Construction management**
bmb Baumanagement Berlin GmbH,
Berlin

**Tragwerksplanung/
Structural engineering**
HBI Ingenieure GmbH, Berlin

**Haustechnik/
Building services engineering**
Heimann Ingenieure GmbH, Berlin

Brandschutz/Fire prevention
hhpberlin Ingenieure für Brandschutz
GmbH, Berlin

Fassadenplanung/Façade planning
knippershelbig GmbH, Stuttgart

**Landschaftsarchitektur/
Landscape architecture**
gmp · Architekten von Gerkan, Marg
und Partner, Berlin

Standort/Location
Karl-Liebknecht-Straße 29
10178 Berlin

Fertigstellung/Completion
Juni 2023

Fotografie/Photography
Marcus Bredt, Berlin
Arild Vågen CC BY-SA 3.0 (S. 122)

Das Pressehaus 2013.
The Pressehaus in 2013.

Das Pressehaus mit dem New Podium von der Karl-Liebknecht-Straße aus.
The Pressehaus with the New Podium, seen from Karl-Liebknecht-Strasse.

In aller Stille geschieht Erstaunliches rund um den Alexanderplatz in Berlin. Und nein, gemeint sind hier nicht die neuen Hochhäuser, die aktuell in verschiedenen Stadien des Immerfort-Werdens langsam in die Höhe wachsen. Es geht vielmehr um den Erhalt der DDR-Hochhäuser an der nordöstlichen Platzkante, dort, wo die verlängerten Achsen des Sozialistischen Zentrums aus DDR-Zeiten, die Karl-Marx-Allee und der Boulevard Unter den Linden, aufeinandertreffen.

Der heute noch gültige Masterplan von Hans Kollhoff und Helga Timmermann aus dem Jahr 1993 wollte mit all diesen DDR-Bauten Schluss machen: Abriss und Neubebauung; die DDR hat's nie gegeben. Das muss man sich vor Augen halten, wenn man heute die Gebäude entlanggeht, das Haus des Reisens, das Haus des Lehrers, das Haus der Statistik und die bizarre, 221 Meter lange Nordwand des Hauses der Elektroindustrie, das wie ein Gebirge die nördliche Raumkante für die unendliche Weite des Alexanderplatzes bildete. Exakt im Schnittpunkt der beiden städtebaulichen Achsen, an der Ecke Alexanderstraße/Karl-Liebknecht-Straße steht das 17-geschossige, 92 Meter

Something amazing is happening around Alexanderplatz in Berlin, and it's being kept quiet. No, I'm not talking about the new high-rises that are in various stages of completion. Rather, it is the preservation of the GDR high-rises on the north-eastern edge of the square, where the extended axes of the socialist centre from GDR times, Karl-Marx-Allee and the boulevard Unter den Linden, meet.

The 1993 master plan by Hans Kollhoff and Helga Timmermann, which is still valid today, wanted to get rid of all these GDR buildings: demolition and new construction; the GDR never existed. You have to bear this in mind when you walk past the buildings today: the *Haus des Reisens* ('House of Travel'), the *Haus des Lehrers* ('House of Teachers'), the *Haus der Statistik* ('House of Statistics') and the bizarre, 221-metre-long northern wall of the *Haus der Elektroindustrie* ('House of Electrical Industry'), which, like a mountain range, forms the northern edge of the endless expanse of Alexanderplatz. Exactly at the intersection of the two urban axes, at the corner of Alexanderstrasse and Karl-Liebknecht-Strasse, stands

Neubau New Podium an der Kleinen Alexanderstraße, Blick von der Hirtenstraße.
New building New Podium on Kleine Alexanderstrasse, view from Hirtenstrasse.

Das Ensemble mit dem freigelegten Fries am Pressecafé nach der Sanierung.
The complex with the uncovered frieze on the Pressecafé after the renovation.

Das Hochhaus mit der wiederhergestellten Fassade aus Aluminiumlamellen.
The high-rise with the restored façade of aluminium slats.

lange und gerade einmal 15 Meter schmale Haus des Berliner Verlags. Das Bauensemble war ein Demonstrationsprojekt, das die Kraft und die Überzeugungen der DDR – nachdem sie die Mauer errichtet hatte – in ein völlig neues Stadtbild goss.

Weil jetzt um den Brunnen der Völkerfreundschaft ein neuer Ring aus Hochhäusern entsteht, geraten die DDR-Bauten in die zweite Reihe. Aber: Sie stehen noch. Auch das Haus des Berliner Verlags, 1970–1973 nach Entwürfen des Kollektivs um Karl-Ernst Swora gebaut. Das Kollektiv gehörte zu den wichtigsten in der Hauptstadt der DDR, von Sworas Team stammten unter anderem die Entwürfe für die Ungarische Botschaft, das Hochhaus der Charité und den Ostbahnhof. Und ausgerechnet aus dem Haus des Berliner Verlags ist nun durch einen amerikanischen Investor und das Architekturbüro gmp · Architekten von Gerkan, Marg und Partner ein Pionierprojekt geworden, das die DDR-Moderne nicht nur bewahrt und modernisiert, sondern ihre Gestaltung sogar liebevoll wiederhergestellt hat. Mit der Restaurierung der Ostmoderne ist die Rezeption dieses lange besonders unbeliebten Baustils in Berlin in eine neue Phase eingetreten.

Denn die ursprüngliche Fassadengestaltung, ein vielschichtiges Spiel aus horizontalen und vertikalen weißen Aluminiumlamellen, war bei einer stark vereinfachenden Modernisierung in den späten 1990er Jahren schlicht entsorgt worden. Da galt das Haus ja auch noch als Abrisskandidat, und die Besitzer, das Hamburger Medienunternehmen Gruner + Jahr, hatten wenig für die sozialistische Gestaltung übrig. Sie ersetzten sie lieber durch eine simple, aber energieeffiziente und wartungsärmere Glasfassade. Vielleicht auch, um dem Gebäude etwas von seinem DDR-Geruch auszutreiben. Der farbige sozialistische Wandfries *Die Presse als Organisator* von Willi Neubert, der das Pressecafé an der Südspitze des Gebäudes schmückte und der in direkter Verbindung zu den Wandfriesen am Haus des Reisens und am Haus des Lehrers steht, verschwand vollständig hinter einer Steakhouse-Werbung. Erst 2015 kam das Haus unter Denkmalschutz und wurde anschließend an die amerikanischen Investoren Tishman Speyer verkauft. Diese beauftragten gmp Architekten. Die berichten, dass es verhältnismäßig leicht gewesen sei, die Investoren von den bauphysikalischen und gestalterischen Qualitäten der ursprünglichen Fassade zu überzeugen.

the 17-storey, 92-metre-long and only 15-metre-wide *Haus des Berliner Verlags* ('House of the Berlin Publishing House'). The ensemble of buildings was a demonstration project of the power and conviction of the GDR – after it had built the Wall – in a completely new cityscape.

Now a new ring of towers is rising around the *Brunnen der Völkerfreundschaft* ('People's Friendship Fountain'), pushing the GDR buildings into the background. But they are still there. The *Haus des Berliner Verlags* was built between 1970 and 1973 to designs by the Karl-Ernst Swora collective. The collective was one of the most important in the GDR capital; Swora's team was responsible for the designs of the Hungarian embassy, the Charité high-rise, and the Ostbahnhof railway station, among others. And now, of all buildings, the *Haus des Berliner Verlags* has been transformed by an American investor and the architecture firm gmp · Architekten von Gerkan, Marg und Partner into a pioneering project that not only preserves and modernises GDR modernism, but also lovingly restores its design. With the restoration of *Ostmoderne* ('eastern modernism'), the reception of this long unpopular architectural style in Berlin has entered a new phase.

The original façade design, a complex interplay of horizontal and vertical white aluminium slats, was simply discarded during a very basic modernisation in the late 1990s. At the time, the building was a candidate for demolition and the owners, Hamburg-based media company Gruner + Jahr, had little time for the socialist design. They preferred to replace it with a simple but energy-efficient and low-maintenance glass façade. Perhaps also to rid the building of some of its GDR flavour. The colourful socialist frieze *Die Presse als Organisator* ('The Press as Organiser') by Willi Neubert, which adorned the Pressecafé at the southern tip of the building, and was directly connected to the friezes on the *Haus des Reisens* and *Haus des Lehrers*, disappeared completely behind an advertisement for a steakhouse. It was not until 2015 that the building was listed and then sold to American investors Tishman Speyer. They commissioned gmp Architekten, who report that it was relatively easy to convince the investors of the structural and design qualities of the original façade.

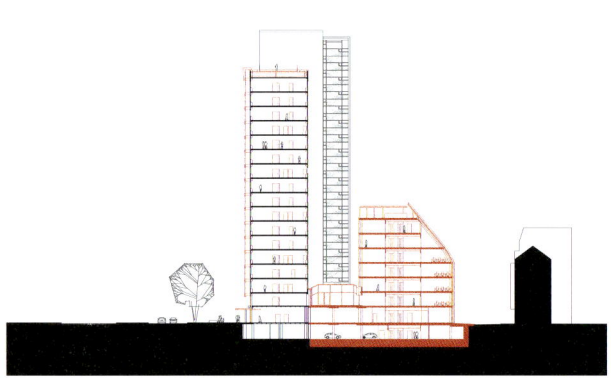

Schnitt
Section

Grundriss Erdgeschoss
Ground floor plan

Das New Podium schmiegt sich an das historische Hochhaus.
The New Podium is nestled against the historic high-rise.

Innenansicht Hochhaus.
Interior view of the high-rise.

New Podium innen.
Inside New Podium.

So wurde das Gewebe aus horizontalen Bändern vor den Geschossdecken und den breiten vertikalen Lamellen wiederhergestellt. Die Fassade wurde zwar nach aktuellen Standards komplett erneuert, bleibt aber optisch dem Original verpflichtet. Ein neues Vordach markiert den Haupteingang an der Karl-Liebknecht-Straße. Die originalgetreue Sanierung schloss auch die verglasten Treppenhaustürme an der südwestlichen Schmal- und nordwestlichen Seite ein. Es ist keine nostalgische Wiederherstellung eines verklärten »Früher«, sondern ein recht pragmatischer Umgang mit den Stärken und den Schwächen des Vorhandenen im Abgleich mit dessen Geschichte. So wurde rückseitig, wo die Hochhausscheibe völlig unvermittelt durch die niedrigen historischen Strukturen des Scheunenviertels schneidet, ein schlichter Zweckbau abgerissen, in dem früher die verlagseigene Druckerei saß. Der Bau sei in einem schlechten Zustand gewesen und habe zudem städtebaulich die Chance nicht genutzt, hier einen sanfteren Übergang zu formen, heißt es. Das gelingt nun einem Neubau, der mit einem stark angeschnittenen Schrägdach zwischen Hochhaus und den Altbauten vermittelt. Dieser Neubau, genannt *New Podium*, trägt ebenfalls eine Glasfassade mit breiten Vertikallamellen, die ihn mit dem Hochhaus zum Ensemble verbinden. Im Erdgeschoss und im ersten Obergeschoss sind der Erweiterungsbau und das Hochhaus direkt verknüpft, so dass neue Raumangebote entstanden sind, die in der schmalen Scheibe allein nicht möglich gewesen wären.

Das gesamte Gebäude wird als Bürohaus mit sehr unterschiedlichen und weitgehend flexibel einteilbaren Flächen im Sinne der »New Work« genutzt. Gemeinschaftsangebote wie Bars, Dachterrasse, Lounges, Besprechungs- und Konferenzräume oder ein Fitness-Studio mit Duschen gehören inzwischen zum Standard solcher Bürobauten. Auch der Berliner Verlag, der das Haus zwischenzeitlich ganz verlassen hatte, ist als Mieter zurückgekehrt. Den alten Namen »Haus des Berliner Verlags« erhält das Gebäude deswegen aber nicht zurück. Es heißt nun schlicht »Pressehaus«. Wie wenig Berührungsängste heute mit der sozialistischen Gestaltung des DDR-Zentrums bestehen, zeigt die vollständige Wiederherstellung des 76 Meter langen und 3,50 Meter hohen Emaille-Frieses am Pressecafé, das ebenfalls seine alte Funktion zurückerhält. Von dessen Außenterrasse hat man nun eine herrliche Aussicht auf die dicht befahrene Kreuzung und das lärmiglaute Immerfort-Werden des sich ständig verändernden Alexanderplatzes.

The horizontal bands in front of the floor slabs and the wide vertical louvres have been restored. Although the façade has been completely renovated to current standards, it remains visually similar to the original. A new canopy marks the main entrance on Karl-Liebknecht-Strasse. The glazed staircase towers on the south-west and north-west sides have also been faithfully restored. This is not a nostalgic restoration of a glorified 'past', but a pragmatic approach to the strengths and weaknesses of the existing building in keeping with its history. At the rear, where the tower cuts through the historic low-rise buildings of the Scheunenviertel district, a simple functional building that had previously housed the company's own printing press was demolished. The building was in a state of disrepair and, in terms of urban development, the opportunity had not been taken to create a smoother transition. This is now achieved by a new building with a steeply pitched roof, which mediates between the high-rise and the old buildings. This new building, called the 'New Podium', also has a glass façade with wide vertical louvres that link it to the high-rise to form an ensemble. On the ground and first floors, the extension and the high-rise are directly connected, creating new spaces that would not have been possible on the narrow slab alone.

The entire building is used as an office building with very different and largely flexibly divisible areas in the sense of 'new work'. Communal facilities such as bars, roof terraces, lounges, meeting and conference rooms, and a gym with showers are now standard in such office buildings. The *Berliner Verlag* publishing house, which had left the building altogether in the meantime, has also returned as a tenant. But that doesn't mean the building has regained its old name, *Haus des Berliner Verlags*. It is now simply called the *Pressehaus*. The complete restoration of the 76-metre-long and 3.5-metre-high enamel frieze on the *Pressecafé*, which will also regain its old function, shows how little fear there is today of dealing with the socialist design of the GDR centre. From its outdoor terrace you now have a magnificent view of the busy intersection, and the noisy, loud, and ever-changing Alexanderplatz.

Hess/Talhof/Kusmierz
Umweltbildungszentrum, Augsburg

Kritik **Brita Köhler**

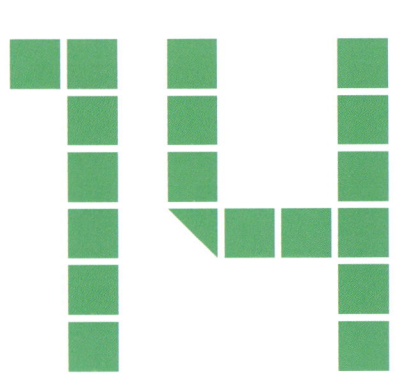

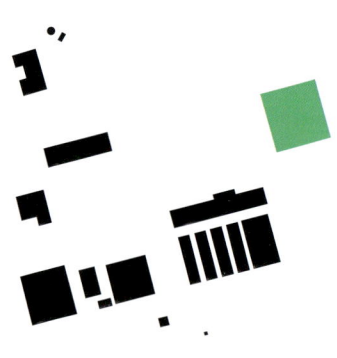

Architekten/Architects
Hess/Talhof/Kusmierz Architekten
und Stadtplaner BDA PartGmbB
Wagmüllerstraße 19
80538 München
www.hot-architekten.de
info@hot-architekten.de

Projektteam/Project team
Mascha Zach, Projektleitung
Felix Lowin, Mitarbeit Wettbewerb
Ana Fischer, Mitarbeit Realisierung
Heike Unger, Mitarbeit Realisierung
Marilena Chrysomallis, Mitarbeit
Realisierung
Margarita Konorova, Mitarbeit
Realisierung

Bauherren/Clients
Stadt Augsburg, Amt für Grünordnung,
Naturschutz und Friedhofswesen
Nutzer/User: Landschaftspflege-
verband Augsburg e. V.

**Tragwerksplanung/
Structural engineering**
Merz Kley Partner, Dornbirn

**Haustechnik, Heizung, Sanitär/
Building services engineering,
plumbing and heating**
IB ALLGEYR, Nördlingen

Elektro/Electrical engineering
IB Neubaur, Neuburg an der Donau

Bauphysik/Building physics
IB Strobel, Augsburg

Akustik/Acoustics
BZS-Bauphysik GmbH, Augsburg

Brandschutz/Fire prevention
IB Ott Sobotta Schmidbauer, Penzberg

**Landschaftsarchitektur/
Landscape architecture**
Burger Landschaftsarchitekten,
Susanne Burger und Peter Kühn
Partnerschaft, München

**Fachberatung und Ausführung
Lehmbau/Consulting and execution
of clay construction**
Lehm Ton Erde GmbH – Martin Rauch,
Schlins

**Fachberatung Holzbau/Consulting in
timber construction**
sustainable architecture – Maren
Kohaus, München

Standort/Location
Dr.-Ziegenspeck-Weg 6
86161 Augsburg

Fertigstellung/Completion
April 2023

Fotografie/Photography
Florian Holzherr, München
Norbert Liesz, Augsburg (S. 128)

Die Holzstruktur des Umweltbildungszentrums im Bau.
The wooden structure of the Environmental Education Centre
under construction.

Das Umweltbildungszentrum befindet sich in einer Parkanlage.
Hier die Südost-Ecke.
The Environmental Education Centre is located in a park. View of the
south-eastern corner of the building.

Angenehm erdig und holzig riecht es. Lehmboden
unter den Füßen, viel sichtbares Holz und Wände
aus Lehm – gleich beim Betreten des neuen Umweltbildungszentrums erlebt man mit allen Sinnen die
Materialien, die ganz im Zeichen von Naturnähe und
Nachhaltigkeit stehen.

In Bayern gibt es rund 65 Umweltstationen – staatlich
anerkannte Einrichtungen, die der Bildung in nachhaltiger Entwicklung und dem Naturschutz gewidmet
sind. Die Umweltstation Augsburg in Trägerschaft des
Landschaftspflegeverbandes hatte bisher kein eigenes
Gebäude. Und gute Architektur bleibt oft eine Aus-
nahme. In direkter Nachbarschaft zum Augsburger
Zoo und auf einer Erweiterungsfläche des Botanischen
Gartens ist jetzt ein umso bemerkenswerterer Neubau
entstanden. Hervorgegangen aus einem Architektur-
wettbewerb, waren die zweitplatzierten Münchner
Architekten Hess/Talhof/Kusmierz mit der Realisierung beauftragt worden. Das Büro hat sich mit einigen
eindrucksvollen Schul- und Bildungsbauten einen Namen gemacht; es erhielt etwa den DAM Preis 2014 für
die Grundschule am Arnulfpark München.[1]

It smells pleasantly earthy and woody. Clay underfoot,
and lots of visible wood and clay walls – as soon as you
enter the new Environmental Education Centre, you experience the materials with all your senses, materials that
are all about closeness to nature and sustainability.

There are around 65 environmental stations in Bavaria:
state-recognised institutions dedicated to education in
sustainable development and nature conservation. The
environmental station in Augsburg, which is sponsored
by the landscape conservation association, did not have
its own building until now. And good architecture is
often the exception. So it is all the more remarkable that
a new building has now been erected in the immediate
vicinity of the Augsburg Zoo, and on an extension to the
Botanical Gardens. The Munich-based architects
Hess/Talhof/Kusmierz, who came second in an architectural competition, were commissioned with the project. The firm has made a name for itself with a number
of impressive school and educational buildings. For example, it won the DAM Preis 2014 for the Arnulfpark
Primary School in Munich.[1]

1 Siehe: Peter Cachola Schmal: Grundschule am Arnulfpark, in:
Deutsches Architektur Jahrbuch 2014/15, Berlin 2014, S. 12ff.

1 see: *Deutsches Architektur Jahrbuch 2014/15*, Peter Cachola Schmal,
Grundschule am Arnulfpark, p. 12ff.

Das Umweltbildungszentrum Augsburg dient verschiedenen Einrichtungen der Stadt sowie Interessierten als Informationszentrum, Veranstaltungsort und interdisziplinäres Labor. Zugleich ist das Gebäude selbst ein hervorragendes Anschauungsbeispiel für energieeffizientes und nachhaltiges Bauen sowie für die naturnahe Gestaltung von Grünflächen.

Die Lage an der Schnittstelle von Stadt und Natur hat das Gebäude gestalterisch geprägt: Der eingeschossige Pavillon mit quadratischem Grundriss zeigt sich nach außen kantig-orthogonal, innen im Foyer dominieren dagegen organische Formen. Auch in Konstruktion und Materialwahl findet sich dieses Wechselspiel wieder: Nach außen definiert die lineare Konstruktion aus Holz das Gebäude, den Innenraum prägen die geschwungenen Wände aus Stampflehm.

Das Raumkonzept auf der 1.000 Quadratmeter großen Grundfläche ist multifunktional angelegt: Herzstück des Gebäudes ist das zentrale Foyer – in dem mäandernden Raum sind Infopoints aufgestellt, Ausstellungen oder Begegnung möglich. Zugleich gliedert es das Gebäude in drei Nutzungsbereiche, von den Architekten »Schollen« genannt, da sie inselartig an das Foyer andocken: im Westen der teilbare Seminar- und Veranstaltungsbereich inklusive Lehrküche, nach Osten orientiert der Bürotrakt mit offener, informeller Mittelzone sowie der Technik- und Werkstattbereich als klimatische Pufferzone nach Süden. Von allen Räumen aus gelangt man auch direkt ins Freie.

Die Stampflehmwände stülpen sich trichterartig nach außen und definieren mit großer Geste den Haupteingang und zwei Nebenzugänge. Für Veranstaltungen gibt es dadurch einen zusätzlichen Weg ins Freie – es entsteht eine Art Passage. Den zweiten Nebeneingang nutzen die Mitarbeitenden, die oft im Einsatz im angrenzenden Landschaftsraum und im Botanischen Garten sind. Das Gebäude wird von einer Holzträgerdecke aus Brettschichtholz überspannt, darunter hängt ein Holz-Grid, das sich je nach Standpunkt perspektivisch verdichtet oder öffnet und eine spannungsvolle Pixelstruktur mit gefiltertem Lichteinfall entstehen lässt. Zwischen Decke und Holzgitter schieben sich Akustikplatten, Holzwolledämmung und Elektro-Installationen. Zahlreiche Oberlichter bringen Helligkeit in die Räume, was die Leichtigkeit des Holzpavillons im Kontrast zu den massiven Lehmwänden unterstreicht.

The Augsburg Environmental Education Centre serves as an information centre, event venue and interdisciplinary laboratory for various city institutions and interested parties. At the same time, the building itself is an excellent example of energy-efficient and sustainable construction, and the natural design of green spaces.

The design of the building is influenced by its location at the interface between city and nature. The single-storey pavilion with a square floor plan has an angular, orthogonal exterior, while organic forms dominate the interior foyer. This interplay is also reflected in the construction and choice of materials. The linear timber structure defines the exterior of the building, and the interior is characterised by curved rammed-clay walls.

The spatial concept for the 1,000-square-metre area is multifunctional: the central foyer is the heart of the building – the meandering space is used for information points, exhibitions, and meetings. At the same time, it divides the building into three areas, which the architects call 'clods' because they are attached to the foyer like islands. To the west, is the divisible seminar and event area, including a teaching kitchen. To the east, is the office wing with an open, informal central zone. And to the south, is the technical and workshop area as a climatic buffer zone. All spaces have direct access to the outside.

The rammed-clay walls flare outwards like funnels, and boldly define the main entrance and two secondary access points. This provides an additional route to the outside for events, creating a kind of passageway.
The second side entrance is used by staff who often work in the adjacent landscape, and in the Botanical Garden. The building is spanned by a laminated timber beam ceiling, under which a wooden grid is suspended. Depending on the viewing angle, the grid appears to open or close, creating an exciting pixel structure of filtered light. Acoustic panels, wood wool insulation, and electrical installations are located between the ceiling and the wooden grid. Numerous skylights bring light into the space, adding to the lightness of the wooden pavilion in contrast to the solid clay walls.

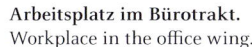

Blick in das zentrale Foyer.
View into the central foyer.

Arbeitsplatz im Bürotrakt.
Workplace in the office wing.

Schnitt
Section

Teeküche in der Lounge.
Tea kitchen in the lounge.

**Die Türen sind hinter
die Fassadenebene
zurückgesetzt.**
The doors are set
back behind the plane
of the façade.

Grundriss
Floor plan

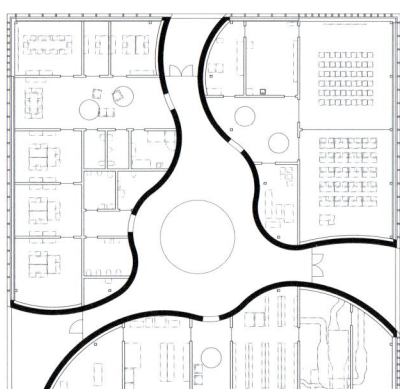

Zugang im Westen.
Access from the west.

Die Fassade lebt vom Spiel der Materialien sowie der offenen und geschlossenen Flächen mit partiellen Durchsichten. Das vorgegraute, unbehandelte Lärchenholz legt sich mit vertikalen Lamellen als Filterschicht vor die eigentliche Fassade; Verschattung bringen außenliegende Rollos. Die Lamellen regulieren die Durchlässigkeit – der Pavillon erscheint als körperhaftes Volumen aus der Entfernung, wird transparenter aus der Nähe. Die nach außen tretenden Lehmwände machen neugierig auf das Innere. Der Lehmboden lässt die Grenzen von außen und innen verschwimmen; wie ein Feldweg zieht er sich durch das Gebäude. Dort, wo die Lehmkonstruktion im Außenraum der Witterung ausgesetzt ist, wird sie zweischalig und ist neben einem Stampfbetonsockel mit Trasskalkstreifen versehen, die die Erosion verhindern. Ein gelegentliches Nachbearbeiten des Lehms ist trotzdem nötig, aber problemlos machbar.

Die Architekten haben im Sinne der Nachhaltigkeit viel ausprobiert, sind mit der Materialwahl neue Wege gegangen, mussten Überlegungen revidieren, konnten aber in intensiver Zusammenarbeit mit Nutzer und Fachplanern vieles umsetzen, was vorbildhaft für andere Bauten sein kann. Eine Erkenntnis dabei war jedoch, dass manches regulatorisch in Deutschland noch nicht möglich ist – eine Lehmwand tragend auszubilden beispielsweise stellt eine Einzelfalllösung mit zusätzlicher statischer Genehmigung dar. Dies umschiffte man aus Zeit- und Kostengründen und bildete die Holzkonstruktion zur allein tragenden aus. Auch hatten die Architekten materialsparend ohne Bodenplatte und viel Estrich planen wollen, was sich aber als minimierte Bodenplatte und Lehmboden lediglich im Foyer umsetzen ließ. Um energetisch Synergien zu nutzen, wird die Fernwärme vom bestehenden Blockheizkraftwerk des Botanischen Gartens bezogen.

Das von Burger Landschaftsarchitekten geplante Außengelände vermittelt zwischen bebauter Umgebung und freier Natur, zwischen Stadt- und Kiefernwald. Die Freiflächen sind als wilde Gärten mit gekurvt verlaufenden Wegen angelegt und gliedern sich locker zoniert in aktive und ruhige Bereiche. Sie können als Aktions- und Lernorte in die Bildungsarbeit und die Ausstellungen miteinbezogen werden.

Im optimalen Fall wird das Umweltbildungszentrum in Zukunft ein Ensemble mit einem neuen Naturkundemuseum bilden. Aber schon jetzt ist es eine wichtige Adresse für die Bildung in nachhaltiger Entwicklung und für ein beispielhaftes nachhaltiges Bauen. Bereits im ersten Jahr nach der Eröffnung fanden hier etwa 300 Veranstaltungen statt.

The façade is characterised by the interplay of materials and the open and closed surfaces with partial views. The pre-greyed and untreated larch wood with vertical louvres acts as a filter layer in front of the actual façade; external blinds provide shade. The slats regulate permeability – from a distance the pavilion appears as a solid volume, but becomes more transparent close up. The clay walls that project outward arouse curiosity about what is inside. The earthen floor blurs the boundaries between inside and out, and runs through the building like a dirt track. Where the clay structure is exposed to the elements on the outside, it is built in two layers, with strips of trass lime next to a tamped concrete base to prevent erosion. Occasional reworking of the clay is still necessary, but this can be done without difficulty.

The architects tried out a lot in terms of sustainability, broke new ground in their choice of materials, and had to rethink their ideas, but they were able to work closely with users and specialist planners to achieve a great deal that can serve as a model for other buildings. However, it became clear that some things are not yet possible in Germany for regulatory reasons – for example, the design of a load-bearing clay wall requires a one-off solution with additional static approval. This was avoided for time and cost reasons, and the timber structure was designed as the sole load-bearing structure. The architects also wanted to save materials by designing without a floor slab and a lot of screed, but this could only be achieved in the foyer with a minimised floor slab and clay floor. To take advantage of energy synergies, district heating is supplied from the Botanic Garden's existing combined heat and power plant.

The outdoor space, designed by Burger Landschaftsarchitekten, mediates between the built environment and nature, between the city and the pine forest. The open spaces are designed as wild gardens with winding paths, and are loosely divided into active and quiet areas. They can be incorporated into educational work and exhibitions as places of activity and learning.

Ideally, the Environmental Education Centre will one day form an ensemble with a new natural history museum. But even now, it is an important venue for education on sustainable development and exemplary sustainable construction. In its first year, the centre has already hosted around 300 events.

Holzer Kobler Architekturen
Erlebnis-Hus, St. Peter-Ording

Kritik **Christina Gräwe**

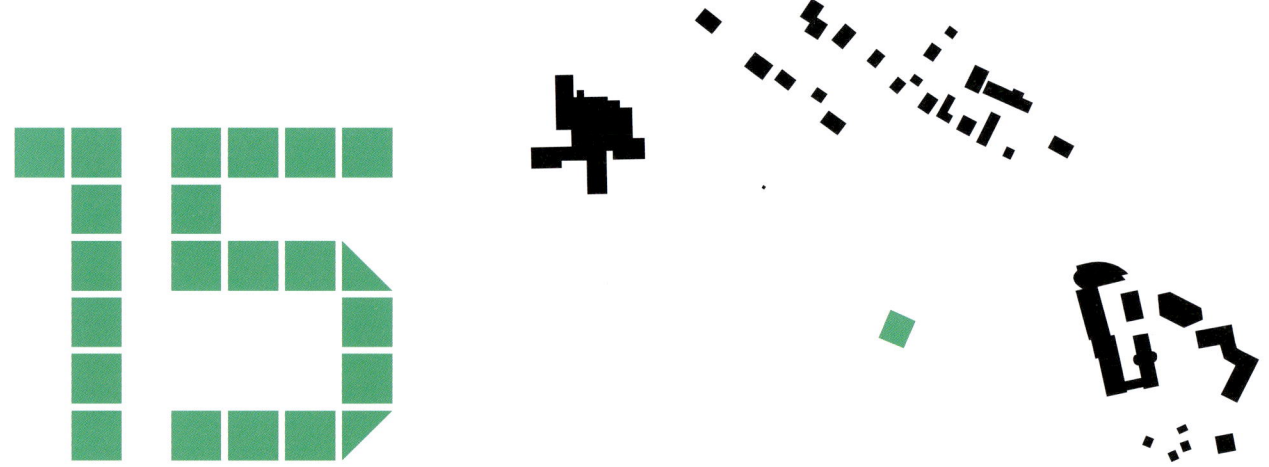

Architekten / Architects
Holzer Kobler Architekturen
Berlin GmbH
Lindower Straße 19
13347 Berlin
www.holzerkobler.com
zickhardt@holzerkobler.com

Projektteam / Project team
Andrea Zickhardt, Geschäftsführung /
Projektleitung
Max Kaske, Stellvertretende
Projektleitung
Ingo Böhler, Entwurfsarchitekt
Heike Zeschke, Innenarchitektin
Julia Kull, Innenarchitektin

Bauherren / Clients
Tourismus-Zentrale St. Peter-Ording

**Ausschreibung, Vergabe, Bauleitung /
Tendering, contracting, site supervision**
Assmann Beraten + Planen GmbH,
Hamburg

**Tragwerksplanung /
Structural engineering**
ifb frohloff staffa kühl ecker Beratende
Ingenieure, Berlin

**Haustechnik /
Building services engineering**
Pahl und Jacobsen Ingenieurbüro für
Technische Gebäudeausrüstung, Heide

Bauphysik / Building physics
Müller-BBM GmbH, Berlin

Lichtplanung / Lighting design
Lichtvision Design Berlin, Berlin

Brandschutz / Fire prevention
brandschutz plus GmbH, Berlin

**Landschaftsarchitektur /
Landscape architecture**
Uniola AG Landschaftsarchitektur
Stadtplanung Generalplanung, Berlin

Standort / Location
Fritz-Wischer-Straße 1
25826 St. Peter-Ording

Fertigstellung / Completion
Juni 2023

Fotografie / Photography
Jan Bitter, Berlin
Oliver Franke, Kiel (S. 135)

Das Erlebnis-Hus am Deich zum Wattenmeer.
The *Erlebnis-Hus* on the dyke to the Wadden Sea.

»Lass' uns nachher auf einen richtigen Spielplatz gehen«, schlägt die Mutter ihrem Sohn vor. Der ungefähr Fünfjährige sieht das anders – er stürmt auf eines der Spielgeräte zu und ist sichtlich begeistert. Wie auch viele andere der kleinen und größeren Kinder: Das Erlebnis-Hus in St. Peter-Ording ist nicht nur an diesem strahlenden Augusttag gut besucht.

Das Seeheilbad an der Südwestflanke der Halbinsel Eiderstedt weist wenige bauliche Highlights auf; Tourismusarchitektur aus den 1970er Jahren bestimmt das Bild. Aber der Strand mit zwölf Kilometer Länge und (bei Ebbe) zwei Kilometer Breite sowie die gut 1.000 Meter lange Seebrücke ziehen Urlaubsfamilien in großer Zahl an. Zwischen Deich und Wasser liegen Salzwiesen, die in Grün- und Gelbtönen schillern – wir befinden uns im Nationalpark Schleswig-Holsteinisches Wattenmeer, der seit 2009 auf der UNESCO-Weltnaturerbe-Liste eingetragen ist. Und es gibt 19 Pfahlbauten; der älteste stammt aus dem Jahr 1911.

'Let's go to a real playground later,' a mother suggests to her son. The five-year-old disagrees – he rushes to one of the play structures and is visibly thrilled, like many other children, young and old. The *Erlebnis-Hus* ('Experience House') in St. Peter-Ording is well attended, and not just on this bright August day.

The seaside resort on the south-western flank of the Eiderstedt peninsula has few architectural highlights, and is dominated by 1970s tourist architecture. But the 12-kilometre-long and, at low tide, two-kilometre-wide beach, and the one-kilometre-long pier attract many families. Between the dyke and the water lie the green and yellow shimmering salt marshes of Schleswig-Holstein's Wadden Sea National Park, a UNESCO World Heritage site since 2009. And there are 19 stilt houses, the oldest dating from 1911.

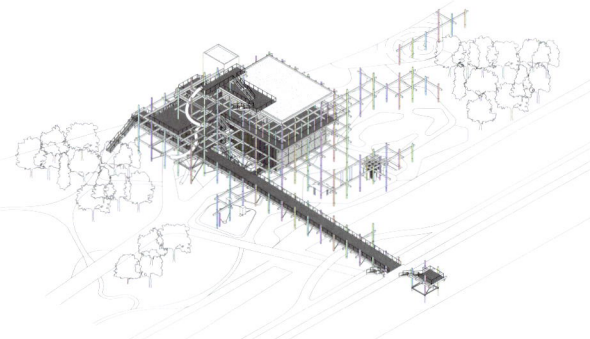

Axonometrie
Axonometry

Eine 47 Meter lange Rutsche schlängelt sich durch alle Ebenen.
A 47-metre-long slide winds its way through all levels.

Die lockere Stützenstruktur schafft Übergangszonen.
The loose column structure creates transition zones.

Annäherung über den Radweg im Nordwesten.
Approach via the cycle path in the north-west.

Diese für den Ort so charakteristischen Stelzenhäuser waren für Holzer Kobler Architekturen die Inspiration, als sie 2017 zusammen mit Uniola Landschaftsarchitektur den Wettbewerb für den baulichen Abschluss und Höhepunkt der sogenannten Erlebnispromenade gewannen. Uniola hatte zuvor bereits den zweiten Abschnitt dieser Promenade realisiert – deutlich subtiler, grüner und abwechslungsreicher als es der sehr steinerne nördliche Abschnitt ist, der ab 2008 entstanden war.

Das Erlebnis-Hus ist der Nachfolger eines beliebten Spielhauses, das in einer alten Feuerwache eingerichtet war. Denn auch bei schlechtem Wetter oder zu großer Hitze soll es ein breit gefächertes Angebot zur Freizeitgestaltung geben, möglichst für alle Generationen. Entsprechend ist das Erlebnis-Hus wesentlich komplexer als sein Vorgänger: In einen hölzernen Stützenwald sind fünf Boxen versetzt eingeschoben. Erschlossen werden die insgesamt fünf Ebenen über ein Gerüst aus Stahltreppen und -stegen. In die geschlossenen Kuben sind das zweigeschossige Spiele-Hus mit Koch-Back-Station und eine Ebene höher das Info-Hus eingezogen, darüber ein Restaurant. Zwei Terrassen bilden die Decks 4 und 5; von ganz oben kann man über eine geschlängelte 47-Meter-Rutschenröhre wieder nach unten sausen. Außerdem bieten sich von allen Etagen und in alle Richtungen Fernblicke; auch die geschlossenen Elemente lassen über Panoramafenster die Umgebung großzügig herein. Es ist eine ständige Abfolge von offenen und halboffenen Räumen, aufgeweiteten Bereichen mit Ruheinseln und in die Holzstruktur eingehängten Schaukeln und Netzen – Möglichkeiten für haptische, akustische, für Mutigere auch artistische Erlebnisse. Und so gleicht das Erlebnis-Hus einem Spielgerät im Mehrfamilienhausformat.

These stilt houses, that are so characteristic of the area, inspired Holzer Kobler Architekturen when they won the competition in 2017, together with Uniola Landschaftsarchitektur, for the structural completion and culmination of the so-called *Erlebnispromenade* ('Experience Promenade'). Uniola had already built the second section of this promenade, which is much more subtle, greener, and varied than the northern section – built from 2008 and very stony.

The *Erlebnis-Hus* is the successor to a popular playhouse set up in an old fire station. The aim is to provide a wide range of leisure activities for all generations, even in bad weather or when it is too hot. The *Erlebnis-Hus* is also much more complex than its predecessor: five boxes are set into a forest of wooden pillars. The five levels are accessed via a framework of steel stairs and walkways. The closed cubes contain the two-storey *Spiele-Hus* ('Games House') with a cooking and baking station and, one level higher, the *Info-Hus* ('Info House') with a restaurant above. Two terraces form decks four and five; from the top, visitors can zip down a 47-metre-long winding slide tube. In addition, there are views in all directions from all floors, and even the closed elements allow a generous view of the surroundings through panoramic windows. There is a constant succession of open and semi-open spaces, widened areas with islands of tranquillity, swings and nets suspended in the wooden structure, possibilities for haptic, acoustic and, for the more daring, artistic experiences. In this way, the *Erlebnis-Hus* resembles a play structure in the form of an apartment building.

Blick von den Salzwiesen auf Deich und Erlebnis-Hus. View from the salt marshes of the dyke and the *Erlebnis-Hus.*

Trotz der eindrücklichen Architektur – es ist bereits von einer Landmarke die Rede – schafft das Erlebnis-Hus spielerisch die Einbindung in die Umgebung. Denn es streckt seine Fühler aus; die Übergänge sind fließend. Die Hauptstützen ragen unterschiedlich hoch aus der Konstruktion heraus, als wären sie die abstrakte Fortsetzung der Bäume dahinter. Nur wenn man sich von der Promenade aus nähert, erscheint die Fassade seltsam geschlossen. Zu den anderen Seiten zieht sich das Spielangebot weit in den Außenraum; im Süden wird das Stützengeflecht zunehmend lichter und endet an einer Skate Bowl. Vom ersten Geschoss führt ein seebrückenhafter Steg hinüber zum Deich und von dort auf eine etwas höher gelegene weitere Aussichtsplattform.

Das Tragwerk hat ein Raster von 4,5 mal 4,5 Metern; die Stützen und Träger bestehen aus Lärchenholz. Diagonalverstrebungen aus Stahl steifen die Konstruktion aus. Die Kuben wurden aus Brettsperrholz gefertigt und mit vorgehängten Fichtenholzfassaden verkleidet. Der Bau besteht zu 80 Prozent aus Holzelementen; lediglich für die Fundamente und den (ebenfalls aussteifenden) Kern mit Nottreppenhaus und Aufzug kam Stahlbeton zum Einsatz. Notwendige Sicherungen sind als sorgfältige Details ausgeführt, etwa niedrigere Streben, die nicht mit unschönen Kunststoffhüllen Kopfbeulen verhindern, sondern mit Tauen gepolstert sind. Die Stützen enden als Schutz vor Hochwasser in extra hohen Betonfüßen, die denselben Querschnitt haben und dadurch robust und nicht etwa bleistiftartig-unproportioniert daherkommen.

Eine kniffflige Frage waren die scharfen Wetterbedingungen, das Salz und die hohe Luftfeuchtigkeit. Hier zeigte sich die Bauherrin, die Tourismuszentrale, souverän und gelassen zugleich: Durch die lange Erfahrung mit den historischen Pfahlbauten verzichtete sie auf Abdeckungen und Abkantungen zum Schutz der Bauteile, die das Architektenteam vorgesehen hatte. Die Argumente: Je mehr Wind an die sensiblen Stellen vordringt, desto besser trocknen sie wieder, und wo Schäden frühzeitig entdeckt werden, sind sie auch rasch wieder zu beheben. Die zumeist reversiblen, gut zu wartenden oder auszutauschenden Elemente dürften ebenso wie der Stolz der Tourismuszentrale auf ihr Erlebnis-Hus dazu beitragen, dass es gut gepflegt noch lange vielen Gästen Spaß bereiten wird. Und auch der Mut der Gemeinde, die Entscheidung für diese Architektur gegen die skeptischen Stimmen im Vorfeld mitzutragen, zahlt sich seit der Eröffnung im Sommer 2023 aus.

Despite its striking architecture – it has already been described as a landmark – the *Erlebnis-Hus* integrates playfully into its surroundings. It puts out its feelers; the transitions are fluid. The main columns rise from the building at different heights, as if they were the abstract continuation of the trees behind them. Only when approached from the promenade does the façade appear strangely closed. On the other sides, the play area extends far out into the open. To the south, the network of columns becomes increasingly sparse and ends at a skate bowl. From the first floor, a bridge-like pier leads down to the dyke, and from there to a slightly higher viewing platform.

The supporting structure has a 4.5 by 4.5 metre grid, and the columns and beams are made of larch. Diagonal steel bracing stiffens the structure. The cubes are made of cross-laminated timber and have a spruce façade. The building is 80 per cent timber, with reinforced concrete used only for the foundations and the (also reinforcing) core with emergency staircase and lift. Necessary safety precautions are taken in the form of careful details, such as lower struts that are padded with ropes, rather than having unsightly plastic sleeves to prevent the head from buckling. The columns end in extra-high concrete feet to protect against flooding. These have the same cross-section, so they look sturdy and not, for example, disproportionately pencil-like.

The harsh weather conditions, the salt, and the high humidity posed a tricky problem. The client – the tourist centre – met the challenge with aplomb and composure. Thanks to their long experience of historic pile dwellings, they dispensed with the covers and edgings that the team of architects had planned to protect the components. Their reasoning: the more wind that reaches the sensitive areas, the better they dry out, and where damage is detected early, it can be quickly repaired. The elements, most of which are reversible and easy to maintain or replace, and the pride of the tourist centre in its *Erlebnis-Hus*, should help to ensure that it is well maintained, and continues to provide pleasure to many visitors for a long time to come. The community's courage in supporting the decision for this architecture, despite the scepticism in the run-up, has paid off since its opening in the summer of 2023.

**Das Panoramafenster des Kinder-Hus.
Darüber die Gastronomie.**
The panorama window of the *Kinder-Hus*.
The restaurant is directly above it.

Die Skate Bowl im Südosten.
The skate bowl in the south-east.

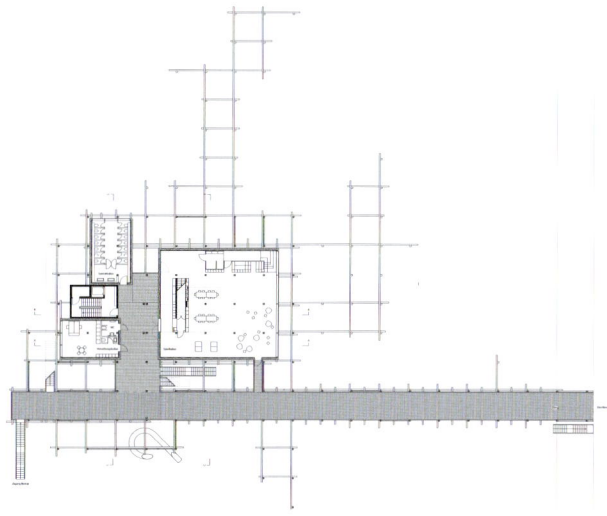

Grundriss 1. Obergeschoss
First floor plan

**Das zweigeschossige Kinder-Hus
mit Küche auf der oberen Ebene.**
The two-storey *Kinder-Hus* with
a kitchen on the upper floor.

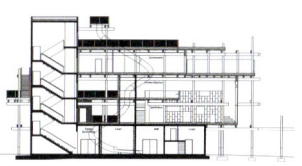

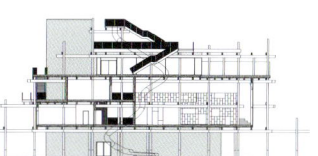

Schnitte
Sections

Hütten & Paläste
U-Halle, Mannheim

Kritik **Jonas Malzahn**

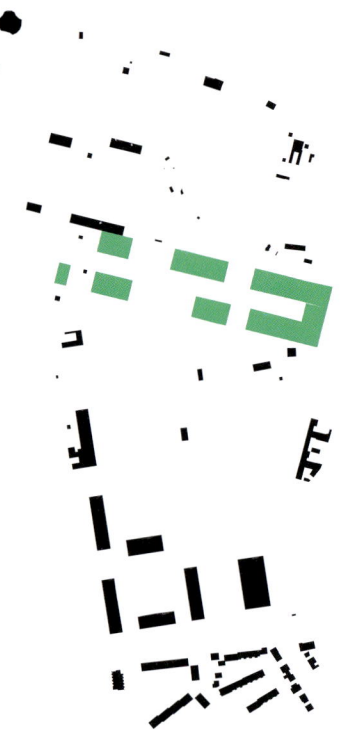

Architekten/Architects
Hütten & Paläste
Kastanienallee 26
10435 Berlin
www.huettenundpalaeste.de
f.schoenert@huettenundpalaeste.de

Projektteam/Project team
Franziska Heidecker, Projektleitung
Friedemann Duffek, Co-Projektleitung
Sophia Albrecht, Wettbewerb
Philipp Eckel, Ausführungsplanung
Nanni Grau, Büropartnerin
Frank Schönert, Büropartner

Bauherren/Clients
Bundesgartenschau Mannheim 2023
gGmbH, Mannheim

**Projektsteuerung/
Project management**
HITZLER INGENIEURE, Stuttgart

**Tragwerksplanung/
Structural engineering**
EFG Beratende Ingenieure GmbH,
Fuldabrück/Heidelberg

Brandschutz/Fire prevention
Ingenieurbüro Stümpert-Strunk
GmbH, Ludwigshafen

**Landschaftsarchitektur/
Landscape architecture**
Ramboll Studio Dreiseitl, Überlingen

**Haustechnik/
Building services engineering**
SBI GmbH, Walldorf

Sonstige/Others
Jo Carle Architekten, Stuttgart

Standort/Location
Spinelli-Barracks 1536
68259 Mannheim

Fertigstellung/Completion
April 2023

Fotografie/Photography
h7photo.com/Lukac & Diehl,
Mannheim
BUGA 2023 (S. 141)
Hütten & Paläste/Linus Werner, Berlin
(S. 142 unten/bottom)

Die fragmentierte U-Halle.
The fragmented U-Halle.

2023 fand im Nordosten Mannheims die Bundesgarten-schau statt. Auf dem Gelände der ehemaligen Spinelli-Kaserne und auf weiteren Flächen wurden Park- und Landschaftsräume geschaffen, die für die Stadt und ihre Bewohnerschaft neue, wichtige Areale für Erholung, Biodiversität und das Stadtklima bieten.

Die Spinelli-Kaserne war bis 2012 von den amerikanischen Streitkräften genutzt worden. Nach deren Abzug bot sich der Stadt die Chance, auf den frei gewordenen Gebieten eine zukunftsorientierte Stadtentwicklung voranzutreiben: Das stark versiegelte und bebaute Gelände sollte nahezu vollständig rückgebaut werden. Die Öffnung des Areals ermöglichte die Schaffung eines durchgängigen grünen Korridors, der kühle Frischluft bis in Mannheims Innenstadt vordringen lässt und bestehende städtische Grünräume verbindet.

In 2023, the *Bundesgartenschau* ('Federal Horticultural Show') took place in the north-east of Mannheim. On the former site of the Spinelli barracks and other locations, parks and landscaped areas were created, providing the city and its residents with new, important areas for recreation, biodiversity, and urban climate.

The Spinelli barracks were used by the American armed forces until 2012. After their withdrawal, the city seized the opportunity to pursue a future-oriented urban development plan for the vacated areas: the heavily sealed and built up site was to be almost completely renaturalised. By opening up the area, it was possible to create a continuous green corridor that would bring cool, fresh air into Mannheim's city centre and connect existing urban green spaces.

Hatte man sich bei der vorangegangenen Bundesgartenschau 1975 für den Neubau der Multihalle (Carlfried Mutschler, Joachim Langner und Frei Otto) entschieden, die durch ihre einzigartige Holzgitterschalenkonstruktion bis heute als zukunftsweisend gilt, wählte man knapp 50 Jahre später einen nicht weniger beispielhaften Weg. Die bestehende, 21.000 Quadratmeter des Kasernenareals überspannende u-förmige Lager- und Logistikhalle sollte als Veranstaltungsraum und Fläche für Gastronomie und Ausstellungen umgenutzt werden und nach Beendigung der Gartenschau für Folgenutzungen zur Verfügung stehen.

Den Wettbewerb dafür konnte das Berliner Architekturbüro Hütten & Paläste für sich entscheiden. Sein Entwurf sah eine schrittweise Reduktion der großen Hallenstruktur vor und die Verwendung der zurückgebauten Materialien für die Transformation von einer monofunktionalen zu einer multifunktionalen Struktur. Damit die U-Halle als Gartenschauzentrum der Frischluftzufuhr der Innenstadt nicht im Wege steht, erarbeitete das Team eine rhythmische Gliederung der beiden Hallenflügel in offene und geschlossene Gebäudeteile. So wurde die umbaute Fläche auf die Hälfte reduziert, und auch die historischen Bauabschnitte der Halle wurden sichtbar gemacht. Die Wehrmacht hatte 1938 den ersten Teil in einer kräftigen Stahlbetonbauweise gebaut. Deren rohe und robuste Rahmen stehen im Kontrast zu der 1985 von den Amerikanern hinzugefügten Stahlskelettkonstruktion. Die Architekten von Hütten & Paläste verstanden es, die Potenziale und die Qualität der seriellen, aufgereihten Konstruktion herauszuarbeiten. In unregelmäßigen Abständen wechseln sich Außen- und Innenräume ab. Die zuvor schlauchartige, uniforme Lagerfläche ist zu einer Sequenz von Räumen unterschiedlicher Größe geworden. Die Verzahnung mit dem umgebenden Freiraum wurde verstärkt, indem auch in den geöffneten Zwischenräumen Grünbereiche entstanden sind. Die Bodenplatte wurde durch rechteckige Einschnitte perforiert, und es wurden Pflanzbeete zur Regenversickerung angelegt – Gräser, Stauden, Büsche und Bäume wachsen nun dort, wo einst Munition, Ausrüstung und schweres Gerät lagerten.

Um die verschiedenen Funktionsbereiche wie Gastronomie, Ausstellungsflächen und Fernsehstudio für die Bundesgartenschau voneinander abzugrenzen, entwickelte das Büro Hütten & Paläste verschiedene Typen für die neuen Giebelwände und verbesserte die Belichtung der Hallensegmente durch Einschnitte. Die neuen

The decision to build the Multihalle (Carlfried Mutschler, Joachim Langner and Frei Otto) at the last *Bundesgartenschau* in 1975 is still regarded as groundbreaking today because of its unique wooden lattice structure. Almost 50 years later, an equally exemplary approach was chosen. The existing U-shaped warehouse and logistics hall, which covers 21,000 square metres of the barracks site, was to be converted into an event, catering, and exhibition space and made available for other uses after the end of the horticultural show.

The competition was won by Berlin-based architects Hütten & Paläste. Their design proposed a gradual reduction of the large hall structure and the use of the demolished materials to transform it from a monofunctional to a multifunctional structure. To ensure that the U-Halle, as a garden show centre, did not block the supply of fresh air to the city centre, the team developed a rhythmic structure of the two hall wings into open and closed building sections. This reduced the converted area by half and also made the historic construction phases of the hall visible. The first part was built in 1938 by the *Wehrmacht* armed forces in a strong reinforced concrete structure, whose raw and robust frame contrasts with the steel skeleton added by the Americans in 1985. Hütten & Paläste was able to bring out the potential and quality of the serial, lined construction. Exterior and interior spaces alternate at irregular intervals. The previously uniform, tubular storage area became a sequence of rooms of different sizes. The interlocking with the surrounding open space is intensified by the creation of green areas in the open spaces in between. The floor slab has been perforated by rectangular incisions, planting beds have been created to allow rainwater to seep through – grasses, perennials, shrubs, and trees now occupy the space where ammunition, equipment, and heavy machinery once stood.

In order to separate the various functional areas such as catering, exhibition space, and television studio for the *Bundesgartenschau*, Hütten & Paläste developed various types of new gable walls and improved the lighting of the hall segments by means of cut-outs. The new room enclosures were formed either from existing internal

Markt während der Bundesgartenschau.
Market during the *Bundesgartenschau.*

Beetfeld in der offenen Halle.
Planting beds in the open hall.

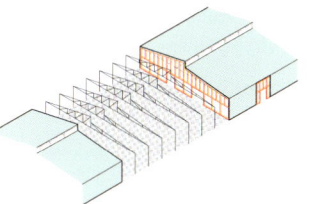

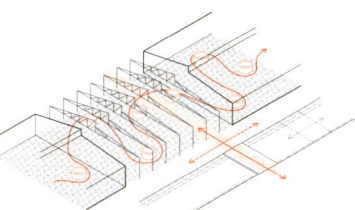

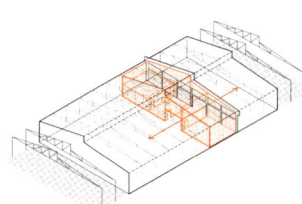

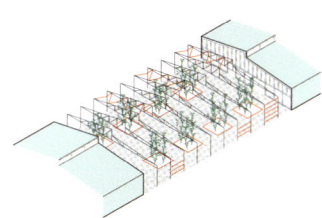

Umbauprinzipien
Conversion principles

Raumabschlüsse wurden entweder aus bestehenden Innenwänden gebildet, die eine zusätzliche Verkleidung erhielten, um als Außenwand einen Witterungsschutz zu haben, oder als leichte, rückbaubare Konstruktion aus Gerüstbauteilen, einer Holzunterkonstruktion und transluzenten Polycarbonat-Stegplatten. Um die noch nutzungsunspezifischen Raumvolumen an die jeweilige Funktion anzupassen, entwarf das Büro schlichte eingestellte Raumzellen. So wurde mit nur wenigen und einfachen Eingriffen eine Vielzahl an neuen Raumkonfigurationen geschaffen.

Bei der Umgestaltung fungierte die U-Halle selbst als Quelle und Lager für wiederverwendbare Baumaterialien. Was abgebaut, ausgeschnitten oder zerlegt wurde, erhielt auch im neuen Konzept eine tragende Rolle. Weitere Bauteile wie Türen und Fenster stammen aus ehemals benachbarten Kasernengebäuden oder aus Gewächshäusern, die für die Gartenschau 1975 errichtet worden waren. Bei der Suche nach zusätzlich benötigten Bestandteilen wurde das Planungsteam von der Stadt Mannheim unterstützt. Gemeinsam mit den ausführenden Baufirmen wurde zu Beginn ein Testbauabschnitt erstellt. Dies brachte hilfreiche Erkenntnisse im Umgang mit den Secondhand-Baumaterialien und für die Umsetzung der Baumaßnahmen. Alle Verbindungen wurden reversibel ausgeführt. Klar ablesbar ist, welches Teil neu hinzugefügt oder entnommen wurde. Diese Collage und die einfachen Fügungen geben so die Anleitung für spätere, nutzungsangepasste Veränderungen.

Frank Schönert von Hütten & Paläste unterstreicht das Konzept der langfristigen Anpassungsfähigkeit der U-Halle an wechselnde Nutzungsanforderungen. Ziel ist es, die U-Halle von einer »Immobilie zu einer Mobilie« zu transformieren. Nachdem Studien für unterschiedliche Folgenutzungen durchgeführt wurden, wird die Halle weiter auf etwa 6.500 Quadratmeter reduziert werden. Die Integration in den Landschaftsraum wird so fortgeführt. Das gastronomische Angebot und das Lapidarium – eine Sammlung von architektonischen Fragmenten – werden erhalten bleiben. Zukünftige Nutzer werden der Stadtjugendring und das Jugendkulturzentrum *forum Mannheim* sein. Für diese werden einige Hallenbereiche gedämmt. Schönert kann sich sogar vorstellen, dass die U-Halle in 50 Jahren wieder gewachsen sein und Energie erzeugen wird und ihre Nutzer in den Freiräumen auch Gemüse und Obst anbauen werden.

Ein Wermutstropfen bleibt: Die U-Halle ist das letzte Bauwerk, das auf dem ehemaligen Kasernenareal an dessen jahrzehntelange Nutzung und Geschichte erinnert. Der Vorbildcharakter der U-Halle muss sich dementsprechend noch weiter herumsprechen.

walls – with additional cladding to act as an external wall and provide protection from the weather – or as a lightweight, demountable construction using scaffolding components, a wooden substructure, and translucent polycarbonate web panels. In order to adapt the unused spaces to their respective functions, the office designed simple, inserted space cells. In this way, a large number of new room configurations were created with just a few simple interventions.

During the redesign, the U-Halle itself served as a source and storage for reusable building materials. What was dismantled, cut out or taken apart also played an important role in the new concept. Other components, such as doors and windows, came from neighbouring barracks buildings or from greenhouses built for the 1975 *Bundesgartenschau*. The City of Mannheim supported the design team in their search for additional components. A test construction phase was carried out with the contractors at the beginning of the project. This provided useful information on how to handle the used materials and how to carry out the construction work. All connections were designed to be reversible. It is easy to see which part has been added or removed. This collage and the simple connections thus provide instructions for later changes adapted to the use.

Frank Schönert of Hütten & Paläste emphasises the concept of the U-Halle's long-term adaptability to changing usage requirements. The aim is to transform the U-Halle from merely an inanimate building into a lively space. After studies have been carried out for various future uses, the hall will be further reduced to around 6,500 square metres. The integration into the landscape will be continued in this way. The catering facilities and the lapidarium – a collection of architectural fragments – will be retained. The future users will be the *Stadtjugendring* ('City Youth Council') and the *forum Mannheim* youth cultural centre. Some areas of the hall will be isolated for them. Schönert can even imagine that in 50 years' time the U-Halle will have grown again, producing energy, and its users will be cultivating fruit and vegetables in the open spaces.

One fly in the ointment remains: the U-Halle is the last building on the former barracks site that recalls its decades of use and history. Word of the U-Halle's exemplary character must therefore be spread further.

Ein offenes Café in der ehemals geschlossenen Halle.
An open café in the formerly closed hall.

Jahreszeitliche Änderungen werden zum Teil der Architektur.
Seasonal changes become part of the architecture.

Begrünung in der freigelegten Stahlbetonkonstruktion.
Vegetation in the exposed reinforced concrete structure.

KO/OK Architektur
Maschinenhalle Connewitz, Leipzig

Kritik **Gregor Harbusch**

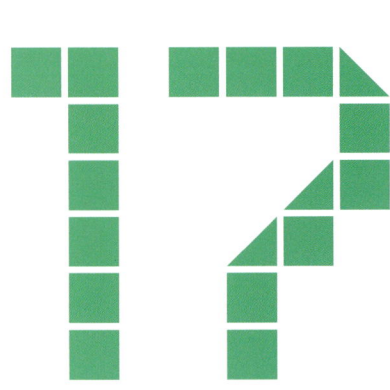

Architekten / Architects
KO/OK Architektur BDA
Bornaische Straße 53
04277 Leipzig
www.ko-ok.cc
info@ko-ok.cc

Bauherren / Clients
KO/OK Architektur BDA /
Stadtwerke Leipzig

Tragwerksplanung /
Structural engineering
TRAGFORM Ingenieure GmbH,
Stuttgart

Standort / Location
Bornaische Straße 53
04277 Leipzig

Fertigstellung / Completion
Dezember 2023

Fotografie / Photography
Sebastian Schels, München

Blick quer durch die neuen Raumschichten.
View through the new layers of space.

Zwischen 1908 und 1910 wurde im Leipziger Stadtteil Lößnitz das zweite städtische Elektrizitätswerk errichtet, um den Strombedarf der schnell wachsenden Stadt zu erfüllen. Die Gestaltung der Anlage lag beim Architekturbüro Händel & Franke. Zeitgleich mit der Kraftwerksanlage wurden nach den Entwürfen des Büros auch sechs weitgehend gleichartige Unterwerke gebaut, die den aus Braunkohle gewonnenen Strom an die Haushalte im gesamten Stadtgebiet verteilten. An der Bornaischen Straße 53 in Connewitz ist das Unterwerk Süden II erhalten.

Das Unterwerk steht prominent auf einem Eckgrundstück. Schräg dahinter befindet sich ein Wohnhaus, in dem einst Angestellte wohnten. Die eigentliche Ecke des Areals zwischen Wohnhaus und Unterwerk diente ursprünglich als Nutzgarten der Bediensteten und ihrer Familien. Zu Beginn der 2010er Jahre entstand hier ein kleines eingeschossiges Technikgebäude der Leipziger Stadtwerke. Trotzdem ist das in gelbem Klinker gehaltene denkmalgeschützte Gesamtensemble aus Wohnhaus und Unterwerk samt erhaltenem Zaun und Toreinfahrten an der offen gehaltenen Straßenecke bis heute als städtebaulich und architektonisch charmantes Zeugnis der Geschichte der Elektrifizierung lesbar.

Between 1908 and 1910, the second municipal power station was built in the Loessnitz district of Leipzig to meet the electricity needs of the rapidly growing city. The power station was designed by the architects Händel & Franke. At the same time as the power station, six largely similar substations were built to the firm's designs, which distributed the lignite- (brown coal) generated electricity to households throughout the city. The *Süden II* ('South II') substation at Bornaische Strasse 53 in Connewitz has been preserved.

The substation stands prominently on a corner plot. Behind it, at an angle, is a residential building that once housed employees. The actual corner of the site, between the residential building and the substation, was originally used as a kitchen garden for the employees and their families. At the beginning of the 2010s, a small, single-storey technical building – belonging to Leipzig's municipal utilities – was built here. Nevertheless, the listed ensemble of residential building and substation, with its yellow brick, preserved fence, and gates on the open street corner, can still be seen today as an urban and architectural testimony to the history of electrification.

Auffälligster Bauteil des Ensembles ist das fünfgeschossige Akkumulatorenhaus, das sich zur Bornaischen Straße hin als stolz aufragender städtischer Baukörper präsentiert. Direkt dahinter schließt die 260 Quadratmeter große und bis zu 8,5 Meter hohe Maschinenhalle an. Zusammen bildeten die beiden Bauteile und die darin untergebrachten Anlagen eine technische Einheit. Während das Akkumulatorenhaus schon länger neu genutzt wird, stand die Maschinenhalle viele Jahre leer.

2020 entdeckte Fabian Onneken – der den Leipziger Standort des 2016 gegründeten Büros KO/OK als Partner leitet und in der Nähe wohnt – die verwaiste Halle und entwickelte die Idee, hier Räume für das eigene Büro zu schaffen. Er wandte sich an die Stadtwerke Leipzig und verständigte sich mit diesen darauf, dass KO/OK honorarfrei eine Kostenberechnung und ein Sanierungskonzept erarbeiteten, auf deren Basis die Stadtwerke als Eigentümer über das weitere Vorgehen und die Vermietung der Halle an die Architekten verfügen könnten. Die Stadtwerke entschieden schließlich, die Außensanierung der Halle planerisch und finanziell selbst zu übernehmen, während sich KO/OK auf die denkmalgerechte und reversible Umnutzung des Inneren zu Atelier- und Büroräumen beschränkten. Das Architektenteam sah sich mit einer ganzen Reihe von Herausforderungen konfrontiert: Für die Denkmalschutzbehörde war es wichtig, dass der Hallencharakter erhalten bleibt. Außerdem durfte die originale Dachhülle nicht verändert werden, womit eine komplette Dämmung der gesamten Halle entfiel. Erschwerend kam hinzu, dass die anliegende Fernwärme nicht die Kapazitäten hat, um die gesamte Halle zu heizen. Da KO/OK nur Mieter sind, sollte das Umbauprojekt im überschaubaren Rahmen bleiben – nicht zuletzt in wirtschaftlicher Hinsicht.

Die Planer entschieden sich dazu, zwei identische Volumen aus Holz und Polycarbonat-Stegplatten in das linke und rechte Schiff der dreischiffigen Halle zu setzen, die sich respektvoll und gut proportioniert in den historischen Industriebau einfügen. Dass sie den Bestand nicht dominieren, liegt auch am provisorischen Charakter der leichten und hellen Konstruktion. Der zentrale, offen gehaltene Bereich zwischen den beiden Einbauten dient der Erschließung, nimmt eine Küche und einen großen Tisch auf, ist Treffpunkt und kann als Veranstaltungsort genutzt werden. Nur die beiden Einbauten sind (über eine Fußbodenheizung) beheizbar und somit ganzjährig intensiv nutzbar. Einer wird von KO/OK genutzt, der zweite ist extern vermietet.

The most striking part of the ensemble is the five-storey accumulator house, which stands proudly as an urban structure facing Bornaische Strasse. Directly behind it is the 260-square-metre machinery hall, which is up to 8.5 metres high. Together, the two parts of the building and the equipment they house form a single technical unit. While the accumulator house has been in use for some time, the machinery hall has been empty for many years.

In 2020, Fabian Onneken – partner and head of the Leipzig office of the firm KO/OK, founded in 2016, who also lives nearby – discovered the abandoned hall and developed the idea of creating space for his own office. He approached Leipzig's municipal utilities and agreed that KO/OK would prepare a cost calculation and renovation concept free of charge, on the basis of which the utilities, as the owner, could decide how to proceed and whether to rent the hall to the architects. The municipal utilities eventually decided to plan and finance the external renovation of the hall themselves, while KO/OK took on the reversible conversion of the interior into studio and office space, in accordance with the conservation order. The team of architects faced a number of challenges: the monument protection authority was keen that the character of the hall should be preserved. In addition, the original roof structure could not be altered, which meant that complete insulation of the entire hall was out of the question. To make matters worse, the adjacent district heating system did not have the capacity to heat the entire hall. As KO/OK are only tenants, the conversion project had to be kept within manageable limits, not least from an economic point of view.

In the left and right aisles of the three-naved hall, the architects decided to install two identical volumes made of wood and polycarbonate multi-wall panels, which blend respectfully and are well-proportioned within the historic industrial building. The fact that they do not dominate the existing structure is also due to the temporary nature of the light and airy structure. The central open space between the two buildings provides access, a kitchen and a large table, a meeting place, and a venue for events. Only the two buildings can be heated (via underfloor heating), allowing them to be used intensively throughout the year. One is used by KO/OK and the other is rented out.

Gebäudeecke im Osten.
Building corner in the east.

**Das Unterwerk Connewitz
von Nordosten gesehen.**
The Connewitz substation
seen from the north-east.

Eingang ...
Entrance ...

... und zentraler Gemeinschaftsbereich im Mittelschiff.
... and communal area in the central nave.

Die Konstruktion folgt den strukturellen Gegebenheiten des Bestandes und lehnt sich letztlich lediglich an diesen an. So orientieren sich etwa die Pfetten der beiden Einbauten an der horizontalen Teilung der hohen Fenster an den Längsseiten der Halle. Der untere rechteckige Teil der Fenster belüftet nun die neu geschaffenen Büroräume, das darüber liegende halbrunde Fenster den restlichen Hallenraum. Die beiden Fenster an der Stirnseite der Halle führten wiederum dazu, hier mit einer horizontalen Dachfläche zu arbeiten (was aus formalen Gründen auch am hinteren Ende der Halle erfolgte). Die Nutzer der Büroflächen erleben den Wechsel von schrägen Dachflächen und höheren Bereichen als räumliche Großzügigkeit.

Wert legten KO/OK auf eine simple, saubere Konstruktion und intelligente Detaillierung. Sinnfällig wird dies unter anderem an den beiden Längswänden der Einbauten, die innen als raumbildendes Regalsystem ausgebildet wurden. Neben den Balken kamen nur zwei Lattengrößen zum Einsatz. Balken und Stützen wurden verzapft, die Latten sichtbar verschraubt. Bei Lampen, Türen, Aufputzsteckdosen und -schaltern setzten die Architekten auf Standardware. Silbrig glänzende Gewächshausvorhänge in den beiden Büroeinheiten erlauben deren schnelle, temporäre Unterteilung.

Vieles wurde in Eigenleistung durch die Architekten umgesetzt. Material- und Handwerkerkosten des gesamten Einbaus beliefen sich deshalb auf lediglich 80.000 Euro. Das Projekt zeigt vorbildlich, wie ein historischer Hallenraum intelligent, reversibel, ohne Einsatz von viel Haustechnik und mit überschaubaren ökonomischen Mitteln umgenutzt werden kann.

The construction follows the structural conditions of the existing building, and ultimately only leans against them. For example, the purlins of the two structures are aligned with the horizontal division of the tall windows on the long sides of the hall. The rectangular lower part of the window now ventilates the newly created office space, while the semicircular window above it ventilates the rest of the hall. The two windows at the front of the hall led to the use of a horizontal roof surface here (which was also done at the rear of the hall for formal reasons). For the office users, the alternation of sloping roof surfaces and higher areas is experienced as spatial generosity.

KO/OK focused on keeping the design simple, clean, and smart to detail. This can be seen, for example, in the two long walls of the fixtures, which are designed on the inside as a space-creating shelving system. In addition to the beams, only two sizes of lath were used. Beams and columns were mortised and the battens visibly screwed into place. The architects used standard lights, doors, surface mounted sockets, and switches. The two office units can be quickly and temporarily partitioned using the shiny silver greenhouse curtains.

The architects did much of the work themselves. As a result, the cost of materials and labour for the entire conversion was only 80,000 euros. The project is a prime example of how a historic hall can be intelligently and reversibly converted without a lot of building services, and with a manageable budget.

Grundriss
Floor plan

Schnitte
Sections

Der Kopfbereich der Einbauten dockt
horizontal an die Kämpfer der Fenster an, ...
The top part of the fixtures docks horizontally
onto the transoms of the windows ...

... während der restliche Bereich ein Pultdach hat.
... while the remaining area has a pitched roof.

Atelier.
Studio.

Gewächshausvorhänge
dienen als Raumteiler.
Greenhouse curtains
serve as room dividers.

Max Otto Zitzelsberger
Lernhaus für Umweltbildung, Nabburg

Kritik **Andres Lepik**

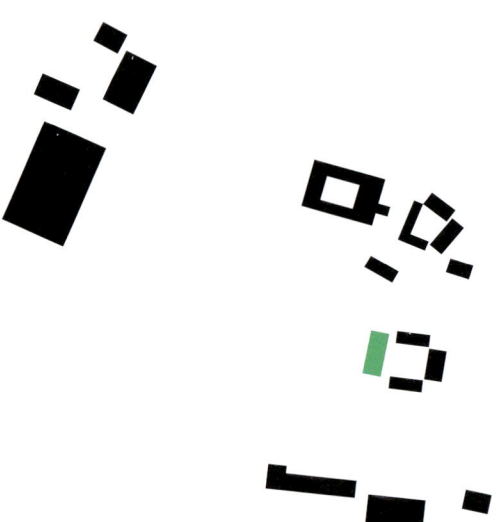

Architekten / Architects
Jun.-Prof. Max Otto Zitzelsberger
RPTU Kaiserslautern-Landau
Fachbereich Architektur
Fachgebiet Tektonik im Holzbau
Pfaffenbergstraße 95
67663 Kaiserslautern
www.maxottozitzelsberger.de
info@maxottozitzelsberger.de

Projektteam / Project team
Max Zitzelsberger, Initiator
Eugen Happacher, Initiator
Jonas Maczioschek, Initiator
Tobias Hammerl, Initiator /
Christian Wundsam, Initiator
Bettina Kraus, Initiatorin /
Anton Kraus, Initiator
Anton Götz, Initiator / fatuk RPTU
Kaiserslautern-Landau, Studierende

Bauherren / Clients
Freilandmuseum Oberpfalz vertreten
durch Tobias Hammerl, Nabburg

**Tragwerksplanung /
Structural engineering**
merz kley partner, Nürnberg

Brandschutz / Fire prevention
Ingenieurbüro Rinner GmbH,
Hebertsfelden

Standort / Location
Neusath 200
92507 Nabburg

Fertigstellung / Completion
Befindet sich im ständigen Weiterbau /
Under continuous construction

Fotografie / Photography
Sebastian Schels, München

Blick von Nordwesten auf das Lernhaus und die Anbauten.
North-west view of the Learning Centre and extensions.

Freilichtmuseen gehören in Deutschland zu den best-besuchten Kultureinrichtungen. Meist dienen sie der Vermittlung von historischer Baukultur im ländlichen Bereich, aber auch der Präsentation landwirtschaftlicher und handwerklicher Traditionen. Alte Bauernhöfe aus der jeweiligen Region werden dazu vor dem Abriss gerettet, abgebaut und an einem neuen Museumsstandort wiederaufgebaut. Innovative Architekturkonzepte sind in diesem speziellen Kontext kaum gefordert. Das Freilandmuseum Oberpfalz setzt mit seinem neuen Lernhaus dagegen ein in mehrfacher Hinsicht wichtiges Zeichen. Denn sein Leiter Tobias Hammerl hat sich auf ein architektonisches (und planerisches) Wagnis eingelassen: Ohne ein substanzielles Budget dafür zu haben, entschied er sich, ein neues Gebäude für Vermittlungsprogramme zu bauen, das heutigen Standards für barrierefreie Zugänglichkeit entspricht und dazu Unterkünfte für Gruppen bereitstellt. In der Mitte der historischen Hofanlagen sollte ein Bau entstehen, der nicht nur seinen Nutzern das Lernen ermöglicht, sondern auch zu einem Anlass für die Institution selbst sowie für ihre Freunde und Förderer wird, neue Prozesse zu lernen.

Open-air museums are among the most popular cultural institutions in Germany. They are usually dedicated to the historical building culture of rural areas, but also to agricultural and craft traditions. Old farms in the region are saved from demolition, dismantled, and rebuilt at a new museum site. Innovative architectural concepts are rarely required in this particular context. However, with its new learning centre, the Upper Palatinate Open-Air Museum sets an important example in many respects. Its director, Tobias Hammerl, has embarked on an architectural (and planning) adventure. Without a substantial budget, he decided to build a new facility for educational programmes that would meet today's standards for accessibility and also provide accommodation for groups. The aim was to create a building in the middle of the historic courtyard that would not only enable its users to learn, but would also become an opportunity for the institution and its friends and supporters to learn new processes.

Der Köstlerwenzel-Hof und das Lernhaus.
Köstler-Wenzel farm and Learning Centre.

Das Lernhaus schließt die offene Seite eines Vierkanthofs.
The Learning Centre closes the open side of a quadrangular farmhouse.

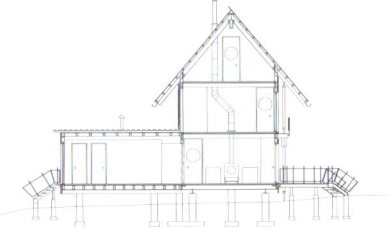

Querschnitt
Cross section

Blick von Nordosten.
View from north-east.

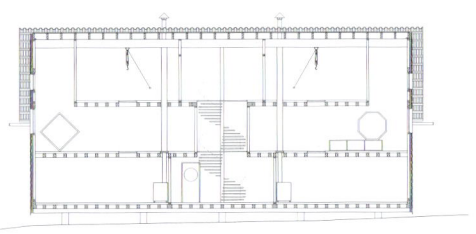

Längsschnitt
Longitudinal section

Die Idee für das Lernhaus ist aus einem glücklichen Zusammentreffen des Architekten Max Otto Zitzelsberger mit dem Leiter des Museums heraus geboren. Zitzelsberger hatte als Juniorprofessor an der Rheinland-Pfälzischen Technischen Universität in Kaiserslautern ein Forschungsprojekt zu Kleinhäusern begonnen und mit seinen Studierenden einen Workshop zu Bienenhäusern organisiert. Eher zufällig war er bei der Recherche mit Tobias Hammerl ins Gespräch gekommen, der ihm zunächst eine Ausstellung zu den fertigen Bienenhäusern in seinem Museum anbot und ihm dann die Frage stellte, ob der junge Architekt nicht auch an einem etwas größeren baulichen Projekt interessiert sei. Denn schon seit einiger Zeit hatte Hammerl die Idee, die Lücke an einem der historischen Vierkanthöfe, dessen vierte Seite wegen eines Brands (noch am originalen Ort) fehlte, mit einem Neubau zu schließen. Die bisherigen Vermittlungsräume, die hier einziehen sollten, waren im Obergeschoss eines anderen historischen Hofs untergebracht und nicht barrierefrei zu erreichen. Einen zusätzlichen Auslöser für die Entscheidung brachte der Hinweis eines der am Museum beschäftigten Forstwirte: Man könnte doch das notwendige Holz für einen solchen Neubau den eigenen Waldbeständen entnehmen. Nach der Pandemie waren die Holzpreise extrem gestiegen, so dass sich daraus rasch die Idee formte, das Neubauprojekt komplett aus dem kostenfrei zur Verfügung stehenden Material heraus zu planen. Das vorhandene Holz von Fichten und Kiefern war aber begrenzt, das konstruktive System musste sich danach ausrichten. Zitzelsberger, der vor Aufnahme seiner Tätigkeit in Kaiserslautern bei Florian Nagler, dem bekannten Experten für Holzbau, an der Technischen Universität München assistiert hatte, konnte viel Erfahrung einbringen und durch einen forschungsbasierten Ansatz neue Wege beschreiten.

So wurde das bauliche und konstruktive Konzept in enger Kooperation mit den Schreinern und Zimmerleuten des Museums ausgearbeitet und umgesetzt. Aber es beteiligten sich auch Studierende der RPTU Kaiserslautern-Landau, Jugendbauhütten, Schulen und andere Firmen und Organisationen aus der Region. Und da das gesamte Projekt sehr stark auf dem Prinzip von Partizipation basierte, kam es dazu, dass man für den Bau keinen verbindlichen Zeitplan entwickelte, der zu einem finalen Eröffnungsdatum führte. Alle Bauphasen wurden nach den vorhandenen Ressourcen ausgerichtet. Dies bedeutet, dass das Lernhaus 2024 zwar mit seinen Seminarräumen bereits aktiv in Betrieb ist, aber das Obergeschoss mit den Schlafräumen und der barrierefreie Anbau auf der Rückseite noch auf den Ausbau warten. Und auch der Einbau der Fenster fehlt, weil die dafür initiierte Crowdsourcing-Kampagne noch nicht abgeschlossen ist.

The idea for the Learning Centre arose from a fortunate encounter between the architect Max Otto Zitzelsberger and the director of the museum. Zitzelsberger, a junior professor at Rhineland-Palatinate Technical University in Kaiserslautern, had begun a research project on small houses, and organised a workshop on bee houses with his students. In the course of his research, he came into contact with Tobias Hammerl, who first offered him an exhibition at his museum, and then asked if the young architect would be interested in a larger building project. For some time, Hammerl had been thinking about filling the gap left by a fire that destroyed the fourth side of one of the historic quadrangular farmhouses (still in its original location) with a new building. The previous mediation rooms, which were to be moved here, were located on the upper floor of another historic farmhouse and were not accessible. The decision was also prompted by a suggestion from one of the museum's foresters: 'why not take the timber for such a new building from the museum's own forest?' After the pandemic, the price of timber had risen dramatically, so the idea of building the new structure entirely from free material was quickly put forward. However, there was only a limited amount of spruce and pine available, so the construction system had to be based on these. Zitzelsberger, who had assisted Florian Nagler – the renowned timber construction expert at the Technical University of Munich – before taking up his post in Kaiserslautern, was able to bring a wealth of experience to the project and break new ground with a research-based approach.

The structural and construction concept was developed and implemented in close collaboration with the museum's carpenters and joiners. Students from the RPTU Kaiserslautern-Landau, youth construction groups, schools, other companies, and organisations from the region were also involved. Due to the whole project being based on the principle of participation, there was no binding timetable for construction that would have led to a specific opening date. All phases of construction were adapted to the resources available. This means that although the seminar rooms of the Learning Centre 2024 are already in active use, the upper floor with the bedrooms and the accessible extension at the rear are still to be completed. The windows have not yet been installed either, as the crowd-sourcing campaign for them has not yet finished. A temporary covering of climate curtains on the inside will soon allow the shell to be used in the interim. The central staircase is being designed and built by students from the Nabburg Vocational School.

Ein temporäres Kleid aus Klimavorhängen im Inneren wird bald eine Nutzung des Rohbaus in den Übergangszeiten ermöglichen. Die zentrale Treppe wird von Schülern der Berufsschule Nabburg entwickelt und gebaut. Alle diese ungewöhnlichen Prozesse mussten von den lokalen Baubehörden abgesegnet werden: Auch das entwickelte sich zu einer weiteren, für alle Seiten produktiven Lernerfahrung. Es zeugt von einem hochproduktiven Austausch zwischen allen Parteien und an erster Stelle vom persönlichen Einsatz von Tobias Hammerl, dass dieses ungewöhnliche Konzept erfolgreich auf den Weg gebracht werden konnte.

Im heutigen Stadium zeigt sich das Lernhaus als ein gut proportionierter Holzständerbau, der auf wenigen Betonhälsen ruht. Durch seine Distanz zum Boden und die leicht abgerückte Position vom ursprünglichen Vierkanthof tritt er damit weder imitativ noch konfrontativ auf. In seiner Konstruktion führt er die aus dem Material heraus entwickelten Traditionen fort, die man an den Höfen der Umgebung studieren kann, und in seiner Umkleidung aus industriell gefertigter Plattenware ist zugleich ein offenes Bekenntnis zur Gegenwart erkennbar.

Das Lernhaus präsentiert in seiner Konstruktion und seinem Konzept eine selbstbewusste Haltung, die den Respekt vor der Geschichte – als Teil des Leitbilds für das Freilichtmuseum – als Auftrag versteht, angemessene Lösungen für die regionalen, ökonomischen und ökologischen Bedingungen unserer Gegenwart zu finden. Durch den offenen Prozess, der sowohl im Material, aber auch in den Arbeitsteilungen von den lokalen Ressourcen her gedacht ist, repräsentiert das Lernhaus am Ende ganz vorbildhaft das übergeordnete Ziel des Freilandmuseums: die Umweltbildung. An der staatlich anerkannten Umweltstation können die jährlich über 60.000 Besucher aus der Region künftig im Lernhaus erfahren, wie nachhaltige Konzepte des Bauens in der Zukunft entwickelt werden können.

All these unusual procedures had to be approved by the local building authorities. This too turned out to be a productive learning experience for all concerned. The fact that this unusual concept was successfully launched is testament to the highly productive exchange between all parties and, above all, to the personal commitment of Tobias Hammerl.

At this stage, the Learning Centre appears as a well-proportioned timber-framed structure resting on a few concrete 'necks' (pile foundations). Due to its distance from the ground and its slightly offset position from the original quadrangular farmhouse, it appears neither imitative nor confrontational. In its construction it continues the traditions developed from the material that can be studied in the courtyards of the area, and in its cladding of industrially manufactured panels, it is at the same time an open statement of faith in the present.

The design and concept of the Learning Centre demonstrate a self-confident attitude that understands respect for history – part of the Open Air Museum's mission statement – as a mandate to find appropriate solutions for the regional, economic, and ecological conditions of our present. The open process, based on local resources both in terms of the materials used and the division of labour, ultimately allows the Learning Centre to serve as a prime example of the Open Air Museum's overarching goal: environmental education. At this state-approved environmental station, more than 60,000 visitors from the region each year will be able to learn how sustainable building concepts can be developed in the future.

Blick durch den langen Anbau.
View through the long extension.

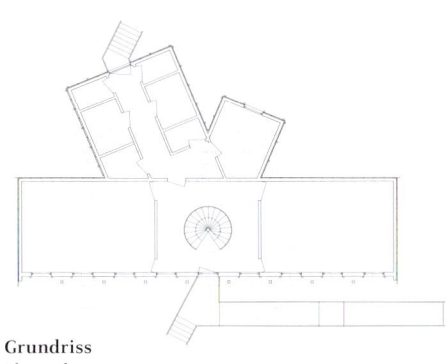

Grundriss
Floor plan

Blick auf den kurzen Anbau.
View of the short extension.

Punktfundamente heben den Bau leicht vom Boden ab.
Pile foundations raise the building slightly off the ground.

Peter Grundmann Architekten
Haus Fügener, Neukieritzsch

Kritik **Yorck Förster, Christina Gräwe**

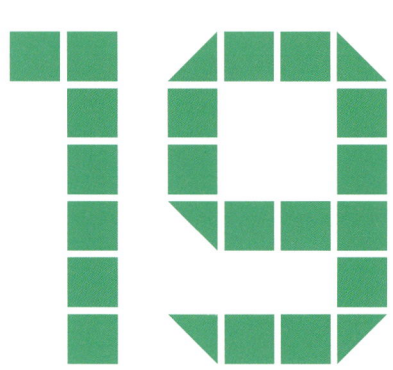
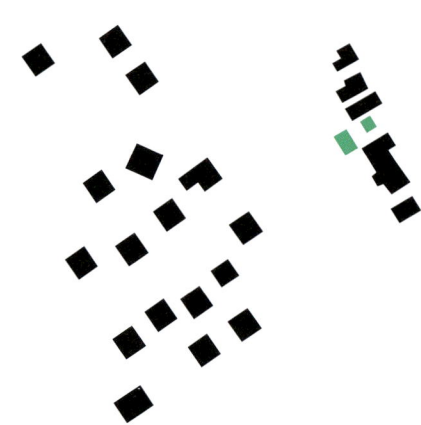

Architekten / Architects
Peter Grundmann Architekten
Hochstraße 33
13357 Berlin
www.petergrundmann.com
petergrundmann@gmx.info

Projektteam / Project team
Peter Grundmann, Architekt

**Tragwerksplanung /
Structural engineering**
Dipl.-Ing. Gerald Senckpiel, Wolde

**Heizung, Sanitär, Haustechnik /
Plumbing, heating, building
services engineering**
Christ & Wirth Haustechnik GmbH,
Zwenkau

Elektro / Electrical engineering
Elektro-Anlagen Kügler, Borna

Brandschutz / Fire prevention
Peter Grundmann, Berlin

Fassadenplanung / Façade planning
Peter Grundmann, Berlin

**Bauphysik, Akustik /
Building physics, acoustics**
Dipl.-Ing. Gerald Senckpiel, Wolde

**Landschaftsarchitektur /
Landscape architecture**
Peter Grundmann, Berlin

**Lichtplanung, Innenarchitektur /
Lighting design, interior design**
Peter Grundmann, Berlin

Standort / Location
Hainer Seeblick 6
04575 Neukieritzsch Kahnsdorf

Fertigstellung / Completion
November 2023

Fotografie / Photography
Peter Grundmann, Berlin

Uferbebauung am Hainer See.
Shoreline development at Hainer See lake.

Der kleine Straßenbau.
The small structure on the street.

Rund um Leipzig ist durch die Stilllegung der Braun-
kohletagebaue seit den 1990er Jahren das »Neuseenland« entstanden. 2010 war die Flutung der Grube des
knapp 600 Hektar großen Hainer Sees abgeschlossen.
Seither hat sich dort – nur rund 30 Kilometer südlich
vom Leipziger Zentrum – an der »Lagune Kahnsdorf«
ein Art Seebad im Binnenland entwickelt. Familien
verbringen hier die Sommerfrische, der nicht zu
große See lässt sich gemeinsam umwandern oder
mit dem Fahrrad umrunden, es gibt Alpaka-Touren
und Quad-Ausfahrten. Eine Marina mit Bootshafen,
Tretbootverleih und Gastronomie ist entstanden.
Über das Wasser bläst der Wind kraftvoll genug
zum Segeln oder Kite-Surfen und erzeugt dazu
einen kleinen, schwappenden, entfernt an das Meer
erinnernden Wellengang.

Entlang des Uferstreifens wurden Grundstücksparzel-
len für die Bebauung ausgewiesen. Allesamt sind die
Parzellen 36 Meter tief, die eine Hälfte davon ist land-
seitig, die andere Wasserfläche; die Breite aber variiert.
Die permanent und temporär genutzten Wohngebäude,
die in den vergangen Jahren dort dicht an dicht gebaut

The closure of the lignite (brown coal) mines around
Leipzig in the 1990s created the *Neuseenland* ('New Lake
Country'). In 2010, the flooding of the almost 600-hectare
Hainer See pit was completed. Since then, the *Lagune
Kahnsdorf* ('Kahnsdorf Lagoon') – just 30 kilometres
south of the centre of Leipzig – has become a kind of
inland seaside resort. Families spend their summer holi-
days here, and there are walks and cycle rides around the
small lake, as well as alpaca and quad tours. A marina
has been built with a boat harbour, pedal boat hire, and
catering facilities. The wind blows strong enough for
sailing and kitesurfing, and also creates a small, sloshing
swell that is vaguely reminiscent of the sea.

Plots of land have been earmarked for development along
the shoreline. All the plots are 36 metres deep, half land
and half water, but the width varies. The permanent
and temporary dwellings that have been built here in recent years seem to be a variation on the same phenotype:

wurden, erscheinen als eine Variation des gleichen Phänotyps – mehr oder weniger geschlossene weiße Kuben am Wasser mit baumarktgrauen Kontrast-applikationen: Flechtzäune, Schottergabionen, davor gepflasterte Parkplätze. Eine gewisse sommerschwere Monotonie bestimmt das Straßenbild. Auch das Haus Fügener reiht sich auf den ersten Blick in die aufge-räumte Ruhe am See ein. Es ist sehr schmal; das kleine Grundstück misst grade einmal zehn Meter entlang der Straße. Diese Breite nimmt der bis auf einen mit Holz-planken belegten Parkstreifen an den Gehweg gerückte eingeschossige straßenseitige Bau ein. Die Erscheinung ist reichlich unspektakulär: an den Seiten Betonwände, an der Straßenfront milchiges Glas, ein Falttor aus Faserzement und, als neue Adaption durch die Bewoh-ner, eine hölzerne Lamellenkonstruktion.

Erst dahinter beginnt die überraschende Komplexität des Hauses – oder besser der Bauteile. Statt einen Bau-körper zu entwickeln, der auf Straßenniveau – oder wegen der Hanglage von einem tiefer gelegenen Gar-tenhof aus – betreten wird und sich dann zur See-Ebene öffnet, ist das Gebäude in drei ästhetisch und konstruktiv eigenständige Bereiche zergliedert. Der einfachste Teil ist das erwähnte Straßenhaus mit der Eingangsdiele, einer kleinen Sanitäreinheit, einem Technikraum, einem Arbeitszimmer und der Garagen-werkstatt. Aufgrund der Hanglage ist der Quader auf sechs Pfählen gegründet; darauf ruht als Tragstruktur ein Rost aus Stahlträgern. Der Baukörper ist so zwar nicht unterkellert, bildet aber selbst einen geschützten (und gut genutzten) Unterstand.

Über der Wasserfläche wiederum entwickelt sich ein mit drei Geschossen fast turmartig wirkender Bau. Auch er ist auf – in diesem Fall vier – Pfählen gegrün-det, die 15 Meter tief in den Seegrund reichen. Die un-terste Ebene ist der Wohn-Essbereich mit Seeterrasse. Von dort geht es noch etwas weiter hinab zum Wasser auf den Bootssteg. In den oberen Etagen gibt es einen Schlafbereich mit Bad und ganz obenauf, gewisserma-ßen als Belvedere, einen eingerückten Atelierraum.

more or less closed white cubes on the waterfront, con-trasting with the grey of the DIY store – wattle fences, gravel gabions, and paved car parks – in front of them. The streetscape is characterised by a certain summer monotony. At first glance, the Fügener House also seems to blend into the tidy calm of the lake. It is very narrow; the small plot measures just 10 metres along the road. The single-storey building on the road side takes up this width, with a parking strip covered with wooden planks right up to the pavement. The appearance is un-spectacular: concrete walls on the sides, frosted glass on the street front, a folding door made of fibre cement and, as a new adaptation by the residents, a wooden lamella construction.

It is only behind this that the surprising complexity of the house – or rather its components – begins. Instead of developing a structure that is entered at street level – or, due to the hillside location, from a lower garden court-yard – and then opens up to lake level, the building is divided into three aesthetically and structurally inde-pendent areas. The simplest part is the aforementioned street house with an entrance hall, a small bathroom, a technical room, a study, and a garage workshop. Due to the hillside location, the cuboid is built on six piles, with a steel girder grid serving as the load-bearing structure. Although the structure has no basement, it provides a protected (and well-used) shelter.

A three-storey building, almost a tower, rises above the water. It is also built on – in this case four – piles, which are extend 15 meters into the lake bed. The lowest level is the living and dining area with a lakeside terrace. From there it continues down to the water's edge at the jetty. On the upper floors there is a sleeping area with a bathroom, and on the top floor there is a studio, which is recessed to form a kind of belvedere.

Blick aus dem Wohn-Essbereich im Erd-geschoss auf den See. View of the lake from the ground floor lounge-dining area.

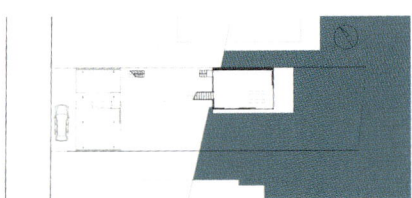

Grundriss Erdgeschoss
Ground floor plan

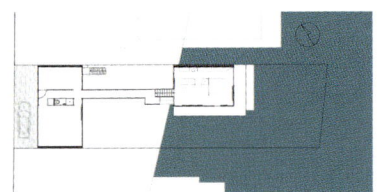

Grundriss Obergeschoss
Upper floor plan

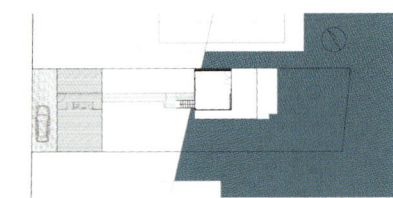

Grundriss Dachgeschoss
Top floor plan

Der turmartige Bau am
See. Inzwischen wurde ein
Steg ergänzt.
The tower-like structure
on the lake. A jetty has since
been added.

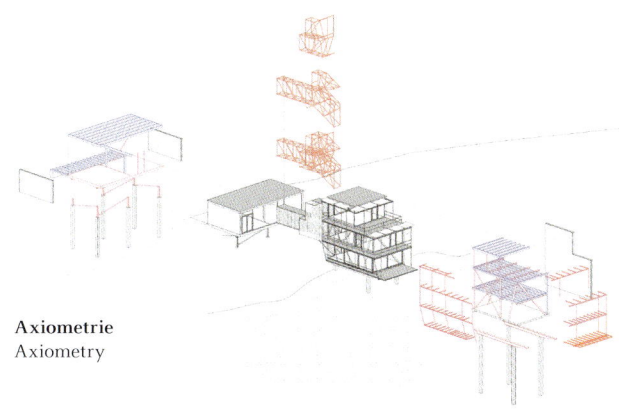

Axiometrie
Axiometry

Panorama-Deck im Dachgeschoss.
Panoramic roof deck on the top floor.

Der transluzente Treppenbau dockt an das Haupthaus an.
The translucent staircase leads to the main building.

**Blick durch den
Verbindungsbau.**
View through the
connecting structure.

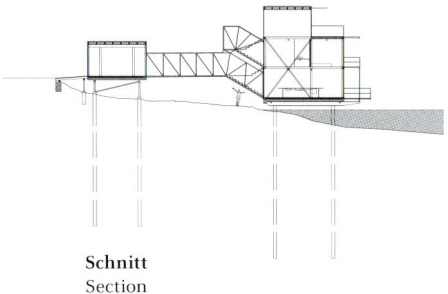

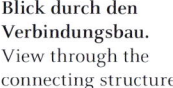

Schnitt
Section

Im Gegensatz zum kompakt wirkenden Volumen des Straßenhauses ist der schlanke Turm über dem Wasser filigran aufgegliedert. Nur eine Betonwand mit Kerndämmung im Norden, als Brandwand zum Nachbargebäude, ist geschlossen. Ansonsten ist er eine raumhoch verglaste Stahlstruktur mit umlaufenden offenen Galerien und Terrassen. Der Tragwerksaufbau ist keineswegs banal: Die in den See ragende südöstliche Ecke des Turms hat keinen Pfosten; stattdessen werden die Lasten dort über zwei vom Bodenrost aus v-förmig in der dritten Ebene zusammenlaufende Diagonalstreben aufgenommen. Entsprechend lässt sich die Raumecke mit Schiebetüren nach zwei Seiten weit öffnen.

Zwischen beiden Baukörpern vermittelt ein in Polycarbonat-Stegplatten gehüllter, elf Meter langer brückenartiger Treppenbau. Durch seine Länge und die transluzente, aber eben nicht transparente Hülle erhält er einen ganz eigenen Charakter. Dazu kommt auch hier die konstruktive Finesse. Die Struktur besteht aus Stahlrohren, die je nach ihrer Belastung dimensioniert sind – insgesamt hat die Brücke 22 verschiedene Rohrdurchmesser.

Ist die dreifache Zergliederung der Funktionen im Haus manieriert? Zuallererst ist es ein Haus, das der Lebenspraxis der beiden Bewohner entspricht, die sich das Gebäude durch ein originelles Weiterbauen angeeignet haben. Die Funktionen aber sind nicht einfach nebeneinander, sondern räumlich zueinander versetzt angeordnet. In Beziehung gebracht werden die Teile durch den Brückenbau, der eine gewisse Ortlosigkeit hat. Es ist kein einfacher Wechsel vom Arbeits- in den Wohnbereich, sondern ein Weg, der zwischen den getrennten Sphären zurückgelegt werden muss – eigentlich ein Motiv aus dem Sakralbau. Es ist auch ein Weg von oben nach unten, vom Arbeitszimmer oder von der Werkstatt sowie dem Atelier als obersten Raum im Seehaus hinunter zum Wohn-/Küchen-/Essbereich und später wieder hinauf in die Schlafebene. Die Bewegung im Haus ist ein permanentes Hinüber und Herunter und Herauf. Barrierearm ist das nicht, dafür aber erfrischend komplex. Diese Funktion der Brücke als Vermittlungsraum wird im Winter auch körperlich spürbar: Sie ist zwar isoliert, aber ohne eigene Heizung. Dicke Filzvorhänge bilden dann den thermischen Abschluss an den Übergängen. Die beiden Häuser dagegen haben eine von einer Luftwärmepumpe gespeiste Fußbodenheizung.

Diese so provisorisch daherkommende konstruktive Leichtigkeit und die lockere Reinterpretation des Raumgefüges sind es, die das Haus von der übrigen Bebauung entlang des Sees abheben. Mit aufgespannten Sonnensegeln entlang der holzbeplankten Galerien zum Wasser hat das Haus Fügener etwas von einem wendigen Freibeuterschiff zwischen trägen, schweren Galeonen am Ufer des Hainer Sees.

In contrast to the compact volume of the house at street level, the slender tower above the water is delicately structured. Only a concrete wall with core insulation to the north, as a fire barrier to the neighbouring building, is closed. Otherwise, it is a floor-to-ceiling glazed steel structure with open galleries and terraces all around. The load-bearing structure is anything but ordinary. The south-east corner of the tower, which juts out into the lake, has no mullions; instead, the loads there are taken up by two diagonal struts that converge in a V-shape from the floor grid at the third level. As a result, the corner of the room can be opened wide with sliding doors on two sides.

An 11-metre-long bridge-like staircase, clad in polycarbonate twin-wall sheets, connects the two structures. Its length, and translucent but not transparent skin, give it a very unique character. Added to this is the structural finesse. The structure is made of steel tubes that are dimensioned according to their load – in total, the bridge has 22 different tube diameters.

Is the tripartite division of the house's functions artificial? First of all, it is a house that corresponds to the living practices of the two inhabitants – who have appropriated the building through an original process of further construction. However, the functions are not simply juxtaposed, but spatially offset. The parts are related by the bridge construction, which has a certain placelessness. It is not a simple transition from the working area to the living area, but rather a path that must be travelled between the separate spheres – actually a motif from sacred architecture. It is also a path from top to bottom, from the study or workshop and studio, as the uppermost room in the lakeside house, down to the living/kitchen/dining area, and later back up to the sleeping level. Moving around the house means constantly going up and down and back and forth. It is not barrier-free, but it is refreshingly complex. This function of the bridge as a connecting space can also be felt physically in winter: although it is insulated, it has no heating of its own. Thick felt curtains provide thermal insulation at the transitions. The two houses, on the other hand, have underfloor heating fed by an air-source heat pump.

It is the seemingly provisional structural lightness and the relaxed reinterpretation of the spatial structure that set the house apart from the other buildings along the lake. With awnings stretched along the wooden galleries to the water, Fügener House resembles an agile privateer ship among the sluggish, heavy galleons on the shores of Hainer See lake.

Schrammel Architekten Stadtplaner
Sanierung und Erweiterung Zentralbibliothek, Mönchengladbach

Kritik **Oliver Elser**

Architekten / Architects
Schrammel Architektur Stadtplanung
GmbH & Co. KG
Zeuggasse 7
86150 Augsburg
www.schrammel-architekten.de
info@schrammel-architekten.de

Projektteam / Project team
Stefan Schrammel, Büroinhaber,
Projektleiter
Günter Bauer, Stv. Projektleiter
Diana Tauber, Innenarchitektin
Anna Lukas, Mitarbeit

Bauherren / Clients
Stadt Mönchengladbach

**Projektsteuerung /
Project management**
Schüßler-Plan Ingenieurgesellschaft
mbH, Düsseldorf

**Tragwerksplanung /
Structural engineering**
R&P Ruffert Ingenieurgesellschaft
mbH, Düsseldorf

**Haustechnik / Building
services engineering**
Küppers Ingenieure GmbH & Co. KG,
Mönchengladbach

Lichtplanung / Lighting design
Bartenbach GmbH, Aldrans

**Landschaftsarchitektur /
Landscape architecture**
Aalto Architekten, Augsburg

Standort / Location
Blücherstraße 6
41061 Mönchengladbach

Fertigstellung / Completion
April 2023

Fotografie / Photography
Julia Schambeck, München
Schrammel Architekten (S. 164)

Südfassade mit Parkplatz vor dem Umbau.
South façade with car park before the renovation.

Südfassade mit der Brücke über den neuen Tiefhof.
South façade with the bridge over the new atrium.

Da fehle doch jetzt nur noch ein Platz zum Schlafen, meint die 20-jährige Tochter, die zum Besichtigungstermin mitgekommen ist. Denn sonst gebe es ja hier wirklich nichts, was es nicht gibt. Besonders begeistert sie das Foodsharing: In einem Kühlschrank und einem offenen Regal lagern Lebensmittel, die jemand gern abgeben möchte. Die Möhren sehen noch frisch aus. Direkt daneben befindet sich die »Bibliothek der Dinge«, wo Werkzeuge aller Art zu finden sind, wie etwa eine Bohrmaschine, heiß begehrt beim Einzug in eine neue Studierenden-WG.

Bibliotheken waren historisch gesehen nie bloße Wissensspeicher. Sondern immer auch Orte zum Zeitvertrödeln, um Leute zu treffen oder mit Unbekannten zu flirten. Damit diese sozialen Komponenten einer Bibliothek als Stadtteilzentrum optimal aktiviert werden können, braucht es nicht nur entsprechende Angebote in ansprechend gestalteten Räumen. Sondern vor allem erst einmal sehr viel Platz. Daher bestand die Herausforderung für das Architekturbüro Schrammel aus Augsburg darin, den Platz der Bücher und anderer Medien beim Umbau der Stadtbibliothek Mönchengladbach mehr als zu verdreifachen.

'All that's missing now is a place to sleep,' said the 20-year-old daughter, who came along for the visit. Otherwise, there's nothing here that doesn't exist. She was particularly enthusiastic about the food sharing: a fridge and an open shelf are filled with food that people want to give away. The carrots still look fresh. Next to it is the 'library of things', where you can find tools of all kinds, such as a drill – in great demand when moving into a new student flat.

Throughout history, libraries have never been just repositories of knowledge. They have always been places to pass the time, to meet people, or to flirt with strangers. To optimise these social components of a library as a neighbourhood centre, it needs not only appropriate services in attractively designed rooms, but above all a lot of space. The challenge for Augsburg-based architectural firm Schrammel was to more than triple the space available for books and other media when it redesigned Mönchengladbach City Library.

Haupteingang mit rekonstruierter Fliesenfassade.
Main entrance with restored tile façade.

Das Atrium links vom Foyer.
The atrium to the left of the foyer.

Blick vom Atrium durch das Foyer Richtung Osten.
View from the atrium through the foyer towards the east.

Der neue Tiefhof vor der Südfassade.
The new atrium in front of the south façade.

Das Bestandsgebäude wurde 1964 eröffnet. Der Architekt Fridolin Hallauer (1921–1997) hatte ein Ensemble entworfen, das geradezu prototypisch für die Baukultur jener Zeit war: ein sorgfältig aus Bauteilen mit unterschiedlichen Charakteren und entsprechend verschieden gestalteten Fassaden komponiertes Zusammentreffen von Quadern, arrangiert um einen offenen Innenhof, das Atrium. Seit 2013 steht das Gebäude unter Denkmalschutz. Ungewöhnlich ist der alles überragende, weitgehend fensterlose Archivturm mit seinem Gitterornament aus Fliesen. Hier sind die im Vergleich mit anderen Stadtbüchereien sehr großen Archivbestände untergebracht, so unter anderem die Bibliothek des früheren Volksvereins für das katholische Deutschland (1892–1933).

Das Atrium wurde bei dem 2020 begonnenen Umbau überdacht und dient zusammen mit dem alten Foyer nun als taghelle neue Empfangshalle. Hier wird die Sensibilität des Architektenteams sichtbar. Was zuvor Außenfassade war, befindet sich nun im Inneren und kann als Relikt einer vergangenen Zeit vorgeführt werden, ohne die Überformung durch neue technisch-klimatische Anforderungen durchleiden zu müssen. Vor wenigen Jahren noch wären die Fliesenwand mit den natursteingefassten Fenstern oder die abstrakten Ätzglas-Flächen zwischen Alu-Profilen wohl vermutlich zu Tode saniert worden. Zum Glück wird Patina mittlerweile akzeptiert.

Vom Haupteingang aus betrachtet, sind die nach oben und unten führenden Treppen nicht auf den ersten Blick sichtbar. Das resultiert aus der Verdreifachung der Lesefläche. Die Treppenläufe hinter der Betonornamentwand am Ende des alten Foyers dienten früher lediglich der internen Zirkulation. Ursprünglich befanden sich die Bücherregale nur auf einer einzigen Ebene, im Eingangsgeschoss rechts vom Foyer. Darüber lagen die Büros, darunter der Keller. Die Treppe nach oben nutzten Besucher nur, um in den Vortragssaal zu gelangen, der sich nach außen als ein mit hellblauen Fliesen verkleidetes Volumen über dem Eingang zeigt.

The existing building was inaugurated in 1964. The architect, Fridolin Hallauer (1921–1997), had designed an ensemble that was almost prototypical for the building culture of the time. It was a carefully composed meeting of cuboids arranged around an open courtyard; the atrium, made up of components with different characters and correspondingly different façades. The building was listed in 2013. An unusual feature is the largely windowless archive tower with its lattice ornament made of tiles. It overlooks the rest of the building and houses the archives, which are very large compared to other city libraries, including the library of the former *Volksverein für das katholische Deutschland* ('People's Association for Catholic Germany') (1892–1933).

The atrium was roofed over during the refurbishment, which began in 2020, and together with the old foyer now serves as a new, bright reception hall. The sensitivity of the architectural team is evident here. What used to be the exterior façade is now inside and can be presented as a relic of a bygone era, without having to suffer the effects of being reshaped by new technical and climatic requirements. A few years ago, a tiled wall with natural stone framed windows or abstract etched glass panels between aluminium profiles would probably have been over-renovated to death. Fortunately, patina is now accepted.

Viewed from the main entrance, the stairs leading up and down are not immediately visible. This is due to the tripling of the reading area. The stairs behind the decorative concrete wall at the end of the old foyer were previously used only for internal circulation. Originally, the bookshelves were only on one level: on the entrance floor to the right of the foyer. Above were the offices, below the basement. The staircase leading up was only used by visitors to the lecture theatre above the entrance, which appears as a volume clad in light blue tiles.

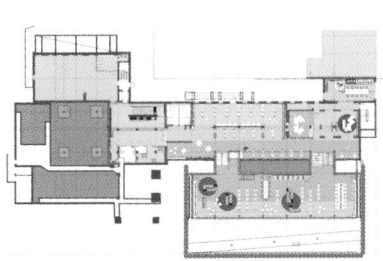

Grundriss Untergeschoss
Basement floor plan

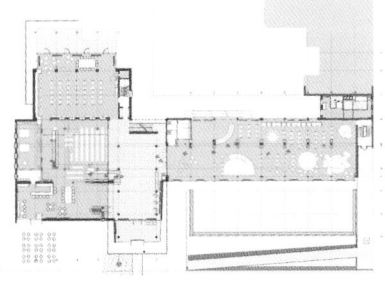

Grundriss Erdgeschoss
Ground floor plan

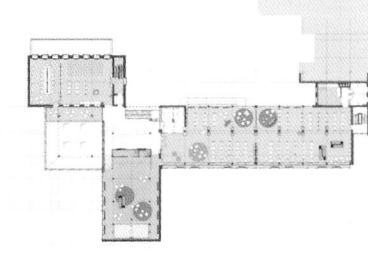

Grundriss Obergeschoss
Upper floor plan

Schnitt
Section

Werkstatt im Untergeschoss. An der Decke ein Liegenetz.
Workshop in the basement.
A net for reclining on the ceiling.

In der Kinderbibliothek schaffen Vorhänge Rückzugsorte.
In the children's library, curtains create places of refuge.

Übergang vom Bestand in den Neubau im Untergeschoss.
Transition from the existing building to the new building in the basement.

Der ehemalige Keller beherbergt jetzt (auf die doppelte Fläche vergrößert) die Jugendbibliothek. Licht kommt über einen breiten Graben hinein, der als Tiefhof dem Ensemble neu hinzugefügt wurde. Er ist, zur Straße hin, die auffälligste Veränderung des Denkmals. Um den Eindruck eines trennenden Grabens gleich im Keim zu ersticken, überspannt nun eine filigrane Stahlbrücke den neuen Einschnitt. Von unten gesehen ist ein echter Laufsteg entstanden, wo die auf- und abtretenden Besucher ihr Erscheinen bisweilen showreif zu zelebrieren wissen. Wer nach unten gelangt ist, steht unter der Brücke vor einer schlierig schillernden Spiegelwand. Es sind Gesten wie diese, mit denen ein imaginärer *handshake* zwischen der Baukultur der 1960er und der der 2020er Jahre stattfindet: Die 1960er waren voller Lust an Ornamenten, und der Umbau nimmt diese Freude auf, um sie in die Materialsprache der Gegenwart zu transformieren. Die Spiegelwand im Lichthof ist das augenfälligste Beispiel; subtiler sind polierte Metallflächen an der Decke der Jugendbibliothek oder die feinen Abstufungen des grau-blauen Farbspektrums an den Stützen in den klassischen Lesebereichen.

Doch was ist an dieser Bibliothek überhaupt »klassisch« zu nennen? Im ehemaligen Lesesaal mit seiner Holztäfelung und den historischen Wanduhren, die selbstbewusst die Ortszeiten in New York, Rio, Tokio und Mönchengladbach anzeigen, befindet sich jetzt das »Maker-Lab«, eine Werkstatt mit Textilschwerpunkt. Der Vortragssaal wurde zum Lese-Rückzugsbereich geöffnet. Es gibt Heimkino-Angebote, die mit schallschluckenden Vorhängen abgetrennt werden können, interaktive Lernmedienwände, Gaming-Zimmer, 3D-Drucker, ein Gestell, um dank einer VR-Brille wie Superman liegend durch virtuelle Landschaften fliegen zu können – und noch vieles mehr. Das alles ist sogar an Sonntagen geöffnet, werktags von 10 bis 22 Uhr. Der neue Leiter der Bibliothek, Yilmaz Holtz-Ersahin, hat das Projekt von seiner Vorgängerin Brigitte Behrendt übernommen, die für das anspruchsvolle Konzept einer »Bibliothek der Zukunft« verantwortlich war. Er sagt, dass es 62 Prozent mehr Besuche als vor dem Umbau gebe. Der einzige kleine Wermutstropfen sei aus seiner Sicht, dass durch die Umwandlung aller internen Büroflächen in Lesebereiche nun viele Mitarbeitende in ein nahe gelegenes Bürogebäude ›ausgelagert‹ worden seien. Das sorge für weitere Wege – aber ansonsten sei er hoch zufrieden.

The former cellar now houses the youth library (which has been doubled in size). Light enters through a wide trench, a new atrium added to the ensemble. It is the most striking change to the monument on the street side. To avoid the impression of a dividing trench, a filigree steel bridge now spans the new cut. Viewed from below, it is a veritable catwalk on which visitors entering and exiting the monument can make a show of themselves. When you reach the bottom, you stand under the bridge in front of a shimmering wall of mirrors. It is gestures like this that create an imaginary handshake between the building culture of the 1960s and that of the 2020s. The 1960s were full of ornamental exuberance, and the conversion takes up this joy to transform it into the material language of the present. The most striking example is the mirrored wall in the atrium; more subtle are the polished metal surfaces on the ceiling of the youth library, or the fine gradations of the grey-blue colour spectrum on the columns in the classical reading areas.

But what is 'classic' about this library? The former reading room, with its wood panelling and historic wall clocks that confidently display the local time in New York, Rio, Tokyo, and Mönchengladbach, is now home to the 'Maker Lab', a workshop focusing on textiles. The lecture hall has been opened up to create a reading retreat. There are home cinema options that can be screened off with sound-absorbing curtains, interactive learning media walls, gaming rooms, 3D printers, a set of VR goggles that allow you to fly through virtual landscapes lying down like Superman – and much more. The library is even open on Sundays, and from 10am to 10pm on weekdays. The library's new director, Yilmaz Holtz-Ersahin, took over the project from his predecessor, Brigitte Behrendt, who was responsible for the ambitious 'library of the future' concept. 'There are 62 per cent more visitors than before the renovation,' he said. 'The only downside is that the conversion of all internal office space into reading areas has meant that many staff have had to move to a nearby office building.' This has resulted in more travel, but otherwise Yilmaz Holtz-Ersahin is very happy.

sophie & hans
Café Leo, Berlin

Kritik **Jennifer Dyck**

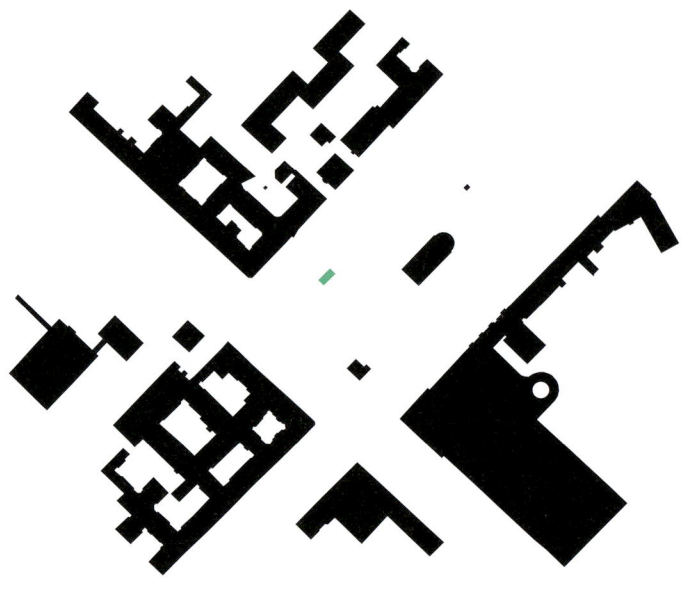

Architekten / Architects
sophie & hans
Gottschedstraße 4
13357 Berlin
http://www.sophieandhans.eu
hello@sophieandhans.eu

Projektteam / Project team
Sophia Tang, Architektin
Hans-Christian Buhl, Architekt

Bauherren / Clients
Wendepunkt gGmbH, Berlin

**Tragwerksplanung /
Structural engineering**
ZRS Ingenieure GmbH, Berlin

**Ausführung Holzbau / Execution of
the timber construction**
Schneider Worx Handwerksgruppe,
Berlin

Standort / Location
Leopoldplatz
13347 Berlin

Fertigstellung / Completion
Juli 2023

Fotografie / Photography
Bryn Donkersloot, München

Das Café Leo ist ein offener Ort an einem lauten Platz.
Café Leo is an open space on a noisy square.

Das Café Leo in Berlin-Wedding verkörpert das Gegenteil von defensiver Architektur. Um das Projekt zu verstehen, ist es notwendig, einen Blick auf seine Vorgeschichte zu werfen. Dabei geht es um lokalpolitische Konflikte, Gentrifizierung, Humanität und Soziales.

Der Wedding ist ein Ortsteil des Bezirks Berlin-Mitte und gehört zu den ehemaligen Arbeiterquartieren. Heute leben hier viele Studierende, wirtschaftlich Schwache, junge Familien und Kulturschaffende, viele davon mit Migrationsgeschichte. Neben Heterogenität, ethnisch-kultureller Vielfalt und einer lebendigen Kreativszene gibt es hier aber auch soziale Probleme, die wohl an kaum einem anderen Ort so sichtbar werden wie am »Leo«, dem Leopoldplatz, dem Zentrum des Wedding. Die Randbebauung des lang gestreckten, viereinhalb Hektar großen Platzes ist von kleinen Ladengeschäften, Spätis, Imbissen und Bankfilialen geprägt. Auf dem südwestlichen Teil des Platzes steht die von Karl Friedrich Schinkel entworfene, heute denkmalgeschützte Alte Nazarethkirche. Der Platz ist berüchtigt, gilt als rau und verschmutzt – oder eben ehrlich.

Café Leo in Berlin-Wedding is the antithesis of defensive architecture. To understand the project, it is necessary to look at its history. It is about local political conflicts, gentrification, humanity, and social issues.

Wedding is a district in the Berlin-Mitte borough and is one of the former workers' districts. Today it is home to many students, economically disadvantaged people, young families, and people working in the cultural sector, many of whom have a migration background. In addition to heterogeneity, ethnic and cultural diversity, and a vibrant creative scene, there are also social problems, which are probably more visible at 'Leo', Leopoldplatz – the centre of Wedding. The four-and-a-half-hectare square is lined with small shops, 'Spätis' (late-night shops), takeaways, and bank branches. The Old Nazareth Church, designed by Karl Friedrich Schinkel, is a listed building in the south-western part of the square. The square is notorious for being rough and dirty – you could also say, honest.

Im Café Leo gibt es
keinen Konsumzwang.
There is no purchase
obligation at Café Leo.

Kleiner Arbeitsbereich.
Small workspace.

Die Cafétheke.
The café counter.

Als sich Kriminalität, Alkohol- und Drogenkonsum im öffentlichen Raum zuspitzten, nahmen Sicherheit und Aufenthaltsqualität stark ab. In den 2000er Jahren wurde der Leopoldplatz daher zum Fokus einer umfassenden Neugestaltung. Um Druck auf die politische Verwaltung auszuüben, gründete sich 2008 eine Initiative aus Anwohnenden, Gewerbetreibenden und der Nazarethgemeinde, die eine Aufwertung des Platzes forderte. 2009 rief der Bezirk Mitte einen Runden Tisch ins Leben, um gemeinsam mit allen Beteiligten verschiedene Lösungen für den Platz zu entwickeln. Im vorderen Bereich, dem ehemaligen Treffpunkt der Szene, entstand daraufhin das erste Café Leo, eine niedrigschwellige Gastronomie, die privat betrieben wurde und alkoholfreie Getränke sowie kleine Speisen anbot. Das Café blieb eine Übergangslösung, deren provisorisches Aussehen sich mehrmals änderte. Bei einer öffentlichen Ausschreibung in den Jahren 2020/21 gewann schließlich die gemeinnützige Organisation Wendepunkt gGmbh das Verfahren und wurde neue Betreiberin, was den Abriss des alten Cafés bedeutete. Wendepunkt ist ein in ganz Berlin tätiger sozialer Träger, der seinen Sitz auf dem ExRotaprint-Gelände unweit des Leopoldplatzes hat. Ebenso wie das junge Berliner Architekturbüro sophie & hans, das den Auftrag für die Gestaltung des Café-Neubaus bekam.

Seit der Eröffnung im Jahr 2023 findet im neu gestalteten Café Leo mehr als nur Cafébetrieb statt. Der Pavillon vereint auf gerade mal 33 Quadratmeter Nutzfläche gastronomisches mit sozialem Angebot. Als Teil eines umfangreichen Präventionskonzepts soll das Café dazu beitragen, den Ort mit einer Vielzahl sozialer Gruppen zu beleben. Deutlich wird dies auch am Kaffeeangebot: Man hat die Wahl zwischen Barista-Qualität und Filterkaffee für 1,20 Euro. Das Konzept scheint aufzugehen, denn das Café zieht ein gemischtes Publikum an. Auf diese Weise soll inakzeptables Verhalten mehr durch soziale Kontrolle als durch Verbote und Platzverweise unterbunden werden.

As crime, alcohol, and drug use in public spaces increased, safety and quality of life deteriorated. In the 2000s, Leopoldplatz became the focus of a comprehensive redevelopment. In 2008, an initiative was formed by residents, business owners, and the Nazareth community to put pressure on the political administration to upgrade the square. In 2009, the Mitte district council set up a round table to work with all stakeholders to develop different solutions for the square. The first Café Leo was set up in the front area, which used to be a meeting place for the local scene. It was a low-threshold, privately run café offering non-alcoholic drinks and snacks. The café remained a temporary solution and its makeshift appearance changed several times. In a public tender in 2020/21, the non-profit organisation Wendepunkt gGmbH won the tender and became the new operator, which meant that the old café had to be demolished. *Wendepunkt* ('Turning point') is a social agency that operates throughout Berlin. It is based on the ExRotaprint site, not far from Leopoldplatz, as are the young Berlin architects sophie & hans, who were commissioned to design the new café building.

Since its opening in 2023, the redesigned Café Leo has been more than just a café. The pavilion combines gastronomic and social offerings in just 33 square metres of space. As part of a comprehensive prevention concept, the café is designed to help revitalise the area with a variety of social groups. This is also reflected in the coffee selection: customers can choose between barista-quality coffee and filter coffee for 1.20 euros. The concept seems to be working as the café attracts a mixed crowd. The aim is to prevent unacceptable behaviour through social control, rather than through bans and evictions.

Fassadenansicht mit Holzläden
View of the façade with wooden shutters

Schnitt
Section

**Der Leopoldplatz, im Hintergrund die
Alte Nazarethkirche von Schinkel.**
Leopoldplatz, with Schinkel's Old
Nazareth Church in the background.

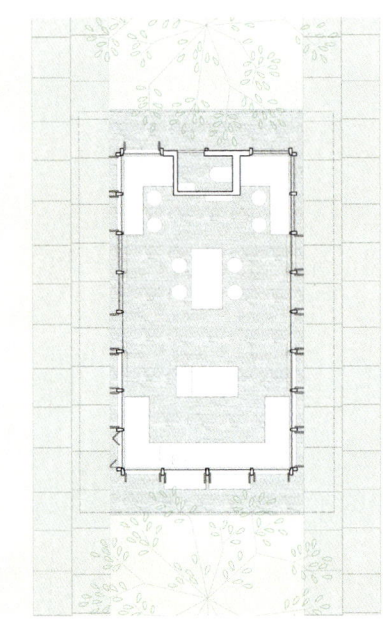

Grundriss
Floor plan

Der Architektur gelingt es erstaunlich gut, die gewünschte Offenheit und Zugänglichkeit zu vermitteln. Man vermied es, ein Gebäude zu schaffen, das Exklusivität ausstrahlt. Stattdessen fügt sich der Pavillon harmonisch in seine Umgebung ein. Das altrosa lasierte helle Lärchenholz ist farblich abgestimmt auf die Backsteinfarbe der benachbarten Kirche. Durch den integrierten Stauraum wurden durchgehende, teils bodentiefe Fenster auf allen Seiten möglich, die Transparenz schaffen und Gebäuderückseiten verhindern. Die Geschlossenheit wird zusätzlich durch schwellenlose Eingänge an zwei Seiten aufgebrochen. Um die Integration in den Platzraum noch zu steigern, entschied man sich, die Pflastersteine des Platzes in den Innenbereich des Cafés »fließen« zu lassen. Das rundum großzügig ausladende Dach bietet nicht nur Regen- und Sonnenschutz, es senkt zudem die Hemmschwelle, das Café zu betreten.

Das Café soll die Arbeit von Wendepunkt nach draußen, auf den Platz bringen. Vor Ort werden soziokulturelle Angebote wie Workshops und nachbarschaftliche Aktivitäten organisiert; es wird aber auch mehrsprachige Unterstützung bei Behördenanträgen angeboten. Der Neubau verfügt daher über einen kleinen Sitzbereich und einen PC-Arbeitsplatz. Der Innenraum wird tagsüber von Decken-LEDs hell erleuchtet; nachts ist die Beleuchtung gedämpft. Zusammen mit den einfachen Holzklappläden bietet dies höheren Gebäudeschutz und Sicherheit auf dem Platz in späten Stunden. Vandalismus wurde bisher nicht zum Problem – ohnehin ist das Team von einem gemeinschaftsorientierten Verantwortungsbewusstsein der Menschen überzeugt, das eine sie wertschätzende Architektur respektiert.

Das Café Leo ist als Experiment zu betrachten: Es ist ein temporäres Gebäude, das eine Nutzungsdauer von ungefähr zehn Jahren hat. Danach ist ein Großteil der Hauptstruktur wiederverwend- oder recyclebar.

The architecture is remarkably successful in conveying the desired openness and accessibility. The architects have avoided creating a building that exudes exclusivity. Instead, the pavilion blends in harmoniously with its surroundings. The light pink glazed larch wood matches the brick colour of the neighbouring church. The integrated storage space allows for continuous windows on all sides, some as high as the floor, creating transparency and eliminating the need for a rear wall. The enclosed appearance is further broken up by threshold-free entrances on two sides. To further enhance the integration into the square, it was decided to have the cobblestones of the square 'flow' into the interior of the café. The generously overhanging roof not only provides protection from rain and sun, but also lowers the threshold to enter the café.

The café will bring the work of *Wendepunkt* to the square. Sociocultural services such as workshops and neighbourhood activities will be organised on site, as well as multilingual support for official applications. The new building also has a small seating area and a PC workstation. The interior is brightly lit by ceiling LEDs during the day and dimly lit at night. Together with the simple wooden shutters, this provides increased protection for the building and security in the square late at night. So far, vandalism has not been a problem – in any case, the team is convinced that the people have a sense of community and responsibility that respects a piece of architecture that values them.

Café Leo is an experiment, a temporary building that will last for about ten years. After that, much of the main structure can be reused or recycled.

Durch die aufgefalteten Holzläden wird die Box zum offenen Café.
When the wooden shutters are folded up, the box becomes an open café.

SUMMACUMFEMMER Architekt*innen
Sanierung und Umbau Wohnhaus, Radebeul

Kritik **Kyung-Ae Kim**

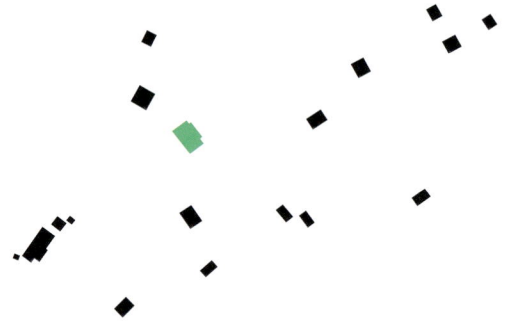

Architekten / Architects
SUMMACUMFEMMER
Architekt*innen
Dieskaustraße 101
04229 Leipzig
www.summacumfemmer.com
mail@summacumfemmer.com

Projektteam / Project team
Anne Femmer, Architektin
Florian Summa, Architekt
Felix Schaller, Projektleiter

**Tragwerksplanung /
Structural engineering**
Ingenieurbüro Gunter Lohse,
Käbschütztal

**Haustechnik / Building
services engineering**
KM Energy Services GbR, Coswig

Standort / Location
Langenbergweg 10
01445 Radebeul

Fertigstellung / Completion
Dezember 2023

Fotografie / Photography
SUMMACUMFEMMER, Leipzig

**Bestand vor dem Umbau. Die Dachüberstände
wurden während der DDR-Zeit abgesägt.**
The building before renovation. The roof
overhangs were sawn off during the GDR era.

Blick vom Garten nach dem Umbau. Die große Fensterfassade öffnet sich zum Tal.
View from the garden after the renovation. The large window façade opens up to the valley.

Radebeul, eine charmante Stadt in Sachsen, liegt malerisch eingebettet zwischen den Weinhängen des Elbtals und den Ausläufern der Dresdner Heide. Bekannt für seine Weinberge, Villen und die geschichtsträchtige Lößnitzbahn, hat sich Radebeul einen Namen als Ort der Kultur und Tradition gemacht. Inmitten dieser reizvollen Landschaft befindet sich ein Haus, das von SUMMACUMFEMMER Architekt*innen umgebaut wurde. Man nähert sich dem Gebäude und denkt im ersten Moment, dass es sich vermutlich um einen mit der Zeit gewachsenen historischen Bau handelt. Sieht man dann aber genauer hin und erkennt die vielen besonderen architektonischen Elemente und Details, fragt man sich, was an diesem Haus schon immer dagewesen ist, was vielleicht dem historischen Vorbild nachempfunden und was einfach neu hinzuerfunden wurde.

Die Kernaussage des Projekts liegt in der behutsamen Restaurierung und Erweiterung eines Bestandsgebäudes – ein Spiel mit Materialien, Formen und Erinnerungen. SUMMACUMFEMMER haben es sich zur Aufgabe gemacht, den Charakter des Hauses zu bewahren und gleichzeitig neue Elemente hinzuzufügen, die den

Radebeul, a charming town in Saxony, is picturesquely nestled between the vineyards of the Elbe Valley and the foothills of the Dresden Heath. Known for its vineyards, villas, and the historic Loessnitzbahn railway, Radebeul has made a name for itself as a place of culture and tradition. In the midst of this lovely countryside is a house converted by SUMMACUMFEMMER Architekt*innen. As you approach the building, you might think it is a historic house that has grown over time. On closer inspection, however, the many special architectural elements and details will make you wonder what has always been there, what has perhaps been modelled on the historical example, and what has simply been reinvented.

The core message of the project is the careful restoration and extension of an existing building – a play with materials, forms, and memories. SUMMACUMFEMMER's aim was to preserve the character of the house, while adding new elements to enhance its historic charm. Particular attention has been paid to the choice of materials and colours, which have been used to create a harmonious link between the interior and exterior.

historischen Charme unterstreichen. Ein besonderes Augenmerk lag dabei auf der Wahl der Materialien und Farben, die gezielt eingesetzt wurden, um eine harmonische Verbindung zwischen Innen- und Außenraum zu schaffen.

Dem Architektenteam war es wichtig, den Bestand des Hauses so weit wie möglich zu erhalten. Die Integration von Alt und Neu zeugt von einem sensiblen Umgang mit der Bausubstanz. Das Dach wurde komplett neu errichtet, die ursprüngliche Form aber mit leichten Anpassungen beibehalten. Energetisch entspricht es jetzt dem heutigen Standard. Das neue Dach kragt jedoch weiter aus als vorher und verleiht dem Haus mithilfe dieses eigenständigen Motivs eine besondere Note. Um die Authentizität des Gebäudes zu stärken, wurden einige Originalelemente wie die Firststeine beibehalten.

Die Fassade ist an zwei Seiten von einer braunen Vertäfelung geprägt, die mit dem Originalbestand harmoniert und zugleich modern wirkt. Der braune Farbton taucht innen wieder auf. Dort wurde im Erdgeschoss die Originaldecke freigelegt, was dem Haus einen fast schon rustikalen Charme verleiht und an die ursprüngliche Gestaltung erinnert. »Wir wollten, dass das Haus ein bisschen wie ein Hexenhaus wirkt«, so Anne Femmer – was die Erscheinung des Hauses treffend beschreibt.

Das Haus erlaubt in alle Richtungen Ausblicke in die umgebenden Landschaft, wodurch ein Gefühl der Offenheit und eine Verbindung mit der umliegenden Natur entstehen. Die sorgfältig platzierten Erker und großen Fenster fangen das Licht optimal ein und verleihen dem Haus eine luftige Atmosphäre. Besonders bemerkenswert ist die harmonische Verschmelzung von Innen- und Außenraum. Statt großer Panoramaverglasungen entschieden sich SUMMACUMFEMMER für eine kleinteilige Gliederung der Erkerfenster mit Sprossen. Übergroßen Erkern gleich, lassen sie die unterschiedlichen Geschosse wie eine durchgehende Fassade erscheinen. Dieses Spiel mit Größe und Proportion reflektiert wieder die Haltung, die historische Authentizität des Gebäudes zu bewahren, zugleich unerwartete Akzente zu setzen und zeitgemäße Erwartungen (Luft, Licht) zu erfüllen. Die Erker sind so gestaltet, dass sie sich in den Innenraum einfügen. Die Öffnungen spielen eine entscheidende Rolle bei der Schaffung von Verbindungen zwischen den einzelnen Räumen, und es wurde darauf geachtet, dass alles in einem architektonischen Duktus vereint wird, um ein kohärentes Gesamtbild zu schaffen. Auf Flure im klassischen Sinn hat das Team verzichtet. Stattdessen tritt man durch Öffnungen von Raum zu Raum. Die fließende Raumabfolge schafft ein Gefühl von Offenheit und Kontinuität.

It was important to the team of architects to preserve the existing building as much as possible. The integration of old and new is a testament to the sensitive way in which the building fabric was handled. The roof was completely rebuilt, but the original shape was retained with minor adjustments. In terms of energy efficiency, it now meets today's standards. However, the new roof protrudes further than the old one, giving the house a special touch with this independent motif. Some original features, such as the ridge tiles, have been retained to enhance the authenticity of the building.

The façade is characterised by brown cladding on two sides, which harmonises with the original structure and at the same time appears modern. The brown tone is repeated inside. The original ceiling has been exposed on the ground floor, giving the house an almost rustic charm and reminding us of its original design. 'We wanted the house to look a bit like a witch's cottage,' said Anne Femmer, aptly describing the look of the house.

The house offers views of the surrounding countryside in all directions, creating a sense of openness and connection with the natural environment. The careful placement of bays and large windows maximises light and gives the house an airy feel. Particularly noteworthy is the harmonious fusion of interior and exterior spaces. Instead of large panoramic windows, SUMMACUMFEMMER have opted for a small-scale structure of the bay windows with mullions. Like oversized bays, they make the different floors appear as one continuous façade. This play on size and proportion reflects an attitude of preserving the historic authenticity of the building, while at the same time adding unexpected accents and meeting contemporary expectations (of air and light). The bay windows are designed to blend in with the interior. The openings play a crucial role in creating connections between the different spaces, and care has been taken to ensure that everything is unified in an architectural style to create a coherent overall picture. The team has done away with corridors in the traditional sense. Instead, you move from room to room through openings. The flowing sequence of spaces creates a sense of openness and continuity.

**Dreigeschossiger Anbau zum Garten:
unten Kellereingang, darüber Küche,
oben Wintergarten.**
Three-storey extension facing the garden:
cellar entrance on the ground floor, kitchen
above, winter garden on the top floor.

Nordost
North-east

Nordwest
North-west

Südost
South-east

Südwest
South-west

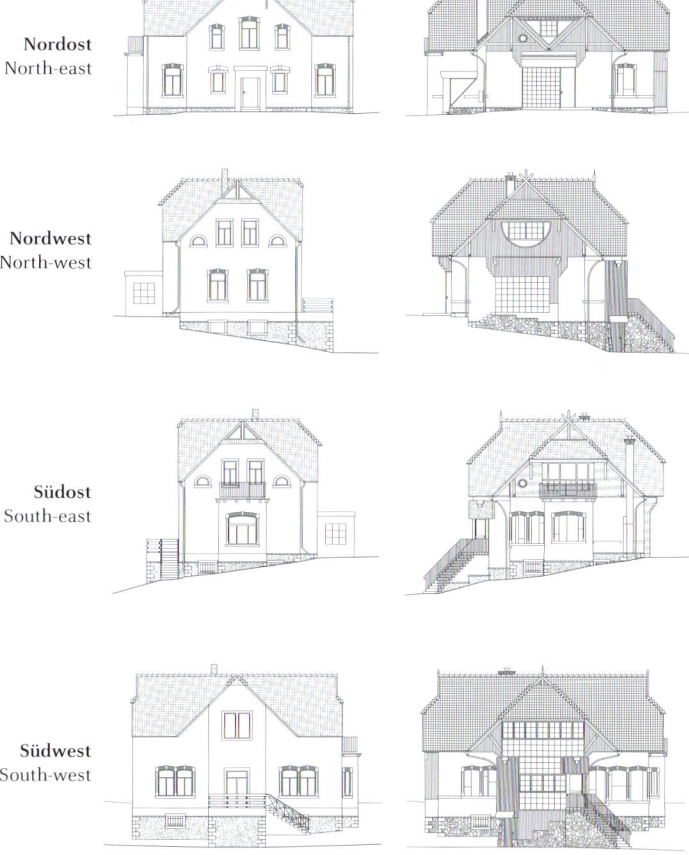

Fassadenansichten Bestand und Umbau.
Façade views of existing building and
restoration.

**Die Kubatur des Dachs entspricht
den Originalplänen, die Doppelgiebel
wurden neu erfunden.**
The cubature of the roof corresponds
to the original plans, the double gables
were newly invented.

Auffallend sind die handwerklichen Details, die die Ästhetik des Hauses prägen. Eines dieser unerwarteten, vielleicht sogar mutigen Details ist die Verwendung des Ochsenblut-Farbtons auf einer Vielzahl von Oberflächen, was dem Haus im Inneren eine warme, erdige Note verleiht. Ob der historische Dielenboden, die Fliesen oder die besonderen Holzverkleidungen – man erkennt die verschiedenen Zeitschichten. Die Entscheidung für diese Farbe schlägt eine Brücke zwischen Vergangenheit und Gegenwart und schafft so ganz selbstverständlich eine behagliche Wohnatmosphäre.

Das Haus ist nicht nur ein statisches Gebäude, sondern ein lebendiges Projekt, das sich ständig weiterentwickelt. Viele Arbeiten hat die Bauherrschaft selbst übernommen, was zu der ästhetischen Feinheit liebevoller handwerklicher Details führt und dem Haus seine Einzigartigkeit verleiht. Diese kontinuierliche Weiterentwicklung macht das Haus zu einem Ort, der sich den Bedürfnissen seiner Bewohnerschaft anpasst und dabei seinen individuellen Charakter immer weiter ausbildet.

Durch die behutsame Integration von neuen Elementen, den respektvollen Erhalt historischer Details und die Leidenschaft für starke Formen und farbliche Akzente haben SUMMACUMFEMMER ein Gebäude geschaffen, das nicht nur ästhetisch ansprechend ist, sondern Einblicke in ihre architektonische Denkweise gewährt.

The handcrafted details that characterise the aesthetics of the house are striking. One of these unexpected, perhaps even courageous details, is the use of oxblood red on a variety of surfaces, giving the house a warm earthy touch inside. Whether it is the historic floorboards, the tiles or the special wood panelling, you can see the different layers of time. The choice of this colour creates a bridge between past and present, and naturally produces a cosy atmosphere.

The house is not just a static building, but a living project that is constantly evolving. The clients did much of the work themselves, resulting in the aesthetic subtlety of lovingly crafted details that make the house unique. This continuous evolution makes the house a place that adapts to the needs of its occupants, while developing its own individual character.

Through the careful integration of new elements, the respectful preservation of historic details, and a passion for strong forms and colourful accents, SUMMACUMFEMMER architects have created a building that is not only aesthetically pleasing, but also provides an insight into their architectural approach and way of thinking.

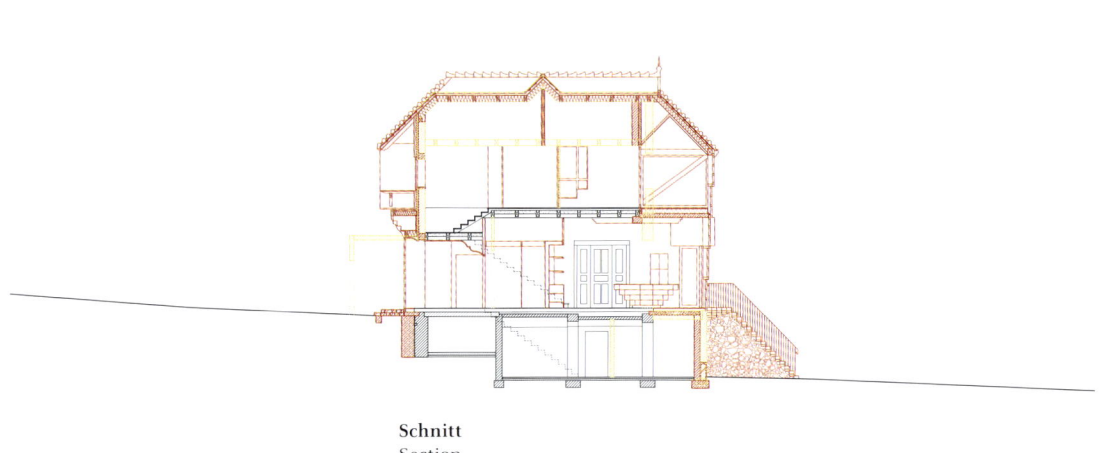

Schnitt
Section

Wohnzimmer mit Kaminecke.
Living room with fireplace.

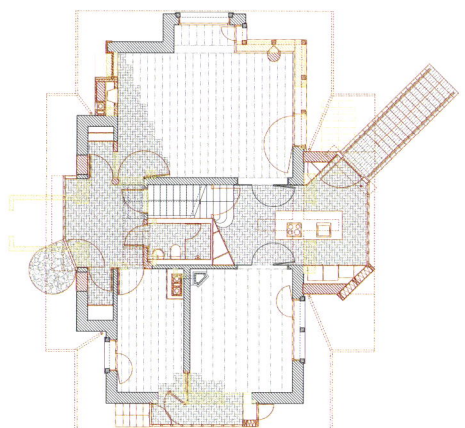

Blick in die Küche.
A glimpse into the kitchen.

**Die großen Fensterflächen sind
filigran unterteilt. Sie setzen sich
auch im Inneren fort.**
The large, intricately divided window
areas can also be found inside.

Grundriss Erdgeschoss
Ground floor plan

Thomas Kröger Architekten
Heimschule des Therapiezentrums Osterhof, Baiersbronn

Kritik **Amber Sayah**

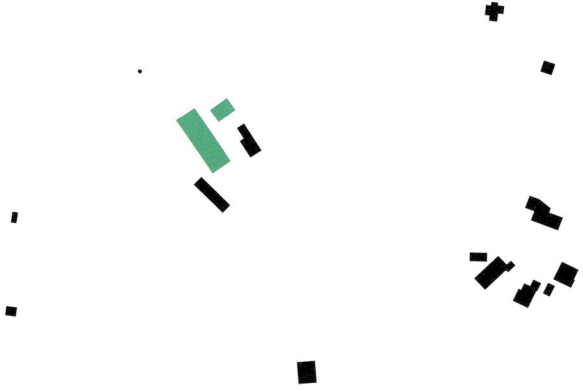

Architekten / Architects
Thomas Kröger Architekten
Schöneberger Ufer 59
10785 Berlin
www.thomaskroeger.net
press@thomaskroeger.net

Projektteam / Project team
Thomas Kröger, Künstlerische
Oberleitung
Thomas Günther, Projektleitung
Sebastian Rothkopf, Projektleitung
Benjamin Lindner, Projektarchitekt

Bauherren / Clients
Therapiezentrum Osterhof e. V.,
Baiersbronn
Dipl.-Psych. Martin Schmid,
Dipl.-Ing. Valentin Schmid

**Ausschreibung und Objekt-
überwachung / Tendering and
site supervision**
Architekturbüro Joachim Haist
(LPH 6–8), Freudenstadt

**Tragwerksplanung /
Structural engineering**
Bugenings & Eisenbeis, Freudenstadt

Elektro / Electrical engineering
SCHIMMEL Beratende Ingenieure,
Berlin

**Bauphysik, Akustik /
Building physics, acoustics**
Horstmann + Berger, Altensteig

Brandschutz / Fire prevention
Drescher & Partner, Herbolzheim

**Landschaftsarchitektur /
Landscape architecture**
KuKuk Freiflug GmbH, Stuttgart

Standort / Location
Rommelsau 17
72270 Baiersbronn

Fertigstellung / Completion
September 2022

Fotografie / Photography
Thomas Heimann, Berlin

Blick vom Schulhof auf das Hauptgebäude.
View of the main building from the schoolyard.

Das Wort Baiersbronn ist Musik in den Ohren von Gourmets. Kaum sonst irgendwo außerhalb der Metropolen drängeln sich Sternerestaurants hierzulande in so hoher Dichte wie im oberen Murgtal im Schwarzwald. Mit seiner idyllischen Landschaft und den locker über Berg und Tal verstreuten Dörfern ist es aber nicht nur ein idealer Ort für das leibliche, sondern auch für das seelische Wohl. Das erkannte jedenfalls der Sozialpädagoge und Psychotherapeut Ulrich Schmid, der in den 1960er Jahren im Ortsteil Klosterreichenbach mit seiner Familie ein historisches Schwarzwaldhaus namens Osterhof erwarb und es zur Keimzelle eines Therapiezentrums für traumatisierte, verstörte Kinder machte. In diesem »heilenden Lebensraum« sollten die Kinder, therapeutisch und pädagogisch intensiv betreut, wieder zu sich selbst und zu ihren Familien finden. Inzwischen wird der Osterhof in zweiter und dritter Generation vom Sohn des Gründers, Martin Schmid, und dem Enkelsohn Valentin Schmid geleitet.

The name Baiersbronn is music to the ears of gourmets. Few places outside of major cities have such a concentration of Michelin-starred restaurants as the upper Murg valley in the Black Forest. With its idyllic landscape and villages scattered across the mountains and valleys, it is an ideal place not only for the body but also for the soul. This was recognised by social worker and psychotherapist Ulrich Schmid, who in the 1960s bought a historic Black Forest house called Osterhof in the village of Klosterreichenbach with his family, and turned it into the nucleus of a therapy centre for traumatised and disturbed children. In this 'healing habitat', the children would receive intensive therapeutic and educational care to help them find their way back to themselves and their families. Today, Osterhof is run by the founder's son Martin Schmid and his grandson Valentin Schmid, the second and third generations of the family.

Die rings um das Stammhaus im Laufe der Zeit entstandenen Wohngruppenhäuser, Gästeapartments, Wirtschaftsgebäude und Therapiebauten bilden heute eine kleine Siedlung oben am Waldrand, während die zum Osterhof gehörende Heimschule drunten im Tal direkt an der Murg steht. Eine altersschwache Mühle, in der früher der Unterricht stattfand, musste vor ein paar Jahren aber abgebrochen werden. Sie wich einem 2022 vollendeten Neubau. Den vom Bauherrn auf freiwilliger Basis ausgeschriebenen Wettbewerb unter fünf Büros gewannen Thomas Kröger Architekten aus Berlin mit einem Entwurf, der die zentrale Osterhof-Idee vom »heilenden Lebensraum« auch für die Architektur wörtlich nimmt und sie perfekt in gebauten Raum übersetzt. Dabei muss man das therapeutische Konzept nicht einmal kennen, um die Ruhe zu spüren, die von dem kleinen Gebäudeensemble ausgeht. Intuitiv erfahrbar wird hier, dass Architektur Halt geben, Schutz bieten, Geborgenheit vermitteln kann – durch die klare Organisation im Inneren und Äußeren, durch Formen, Farben, Materialien, den Naturbezug.

Wer sich in der Gegend nur ein bisschen auskennt oder Schwarzwaldklinik-Expertise mitbringt, erkennt in dem ausladenden, tiefgezogenen Dach der Schule sofort das typologische Vorbild: die traditionellen Schwarzwaldhöfe, in denen Mensch, Vieh und Heu zusammen unter riesigen Krüppelwalmdächern untergebracht waren. Die Form folgt in der Osterhofschule der Funktion: Was könnte Gemeinschaft besser versinnbildlichen und herstellen als dieses alle und alles überwölbende Dach! Verwundern kann einen nur, dass es im Wettbewerb ausgerechnet die Berliner waren, nicht die Konkurrenz aus Freudenstadt oder Stuttgart, die sich von diesen »großvolumigen und identitätsstiftenden« Eindachhöfen der Gegend inspirieren ließen. Aber vielleicht schärft Distanz ja den Blick für den Genius loci?

Eine Neuinterpretation sind die um 90 Grad gedrehten Giebeldreiecke zu beiden Seiten des Haupthauses, wodurch der Eindruck von Kopfbauten entsteht. Neu sind auch die großen, kreisrunden Öffnungen in den Giebeln. Durch sie kommt ein Quantum Fernost ins Spiel, wo der Enso-Kreis, ein Symbol für die Unendlichkeit, Ruhe und Harmonie ausstrahlt. Das funktioniert auch im Badischen einwandfrei: Die Kreuzung aus viel örtlichem Schwarzwaldhaus und ein wenig kulturell angeeignetem Zen-Buddhismus ergibt einen ansehnlichen Zwitter.

The group houses, guest apartments, farm buildings, and therapy buildings – built around the main house over the years – now form a small settlement on the edge of the forest; while the Osterhof boarding school is located down in the valley, directly on the Murg river. A dilapidated mill that once housed the school had to be demolished a few years ago to make way for a new building that was completed in 2022. Thomas Kröger Architekten from Berlin won the competition, which was organised by the client on a voluntary basis with five offices, with a design that takes the central Osterhof idea of a 'healing habitat' literally, and translates it perfectly into the built environment. You don't even need to be familiar with the therapeutic concept to feel the calm that emanates from the small ensemble of buildings. It intuitively demonstrates that architecture can provide support, protection, and a sense of security – through the clear organisation of its interior and exterior, its forms, colours, materials, and connection to nature.

Anyone familiar with the area, or who has seen the TV series *Schwarzwaldklinik* ('Black Forest Clinic'), will immediately recognise the typological model for the school's sweeping, low-slung roof: the traditional Black Forest farmsteads, where people, cattle, and hay were kept together under huge, half-hipped roofs. Form follows function at the Osterhofschule – what better symbol of community than this arching roof over everyone and everything! It is surprising that in the competition it was the Berliners, and not competitors from Freudenstadt or Stuttgart, who were inspired by these 'large and identity-forming' single roof courtyards in the area. But perhaps distance sharpens the eye for the genius loci?

The gable triangles on either side of the main building, rotated by 90 degrees, are a new interpretation, giving the impression of end buildings. The large circular openings in the gables are also new. They bring a touch of the Far East, where the Enso circle, a symbol of infinity, radiates peace and harmony. This also works perfectly in Baden: the combination of a lot-of-local Black Forest house and a little culturally appropriated Zen Buddhism results in a handsome hybrid.

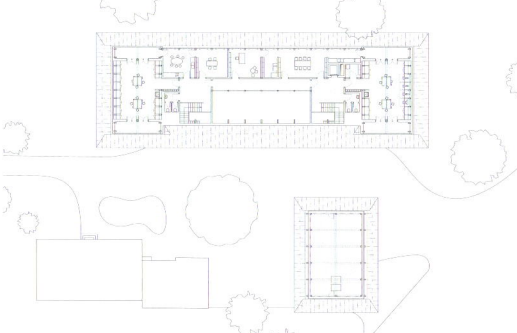

Grundriss Obergeschoss
Upper floor plan

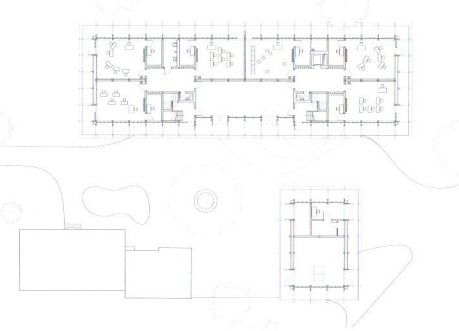

Grundriss Erdgeschoss
Ground floor plan

**Blick entlang des Nebengebäudes
auf den Schuleingang.**
Looking along the annex towards
the school entrance.

**Das Ensemble aus Schul-, Neben-
und Bestandsgebäude.**
The ensemble of school, annex,
and existing building.

**Das Schulgebäude von der
Murg aus gesehen.**
The school building seen
from the Murg river.

Zwischen den »Kopfbauten« spannt sich das breit gelagerte Haupthaus auf. Ursprünglich hatten die Architekten noch einen geschwungenen Baukörper vorgesehen, dessen Geometrie sich der gekurvten Linie der Hochwasserzone der Murg anpasste. Aus Kostengründen musste der Grundriss jedoch begradigt werden. Trotzdem müsse man sich keine Sorgen machen, dass man beim Lernen nasse Füße bekommt, da dem Wettbewerbsentwurf die Maximalkurve des Hochwassers zugrunde gelegen habe, versichert Thomas Kröger. Zudem sichern Streifenfundamente, auf denen sowohl Haupthaus als auch Nebengebäude etwas angehoben sind, die Gebäude gegen steigende Pegel. Innen wie außen ist der Schultrakt strikt spiegelsymmetrisch gegliedert, das soll den Kindern die Orientierung erleichtern. Im Erdgeschoss befinden sich die Klassenräume, im Obergeschoss zwei Fach- und Werkräume sowie die Lehrerzimmer. Erschlossen werden sie von der zweigeschossigen Eingangshalle aus, die auch für Veranstaltungen genutzt werden kann.

Die Farbpalette wird von gedämpften Grüntönen bestimmt, so dass das gesamte Haus fast monochrom anmutet. Man atmet durch und kommt herunter in diesen Räumen. Besonders die Klassenzimmer auf der Rückseite, die sich mit großen, tiefgezogenen Fenstern zum Außenraum öffnen – zum Fluss, zu den Tannen sowie den senkrecht aufragenden roten Wänden eines nahen Sandsteinbruchs –, scheinen geradezu mit der Natur zu verschmelzen. Eigentlich wechselt diese nur ihren Aggregatzustand; Architektur ist hier die Fortsetzung des Waldes mit anderen Mitteln.

Das Nebengebäude, ein kleinerer Zwilling des Haupthauses, dessen Abmessungen exakt denen der beiden »Kopfbauten« entsprechen, beherbergt bisher eine Fahrradwerkstatt und den Heuboden, der sich bei Bedarf für Unterrichtszwecke umrüsten lässt. Zusammen mit einem massiven Bestandsgebäude bilden die beiden neuen Holzskelettbauten einen geschützten, den Schulbezirk umgrenzenden Hof. Der »heilende Lebensraum« fängt am Ufer der Murg schon vor der Tür mit der Setzung der Baukörper an.

Moderne Neubauten wie diese kleine Schule sind eine Rarität im Schwarzwald, der sich nicht gerade durch eine grandiose Baukultur hervortut. Vom Beispiel des Bregenzerwalds etwa hat man sich hier bisher nicht anstecken lassen. Mit den meist kubischen Formen der Vorarlberger Architektur hat dieses poetische Gebäudeensemble auch wenig gemein, aber man wünscht sich, dass solche Häuser der Funke sein mögen, an dem sich ein neuer Schwarzwälder Regionalismus entzündet. Dann wäre nicht nur die Gastronomie in dieser Gegend Spitze.

The broad main building extends between the 'head' buildings. Originally, the architects had planned a curved structure whose geometry would follow the curved line of the Murg flood plain. For financial reasons, however, the plan had to be straightened out. Nevertheless, there is no need to worry about getting wet feet, assured Thomas Kröger, because the competition design was based on the maximum curve of the flood. In addition, strip foundations, on which both the main building and the annex are slightly raised, protect the buildings from rising water levels. The school wing is strictly symmetrical inside and out, to make it easier for the children to find their way around. The classrooms are on the ground floor, with two specialist and craft rooms, and the staff room on the upper floor. They are accessed from the two-storey entrance hall, which can also be used for events.

The colour palette is dominated by muted greens, giving the whole building an almost monochromatic look. You can breathe and relax in these rooms. The classrooms at the back, in particular, with their large, deep-set windows facing outwards – the river, the fir trees, the vertical red walls of a nearby sandstone quarry – seem almost to merge with nature. In fact, it is only changing its aggregate state; here, architecture is the continuation of the forest by other means.

The annex, a smaller twin of the main building, whose dimensions are exactly the same as those of the two 'head' buildings, currently houses a bicycle repair shop and the hayloft, which can be converted for teaching purposes if required. Together with a solid existing building, the two new timber-framed buildings form a sheltered courtyard that surrounds the school area. The 'healing habitat' begins on the banks of the Murg, right on our doorstep, with the positioning of the building structures.

Modern new buildings like this small school are a rarity in the Black Forest, which is not known for its grand architecture. The example of the Bregenzerwald, for example, has not yet been taken up here. This poetic ensemble of buildings has little in common with the mostly cubic forms of Vorarlberg architecture, but it is hoped that such houses could be the spark that ignites a new Black Forest regionalism. Then it would not only be the gastronomy in this area that would be first class.

Foyer des Schulgebäudes.
Foyer of the school building.

Galeriebereich über dem Foyer des Schulgebäudes.
Gallery area above the foyer of the school building.

Schnitt Schulgebäude
School building, section

Unterrichtsraum im Erdgeschoss.
Classroom on the ground floor.

Interview
Interview

—

**»Wie entwirft man für unsere Städte
ein halbjähriges Schattendach?«**

Interview mit Mustafa Rasch

'How do you design a summer sunshade
canopy for our cities?'

Interview with Mustafa Rasch

»Wie entwirft man für unsere Städte ein halbjähriges Schattendach?«

'How do you design a summer sunshade canopy for our cities?'

Mustafa Rasch, CEO des Büros SL Rasch in Stuttgart, im Gespräch mit Peter Cachola Schmal über Leichtbauarchitektur zur Verschattung von Plätzen.

Mustafa Rasch, CEO of SL Rasch based in Stuttgart, talks to Peter Cachola Schmal about lightweight architecture for shading public squares.

Peter Cachola Schmal **Mich wundert seit Langem, dass die Projekte von SL Rasch noch nicht richtig bei uns angekommen sind. Wir brauchen Schatten im Sommer, aber nicht im Frühjahr und Spätherbst. Daher fallen Lösungen wie Fosters Hafendach in Marseille mit der großen Spiegeluntersicht weg. Wie macht man für unsere Städte ein halbjähriges Schattendach? Da finde ich Ihre sehr großen, erprobten Lösungen, wie Sie sie in Stuttgart für den Schloßplatz vorgeschlagen haben, sehr passend. Aber das wurde leider nicht verwirklicht. Was ist los? Warum realisieren wir solche Dächer nicht in Deutschland?**

Mustafa Rasch Gute Frage, die haben wir uns auch schon oft gestellt. Wir haben uns tatsächlich schon häufig mit der Aufgabenstellung beschäftigt, wie man deutsche Plätze, wie den Stuttgarter Schloßplatz, der zur Sommerzeit mit Open-Air-Festivals wie dem Jazzopen und dem Weindorf, im Winter aber auch mit dem Weihnachtsmarkt und allem möglichem anderem bespielt wird, temporär überdachen kann. In historischen Bereichen können wandelbare Dächer eingesetzt werden, so dass diese Konstruktionen grundsätzlich nicht in die Architektur eingreifen. Das Bild bleibt bewahrt.

Ich glaube, dass die deutsche Politik einfach zu ängstlich ist. Es fehlt die Vision, es fehlt eine Idee, wie wir unser Land modernisieren, auf ein anderes Niveau bringen können. Man lebt von dem Ruf, den wir in Deutschland nach dem Zweiten Weltkrieg aufgebaut haben – das Wirtschaftswunderland. Darauf ruht man sich inzwischen aus. Im Ausland ist es umgekehrt. Die Bewunderung für deutsche Entwicklungen und den deutschen Wirtschaftsstandort ist durchaus noch da. Aber dort werden solche Ideen einfach aufgegriffen, als Orientierung genutzt und direkt umgesetzt. Dort ist man mutiger und visionärer, die relevanten Themen werden ganz anders angepackt. Sie wollen ihr Stadtzentrum, ihren öffentlichen Platz klimatisch in den Griff kriegen, ein Aushängeschild installieren und der Welt zeigen, was sie in ihrem Land Großartiges machen.

Peter Cachola Schmal For a long time I've wondered why the projects of SL Rasch haven't really reached us yet. We need sunshade in summer, but not in spring or late autumn. This rules out permanent solutions like Foster + Partners' harbour canopy in Marseille, with its large mirrored underside. How do you make a summer sunshade canopy for our cities? I find your very large, proven solutions, such as the one you proposed for the Schlossplatz in Stuttgart, to be very suitable. But unfortunately it has not yet been realised. What's going on? Why don't we have such canopies in Germany?

Mustafa Rasch That's a good question, and one we've asked ourselves a lot. In fact, we have often looked at how to temporarily cover German squares such as Stuttgart's Schlossplatz, used for open-air festivals like the Jazzopen and the Weindorf in the summer, and the Christmas market and all sorts of other events in the winter. Adaptable roofs can be used in historic areas, so that these structures do not, in principle, interfere with the architecture. The image is preserved.

I think German politics is simply too timid. There is a lack of vision, of an idea how we can modernise our country, and take it to another level. We are living off the reputation we built up in Germany after the Second World War – the economic wonderland. And now we're resting on our laurels. Abroad it's the other way round. The admiration for German developments and the German economy is still there. But abroad, such ideas are simply taken up, used as a guide, and implemented directly. People are more courageous and visionary, and approach the relevant issues in a completely different way. They want to get their city centre, their public square, under control climatically, install a flagship, and show the world what great things they are doing in their country.

Prophetenmoschee, Medina, Saudi-Arabien:
Außenbereich der Moschee. Die Schirme im halb
und im komplett ausgefahrenen Zustand.
Prophet's Mosque, Medina, Saudi Arabia:
outside the mosque. The sunshades in half and
fully open position.

**Die Schirme lassen sich in
90 Sekunden öffnen.**
The parasols can be opened
in 90 seconds.

**Innenhof der Moschee.
Jeder der Schirme verschattet
306 Quadratmeter.**
Courtyard of the mosque.
Each of the parasols shades
306 square metres.

In Saudi-Arabien zum Beispiel die große Beschattung in Medina auf der Piazza: Das sind 150.000 Quadratmeter faltbare Dachkonstruktion, das ist einmalig auf der Welt. Darauf sind sie natürlich sehr stolz, so ein hochentwickeltes technologisches Projekt schon so lange vorzeigen können. Da ist einfach mehr Interesse, das eigene Land voranzubringen und solche Lösungen zu präsentieren.

PCS Die Überdachung Courtyard Medina stammt von 1992. Hat das die ganzen Jahre funktioniert oder wurde sie schon mal erneuert?

MR Die Schirme an sich funktionieren seit 32 Jahren. Die Membranen wurden tatsächlich ausgetauscht, weil der Verwalter der Moschee nachträglich eine Überlappung haben wollte. Die Schirme waren ursprünglich mit einem Abstand von 30 Zentimetern zueinander geöffnet, da hat es in die Zwischenräume hineingeregnet. Dann kam die Bitte, dass das Dach einen geschlossenen Charakter bekommen und maximal den Regen abhalten soll. Die Schirmarme haben nur einen Aufsatz erhalten, eine kleine Verlängerung. Aber die ganze Mechanik ist seit 32 Jahren die gleiche und läuft einwandfrei in täglichem Betrieb.

PCS Warum wird das Dach geschlossen? Warum bleibt es nicht einfach aufgespannt?

MR Die Wandelbarkeit der Schirme trägt zur Regulierung des Klimas bei. Vor Beginn der Sonneneinstrahlung am Morgen werden die Schirme aufgespannt. Sie reflektieren die Sonnenenergie und verhindern so, dass sich die Flächen aufheizen. Abends, sobald die Sonne untergeht, werden die Schirme wieder geschlossen, und die aufgespeicherte Wärmeenergie, die ja trotzdem mit mehr als 1.000 Watt pro Quadratmeter eingestrahlt hat, wird über den kalten Nachthimmel abgezogen. Wenn ich das Auf- und Zufahren sinnvoll gestalte, dann kann ich über das Jahr hinweg die Temperaturen auf solchen Plätzen senken und den Aufenthalt für Menschen dort um ein Vielfaches angenehmer machen.

For example, take the large shade structure on the piazza in Medina, Saudi Arabia: it's a 150,000-square-metre folding roof construction that's unique in the world. Naturally, they are very proud to have been able to present such a sophisticated technological project for such a long time. There is simply more interest in promoting one's own country and presenting such solutions.

PCS The Courtyard Medina shading dates from 1992. Has it worked for all these years or has it already been renovated?

MR The parasols have worked for 32 years. However, the membranes were replaced because, at some point, the mosque administrator wanted them to overlap. Originally, the opened parasols were 30 centimetres apart, and it rained into the gaps. Then came the request that the roof should have a closed character and keep the rain out. The parasol arms were given only one new attachment, a small extension. But the whole mechanism has been the same for 32 years and works perfectly every day.

PCS Why do the parasols close? Why not just leave them stretched open?

MR The adaptability of the parasols helps to regulate the climate. Before the sun rises in the morning, the parasols are opened. They then reflect the sun's energy, preventing the surfaces below from heating up. In the evening, when the sun goes down, the parasols close again. The stored heat energy, which has nevertheless been radiated at more than 1,000 watts per square metre, dissipates via the cold night sky. If I can get the opening and closing of the parasols right, I can reduce the temperature in these places over the course of the year, and make it much more pleasant for people to be there.

PCS **Was heißt das für die Temperatur unter den Schirmen?**

MR Die Innenhöfe sind ein spezieller Fall, weil das Gebäude drumherum klimatisiert ist. Und so wird auch klimatisierte Luft in die Höfe geblasen. Im Sommer, also zu den heißesten Zeiten in Saudi-Arabien, hat man in den Höfen Temperaturen von nicht über 26, 27 Grad. Das ist inklusive künstlicher Kühlung. Auf den Außenflächen, auf der Piazza, ist es das gleiche Thema. Da bekommt man über die Öffnung und Schließung der Schirme den Boden über den Jahresverlauf um fünf bis sieben Grad abgekühlt. Plus die Wassernebel sprühenden Ventilatoren an den Schirmen, die noch einmal zwischen vier und fünf Grad herausholen. Auf den Außenflächen, die ohne die künstliche Klimatisierung auskommen müssen, senkt sich die Temperatur unter den Schirmen im Vergleich zur tatsächlich vorherrschenden Temperatur um bis zu zehn Grad. Von einer Außentemperatur von 40 Grad runter auf 30 Grad, das allein fühlt sich schon um einiges angenehmer an. Zusätzlich sind Menschen unter den Schirmen keiner direkten Sonneneinstrahlung ausgesetzt, was die gefühlte Temperatur noch einmal erheblich verringert.

PCS **Welches Ihrer Projekte würde einem mitteleuropäischen Vorhaben am nächsten kommen?**

MR Wir haben ein Projekt im Schloss Wasseralfingen, das inzwischen als Schule genutzt wird. Dort haben wir vor Jahren den Innenhof mit vier Schirmen verschattet, überlappend, damit das Wasser, falls es regnet, über die Schirme abläuft. Aber in erster Linie war es als Schattendach gedacht. Der Hof wird im Sommer als Freilufttheater genutzt – mit der Installation hat man den Bühnen- und den Zuschauerbereich klimatisch in den Griff bekommen. Es ist ein eher günstiges System, mit handfahrbaren Schirmen, aber auch mit den richtigen langlebigen Membranen. Das ist eine Planung, die man sich auf jeden Fall auch in anderen Städten vorstellen kann.

PCS **What does that mean for the temperature under the parasols?**

MR The courtyards are a special case because the building around them is air-conditioned. So air-conditioned air is blown into the courtyards. In the summer, when Saudi Arabia is at its hottest, the temperature in the courtyards does not exceed 26 or 27 degrees. This includes artificial cooling. The same applies to the outdoor piazza. By opening and closing the parasols, the ground can be cooled by five to seven degrees throughout the year. In addition, water mist fans on the parasols achieve a further four to five degrees. Outside, where there is no artificial air conditioning, the temperature under the parasols drops by up to 10 degrees compared to the outside temperature. Going from 40 degrees outside to 30 degrees feels much more comfortable. In addition, people under the parasols are not exposed to direct sunlight, which further reduces the perceived temperature.

PCS **Which project of yours would come closest to a European adaptation?**

MR We have a project in Wasseralfingen Castle, which is now used as a school. Years ago, we installed four parasols in the courtyard to provide shade, overlapping them so that when it rains the water runs over the parasols. But the main purpose was to provide shade. In summer the courtyard is used as an open-air theatre – the installation provides climate control for the stage and audience areas. It's a relatively inexpensive system, with hand-operated shades, but also with the right long-lasting membranes. A design that could certainly work in other cities.

Vier 56 Quadratmeter
große faltbare Schirme
verschatten den Innenhof
des Renaissanceschlosses in
Wasseralfingen.
Four 56-square-metre folding
parasols shade in the courtyard
of the Renaissance castle in
Wasseralfingen.

Während der Sommersaison
finden im Innenhof
Theateraufführungen und
Konzerte statt.
During the summer season,
the courtyard is used
for theatre performances
and concerts.

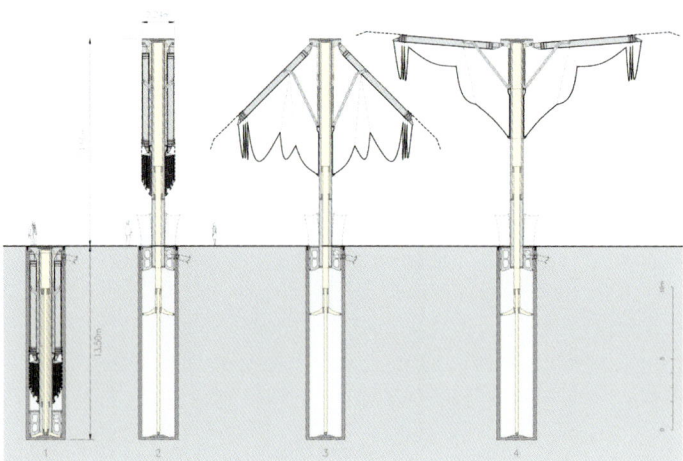

**Die Schirme mit versenkbaren Stützen
könnten 6.000 Quadratmeter Fläche
verschatten und vor Regen schützen.**
An area of 6,000 square metres could
be shaded and protected from rain by
the retractable parasols.

Aber ich würde einen Schritt weiter gehen und sagen, dass der für den Stuttgarter Schloßplatz entstandene Konzeptentwurf besonders für eine Übertragung auch auf andere Großstädte geeignet ist. Die wichtigste Frage an einem öffentlichen Platz ist: Wer betreibt das Ganze? Wie wird sichergestellt, dass die Schirme im Fall eines aufziehenden Gewitters zugefahren und in Sicherheit gebracht werden? Wer trägt die Verantwortung? Mit einer Automatisierung ist man einfach besser bedient. So ist es auch in Saudi-Arabien. Dort sind Wetterstationen um das Projekt herum installiert, die durch Softwarelösungen an die Schirme gekoppelt sind. Wenn ein Gewitter oder ein Sturm registriert wird, falten sich die Schirme automatisch zu, fahren in eine sichere Position, und es kann nichts passieren.

In der Säule ist die ganze Motorenanlage untergebracht, darüber befinden sich die Stahlarme, die sich auffalten und die Membrane dann aufspannen. Das Schirmkonzept für Stuttgart hat Teleskoparme, bestehend aus drei Elementen, mit Teleskopstücken zwischen acht und zwölf Meter Länge. Daneben gibt es klassische Schirme mit einem Geradarmsystem; das ist ein Stahlarm, der hochfährt und die Membrane dadurch aufzieht. Auf der Piazza in Medina ist ein Faltarmsystem mit einem Gelenk verbaut. Die Schirme können so kompakter zusammenfahren, und vor allem reichen sie beim Auffahren nicht so weit herunter, dass sie den Boden berühren.

PCS **Warum hat das Projekt in Stuttgart nicht funktioniert?**

MR Das Vorhaben war schon in Vertragsverhandlungen, aber dann hat sich in der lokalen Regierung einiges geändert. Die neue Regierung hat das Projekt nicht weiterverfolgt, wie das oft so ist. Mich wundert das auch; wir haben ja in Stuttgart die längste Zeit eine grüne Stadtregierung gehabt, und die müssten eigentlich größtes Interesse an solchen Leichtbaukonstruktionen haben, die einen klimatischen Verbesserungseffekt für den innerstädtischen Bereich bedeuten.

But I would go one step further and say that the concept developed for the Schlossplatz in Stuttgart is particularly suitable for application in other large cities. The most important question for a public space is: who runs the whole thing? How do you make sure the parasols are closed and put away when a storm is coming? Who is responsible? You are simply better off with automation. This is also the case in Saudi Arabia. Weather stations have been installed around the project and are linked to the parasols via software solutions. If a storm or thunderstorm is detected, the sunshades automatically close, move to a safe position, and nothing can happen.

The entire motor system is housed in the column, above which are the steel arms that extend and retract the membrane. The parasol concept for Stuttgart has telescopic arms consisting of three elements, with telescopic sections between eight- and 12-metres long. There are also classic parasols with a straight arm system, which is a steel arm that rises and pulls up the membrane. The piazza in Medina has a folding arm system with a joint. This allows the parasols to retract more compactly and, above all, not to extend so far down that they touch the ground.

PCS Why didn't the Stuttgart project succeed?

MR The project was already at the contract negotiation stage, but then there were a number of changes in the local government. The new government didn't pursue the project, as is often the case. I'm surprised about that too. We've had a green government in Stuttgart for a long time, and they should be very interested in this kind of lightweight construction, which would improve the climate in the city centre.

Visualisierung von vier trichterförmigen, sich überlappenden Schirmen auf dem Stuttgarter Schloßplatz. Das Projekt wurde bisher nicht realisiert.
Visualisation of four funnel-shaped, overlapping parasols on the Schlossplatz in Stuttgart. The project has not yet been realised.

PCS **Wir haben heute die Situation, dass die Innenstädte im Sommer ein echtes Hitzeproblem haben. Das hat auch gesundheitliche Auswirkungen; wir müssen die Innenstädte kühlen. Mit Bäumen wäre das wunderbar, aber man pflanzt nur kleine Bäume, die drei, vier Jahre alt sind und in vielleicht 40 Jahren richtigen Schatten geben. Das dauert viel zu lang. Insofern wären temporäre Schattenarchitekturen doch genau die richtige Lösung?**

MR Da bin ich absolut dafür. Es muss definitiv etwas passieren. Leider gibt es aber noch kein Referenzprojekt in Europa. Wenn ein solches Projekt einmal realisiert würde, erreicht man den Kipppunkt. Man kann dann den Nutzen sehen; die positiven Auswirkungen wären ganz offensichtlich. Mit einem solchen Leuchtturmprojekt könnte vieles ins Rollen kommen.

Aber die Überwindung scheint zu groß. Und das ist auch aus dem Grund traurig, weil die Schirme ja alle mit deutschen Unternehmen hergestellt werden. Das ist ein rein deutsches Produkt. Da müsste die Politik doch ein großes Interesse haben, die Wirtschaft anzukurbeln. Die Schirme sind durch Einflüsse aus unserer Automobilindustrie entstanden. Das enorme Know-how im Maschinenbau, gepaart mit einem dichten Netz an Zulieferern, hat in Kombination mit dem Bauwesen zu der innovativen Lösung mit den großflächigen Schirmen geführt. Der Teleskoparm am Schirm ist beispielsweise ein Liebherr Mobilkran. Die PTFE-Membranen werden auch in Deutschland produziert und konfektioniert. Die ganze Steuerung wird hier in der Nähe von Stuttgart auf der Schwäbischen Alb in einem kleinen Elektrobetrieb programmiert.

PCS **Also so ähnlich wie die Stadiondächer von sbp Schlaich Bergermann Partner?**

MR Genau.

PCS **Die Schirme auf dem Stuttgarter Schloßplatz waren als versenkbare Variante geplant, die in tiefe Bodenhülsen eingezogen worden wären. Der Haken bei öffentlichen Plätzen ist doch, dass viele bei uns mit Tiefgaragen oder mit U-Bahnen unterbaut sind. Welche Dimension hätte das Loch für die Absenkung der Säulen in Stuttgart gehabt?**

MR Das wären circa 20 Meter Tiefe, weil es so große Schirme sind. Das Versenken der Schirme ist in meinen Augen aber nur dann notwendig, wenn es um einen historischen Platz geht, der in der Erscheinung nicht verändert werden darf. Da waren große Baumeister am Werk, da sollte man nicht mit modernen Konstruktionen eingreifen. An anderen Orten kann man sie aber auch so bauen, dass sie in das Stadtbild integriert

PCS We have a situation today where city centres have a real summer heat problem. This has health implications; we need to cool city centres. Trees would be wonderful for that, but cities are only planting small trees, three to four years old, which might take up to 40 years to provide real shade. That's far too long. So wouldn't temporary shade structures be just the right solution?

MR I completely agree. Something has to be done. Unfortunately, there is still no reference project in Europe. If such a project were to be implemented, we would reach the tipping point. You could see the benefits, the positive effects would be quite obvious. Such a flagship project could set a lot of things in motion.

But the hurdle seems to be too high, and that is sad because the parasols are all made by German companies. It's a purely German product. Politics should be very interested in boosting the economy. The parasols are the result of influences from our car industry. The enormous know-how in mechanical engineering, coupled with a dense network of suppliers, has led to the innovative solution of large-span parasols, in combination with the construction industry. For example, the telescopic arm on the parasol is a Liebherr mobile crane. The PTFE membranes are also manufactured and assembled in Germany. The entire control system is programmed in a small electrical engineering company near Stuttgart in the Swabian Alb.

PCS So, it's similar to the stadium roofs by sbp Schlaich Bergermann Partner?

MR Exactly.

PCS The parasols on the Schlossplatz in Stuttgart were designed as a retractable version, which would have retracted into deep ground sockets. The problem with public squares is that many of them in our country sit above underground car parks or subways. What would have been the size of the hole needed to lower the columns in Stuttgart?

MR That would be a depth of about 20 metres, because they are such large parasols. But in my opinion, it is only necessary to sink the shades if you are dealing with a historical site that should not be changed in its appearance. Great master builders were at work there, so you shouldn't interfere with modern construction. In other places, however, it is possible to build them in such a way that they blend in with the townscape rather than spoiling it. There are many ways to deal with the columns. The effort to make the structure retractable is enormous. And the added value is rather small.

sind, statt sie zu versenken. Man hat viele Möglichkeiten, mit den Säulen umzugehen. Der Aufwand, die Konstruktion versenkbar zu machen, ist enorm. Und der Mehrwert eher gering.

Wenn ich die Schirme wirklich versenken will, dann zählt die Gesamthöhe eines Schirms. Die Geradarmschirme im Innenhof der Moschee in Medina haben in geschlossenem Zustand eine Höhe von 19 Metern, die auf der Piazza mit den Faltarmen sind knapp 22 Meter hoch. Mit einer U-Bahn unter dem Platz geht das. Bei einer Unterkellerung oder einer Tiefgarage steht dann aber ein Säulenschaft in der Garage. Das ist schon ein Problem. Grundsätzlich ist es aber auch von den Fundamentlasten her möglich, die großen Schirme auf eine Tiefgarage zu stellen. Das ist in Medina der Fall. Das gesamte Areal unter den Schirmen und unter der Moschee ist eine dreistöckige Tiefgarage.

If I really want to lower the parasols, the total height of the shade counts. The straight-armed parasols in the courtyard of the Medina mosque are 19-metres high when closed, and the ones in the square with the folding arms are almost 22-metres high. That's possible with a subway under the square. But if there is a basement or an underground car park, then there is a column shaft in the garage. That is a problem. In principle, however, it is also possible to put the large canopies on top of an underground car park, because of the loads on the foundations. This is the case in Medina. The entire area under the parasols and under the mosque is a three-storey underground car park.

Konzeptzeichnung für eine Platzverschattung mit darunterliegender Tiefgarage.
Conceptual drawing of a shading device for a square with an underground car park.

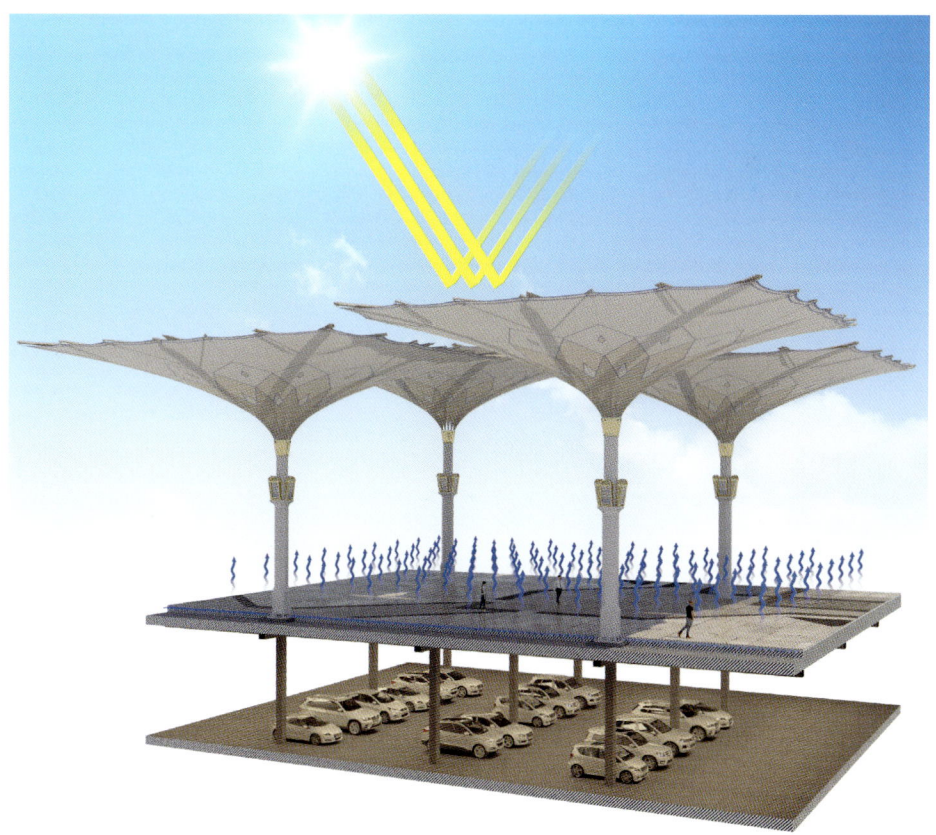

24 c/o now
Diouwanem Diammaguen, Dakar, Senegal

25 Julian Breinersdorfer Architekten
Factory Lisbon, Lissabon, Portugal

Shortlist
Deutscher
Architektur
Export
Shortlist
German
Architecture
Export
—
2025

c/o now
Diouwanem Diammaguen, Dakar, Senegal

Gespräch **Christina Gräwe**

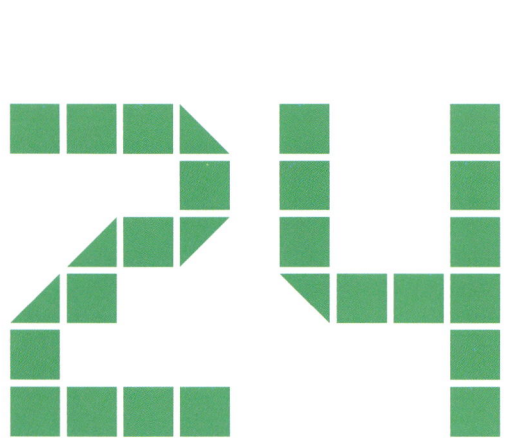

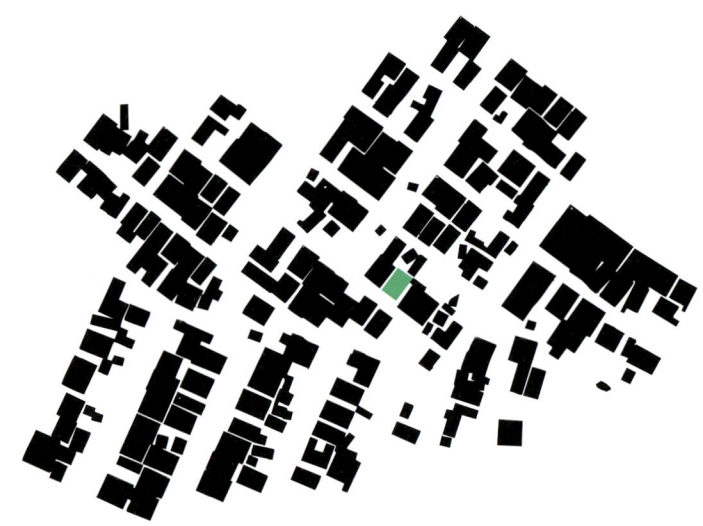

Architekten / Architects
c/o now (Studio CO NOW GmbH)
Wilhelmshavener Straße 47
10551 Berlin
www.co-now.eu/
team@co-now.eu

Projektteam / Project team
Tobias Hönig, Architektur
Andrijana Ivanda, Architektur
Markus Rampl, Architektur
Paul Reinhardt, Architektur
Duy An Tran, Architektur
Diyar Ünlücay, Architektur
Sarah Lamparter, Oberflächengrafik

**Projektsteuerung /
Project management**
Ousmane Touré, Salifou »Abran« Touré
(Bauleitung), Village de Dionewar

Elektro / Electrical engineering
Lamin Souyaya, Alladji Sarr Mboka,
Ville de Dakar

**Tragwerksplanung /
Structural engineering**
Drame Diouf und Team: Elou
Diouf, Ibou Diouf, Oussenou Ndong
(Maurer), Mor Geuye und Kollegen
(Formsteinmacher), Ville de Dakar

Innenarchitektur / Interior design
Amadou Sarr mit seinen Arbeitern
und Auszubildenden und Sanou
Toure (Fliesenleger); Mamadou Sarr,
Oussenou Sengor, Alou MC (Schreiner),
Ville de Dakar

Fassadenplanung / Façade planning
Jean X, Maas X, Bamba X (Verputzer);
Amadou Diallo, Ahmadou X, Hadim X
(Metallbauer); Babacar Touré; Maler:
Njagar X und Kollegen, Ville de Dakar

**Haustechnik / Building
services engineering**
Abib Sarr und Kollegen (Rohrleger),
Ville de Dakar

Kunst am Bau / Artworks
Büro Otto Sauhaus, Berlin

Sonstige / Others
Albert X und Nachbarn Mbat Sengor,
Kumba Sengor, Fatou Bagou Ndour und
Mariam X (Aufräumen der Baustelle);
Fatou Bagou Ndour und Familie, Rama
Diatta, Amicolle Diatta und Fatou X,
Modu Diatta (Essen), Alfang Sarr,
Mamadou Ndong, Keba Ngom, Marie
Diop (Beratung), Ville de Dakar

Besonderer Dank / Special Thanks
Djibi Diop, Serif X, Biran Ndjai, Fode
Rura Toure, Assane Sarr, Aladji Diouf,
Astou Ndour, Ana Sarr und Senabu
Sarr, Hadi Sarr und Familie,
Ville de Dakar

Standort / Location
République du Sénégal
L'arrondissement de Thiaroye
Région Dakar
Département Ville de Pikine
Communes d'arrondissement
Diamaguene Sicap Mba
Villa No. 219

Fertigstellung / Completion
Januar 2023

Fotografie / Photography
c/o now & Büro Otto Sauhaus, Berlin
(S. 208 unten, rechts / bottom, right)
Carmen Yasmine Abd Ali, Dakar
(S. 205, S. 207, S. 208 oben / top)

Das neue Wohnhaus überragt die Nachbargebäude.
The new residential building towers over the neighbouring buildings.

Eigentlich ist die Ortsangabe Dakar gar nicht richtig, denn das Wohnhaus Diouwanem steht in der Vorstadt Pikine. Aber längst ist die senegalesische Hauptstadt, als westlichste Stadt Kontinentalafrikas auf der Halbinsel Cap Vert gelegen und damit an drei Seiten vom Atlantik umgeben, mit dem östlich anschließenden Pikine zusammengewachsen. Die heutige Millionenstadt, 1857 um ein französisches Fort gegründet, schiebt sich immer weiter ins Landesinnere hinein. Hier in Diammaguen, einem Wohnviertel von Pikine, hatte Ousmane Touré ein Grundstück erworben. Der gelernte Maurer, der heute in Berlin lebt, kam zu c/o now, um sich Unterstützung für die Planung eines Wohnhauses zu holen. Den Kontakt hatte die Designerin Sarah Lamparter hergestellt; sie war außerdem für die Gestaltungsdetails des Wohnprojekts zuständig. Es begann ein Prozess, wie ihn in Deutschland (oder auch Europa) ansässige Planende eher nicht erleben: Zum einen war da zunächst keinerlei Ortskenntnis. Zum anderen liefen alle Abstimmungen über eine WhatsApp-Gruppe. Wie das trotz (oder wegen?) aller Überraschungen erstaunlich gut funktionierte, so dass das Haus nach nur eineinhalb Jahren Bauzeit bezogen werden konnte, berichten c/o now lebendig und auch immer wieder ziemlich amüsiert.

Strictly speaking, the location Dakar is not quite correct, as the Diouwanem house is actually in the suburb of Pikine. But the Senegalese capital – the westernmost city on the African continent that sits on the Cap Vert peninsula, and is surrounded on three sides by the Atlantic Ocean – has long since merged with Pikine to the east. Founded in 1857 around a French fort, today's megacity continues to expand inland. Here in Diammaguen, a residential area of Pikine, Ousmane Touré has bought a plot of land. The trained bricklayer, who now lives in Berlin, came to c/o now for support in planning a residential building. The contact was made by designer Sarah Lamparter, who was also responsible for the design details of the housing project. This was the beginning of a process that planners based in Germany (or even Europe) do not usually experience. On the one hand, there was no local knowledge; on the other hand, all coordination took place via a WhatsApp group. c/o now vividly and often amusingly reports how, despite (or perhaps because of?) all the surprises, it worked surprisingly well, and the building was ready to move into after just one and a half years of construction.

Christina Gräwe: Das Projekt Dakar-Berlin begann während der Pandemie-Zeit – Ihr konntet weder nach Dakar reisen, noch waren andere Treffen möglich. Wie seid Ihr gestartet?

c/o now: Ousmane kam mit klaren Vorstellungen: Er wollte ein Haus für möglichst viele Menschen bauen und brachte schon eigene Skizzen mit. Die sahen aus wie so oft: Kästchen mit Nutzungszuweisungen. Dieses Raumprogramm haben wir zunächst geordnet. Es ist für junge Leute im Senegal üblich, eine Zeitlang zum Arbeiten in die Stadt zu kommen, also sollten in den Obergeschossen viele kleine, eigene Zimmer für die sogenannten célibataires (»Singles«) entstehen. Das Erdgeschoss war für Ousmanes Familie vorgesehen, ganz oben hat er eine eigene Wohnung. Dem Hof kommt große Bedeutung zu: Hier treffen sich die Leute, um ihn herum gruppieren sich Kochgelegenheiten, Waschräume und Toiletten. Letztere sind allerdings stärker abgesondert, als wir das kennen. Es ist also die Übertragung dörflicher Gemeinschaften, wo in Häusergruppen um einen öffentlichen Platz herum gelebt wird, in die Stadt.

CG: Und wie habt Ihr Euch dem Ort quasi aus dem Off angenähert?

c/o now: Parallel zum Entwurf haben wir versucht, über Internetrecherche, Fotos und Beschreibungen von Ousmane und den Leuten vor Ort die lokalen Bedingungen und Vorstellungen kennenzulernen, Bezüge zu finden. Wir haben uns typische Bauelemente angeschaut und beispielsweise erfahren, dass perforierte Steine als altmodisch gelten und gefärbte Glasbrüstungen angesagt sind. Dass wegen des Starkregens viel gefliest werden muss; die Straßen in dem Viertel sind nicht befestigt. Dass es keine Kanalisation, sondern Sickergruben gibt.

CG: Ihr habt den schönen Satz formuliert, gelernt zu haben, an Stellen loszulassen, an denen Architekten das normalerweise nicht tun …

c/o now: Auf der Baustelle war eine große Anzahl Handwerker aller Gewerke, die Ousmane persönlich kennt und ihnen vertraut. Die Bauleitung lag bei seinem Bruder. Wir mussten (an-)erkennen, dass unsere Pläne nicht 1:1 umgesetzt, sondern interpretiert wurden. Die Herkunft der Bauabschnitte blieb aber ablesbar. Das Meiste ist Handarbeit, auch die Zementsteine werden selbst hergestellt. Noch ein Beispiel: Es waren drei Schreiner auf der Baustelle – jede Tür ist anders. Aber wir konnten das rasch ganz gelassen sehen.

Christina Gräwe: The Dakar-Berlin project began during the pandemic – you were unable to travel to Dakar nor were other meetings possible. How did you get started?

c/o now: Ousmane came with a clear idea. He wanted to build a house for as many people as possible, and he even brought his own sketches. They looked like so many others: boxes with assignments for use. We organised this space programme first. It is common in Senegal for young people to come to the city to work for a while, so the plan was to create many small, separate rooms for the so-called célibataires ('singletons') on the upper floors. The ground floor is for Ousmane's family, and he has his own apartment upstairs. The courtyard is very important: it is where people meet, and around it there are cooking facilities, washing rooms, and toilets. The latter, however, are more secluded than we are used to. This is the transfer to the city of village communities where people live in groups of houses around a public square.

CG: And how did you approach the place from the outside, so to speak?

c/o now: While we were working on the design, we tried to get to know the local conditions and ideas, finding references through internet research, photos, and descriptions from Ousmane and the local people. We looked at typical building elements and learned, for example, that perforated bricks are considered old-fashioned and that stained glass balustrades are en vogue. We also learnt that a lot of tiling is needed because of the heavy rainfall; the streets in the neighbourhood are not paved. There is no sewage system, only septic tanks.

CG: You formulated the wonderful phrase about learning to let go in places where architects don't usually …

c/o now: There were a lot of craftsmen on the site, and Ousmane personally knows and trusts them all. His brother was the site manager. We had to realise that our plans were not being implemented 1:1, but rather interpreted. However, the origin of the construction phases remained visible. Most of the work is done by hand, including the cement blocks. Another example: there were three carpenters on site – every door is different. But we soon learned to take it easy.

**Die Dachterrasse
ist ebenso für alle
zugänglich ...**
The roof terrace
is accessible to
everyone, ...

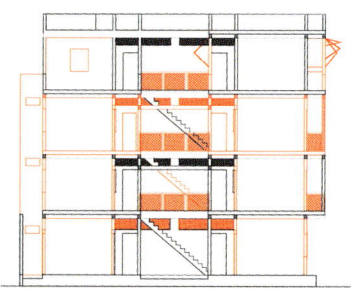

Schnitt
Section

... wie der Innenhof.
... as is the inner courtyard.

Durchbrochene Fassadenelemente zur Durchlüftung.
Perforated façade elements for ventilation.

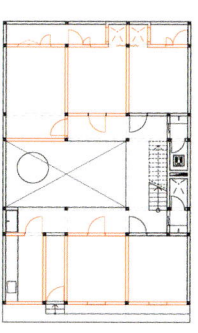

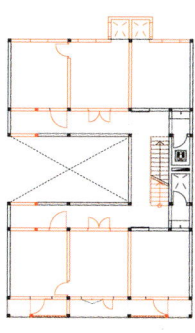

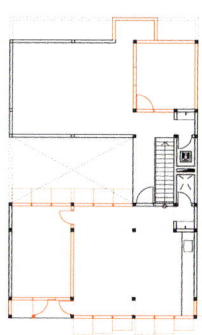

Grundriss Erdgeschoss
Ground floor plan

Grundriss Obergeschoss
Upper floor plan

Grundriss Dachgeschoss
Attic floor plan

Vor Ort gefertigter Formstein.
Shaped brick made on site.

Laubengänge fassen den Hof ein.
Arcade walkways surround the courtyard.

Straßenansicht des Hauses kurz vor der Fertigstellung.
Street view of the house shortly before completion.

CG: Insgesamt lief die Abstimmung also entspannt. Was, wenn es dann doch härtere Auseinandersetzungen gab?

c/o now: Am schwierigsten war es, eine gute Durchlüftung durchzusetzen. Dafür haben wir das Haus um 90 Grad gedreht und zum Nachbarhaus mehr Abstand gelassen als vorgesehen. Dadurch haben wir einen zusätzlichen kleinen Innenhof für den Kamineffekt erhalten. Das ging auf Kosten der Zimmergrößen und – kniffliger – des gemeinschaftlichen Hofs. An der Stelle sind wir aber streng geblieben, und inzwischen sind nicht nur die Bewohner, sondern auch die Nachbarn glücklich über das gut belüftete Haus.

CG: Eine große Überraschung gab es auch, die bei uns für eine mittlere Katastrophe sorgen würde …

c/o now: Wir wurden eines Tages damit konfrontiert, dass dem Haus ein zusätzliches, drittes Geschoss aufgesetzt werden sollte, um alle Raumwünsche zu erfüllen. Da wurde uns kurz schwindlig, aber dann fanden wir es gut.

CG: Das ohnehin schon deutlich größere Haus ragt nun noch höher aus der Nachbarschaft heraus.

c/o now: Das ist kein Problem. Im Gegenteil, die Nachbarschaft ist stolz. Ein alter Mann führte es Ousmane vor, ohne zunächst zu wissen, dass er der Besitzer ist. Für die Behörden ist das übrigens auch unproblematisch. Es werden zwar Pläne vorgelegt, eine klassische Baugenehmigung gibt es aber nicht.

CG: Gebt doch zum Abschluss bitte noch eine Beschreibung des Hauses und des Lebens darin.

c/o now: Es ist ein typisches Stadthaus, wie es dort ganz häufig vorkommt, und erinnert an die Maison Dom-Ino nach Le Corbusier, also die Beschränkung auf die relevanten Bauteile und eine rasche Herstellung, was für die Wohnungsnot nach dem Ersten Weltkrieg entstand. Es ist eine robuste, klare Struktur, die nach Bedarf verändert und angepasst werden kann: Braucht man beispielsweise ein zusätzliches Schlafzimmer, wird der Salon im Erdgeschoss umgebaut. Es ist ein helles Haus, der Sockel gefliest, und auch im Inneren tauchen die unterschiedlichsten Fliesen auf, teils wiederverwendete, wie beim »Mosaik« im Hof. Die Zimmer in den Obergeschossen liegen an Laubengängen. Es gibt eine Dachterrasse für alle und vor dem Haus eine eingemauerte Sitzbank. Ein ganz typisches Element und wichtig, denn hier trifft sich die Nachbarschaft.

CG: Und hoffentlich sitzt auch Ihr bald dort.

c/o now: Das haben wir fest vor!

CG: So on the whole the coordination went smoothly. What if there were some tougher arguments?

c/o now: The most difficult thing was to ensure good ventilation. To achieve this, we rotated the house 90 degrees and left more space than planned between it and the neighbouring house. This gave us an extra little courtyard for the chimney effect. This was at the expense of the room sizes and – more trickily – the shared courtyard. But we stuck to our guns, and now not only the occupants but also the neighbours are happy with the well-ventilated house.

CG: There was also a big surprise, which here in Germany would almost have meant a medium-sized disaster …

c/o now: One day we were confronted with the fact that a third floor had to be added to the house to meet all the space requirements. At first we felt a bit dizzy, but then we thought it was a good idea.

CG: The house, which was already much bigger, now stands out even more in the neighbourhood.

c/o now: It's not a problem. On the contrary, the neighbourhood is proud of it. An old man showed the house to Ousmane, not knowing at first that he was the owner. It's no problem for the authorities either. Although plans have been submitted, there is no such thing as a traditional building permit.

CG: Finally, please give us a description of the house and the life in it.

c/o now: It's a typical town house, as they are quite common there, and reminiscent of Le Corbusier's 'Maison Dom-Ino', – i.e. limited to the relevant components and built quickly, which was created to address the housing shortage after the First World War. It is a robust clear structure that can be modified and adapted as required. For example, if an extra bedroom is needed, the ground floor living room can be converted. It's a light house, the base is tiled and there are many different types of tiles inside, some of which have been reused, as in the 'mosaic' in the courtyard. The rooms on the upper floors open onto covered walkways. There is a roof terrace for everyone, and a bench built into the front of the house. This is a very typical element and important because it is the meeting point of the neighbourhood.

CG: And hopefully you will be sitting there soon.

c/o now: We definitely intend to!

Julian Breinersdorfer Architekten
Factory Lisbon, Lissabon, Portugal

Kritik **Yorck Förster**

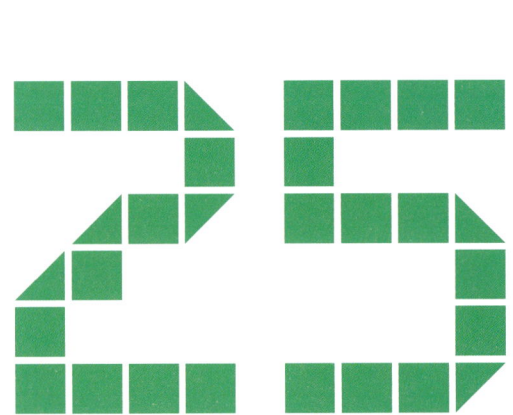

Architekten / Architects
Julian Breinersdorfer Architekten
Straße der Pariser Kommune 8
10243 Berlin
julianbreinersdorfer.com/
post@julianbreinersdorfer.com

Projektteam / Project team
Julian Breinersdorfer
Lena Brandt
Alessandro Cugola
Corinna Studier
Gareth Hammond

Bauherren / Clients
Simon Schäfer
Factory International Sàrl, Luxemburg

**Beteiligtes Architekturbüro /
Other architects involved**
Genehmigungsarchitekten/
Permit Architects
José Baganha Arquitectos
www.jbaganha.com
Projektteam / Project team
Raquel Coutinho
Carolina Costa
José Baganha

Projektarchitekten / Project Architects
Angela Maurice Arquitectos
www.angelamaurice.com
Projektteam / Project team
Goncalo Soares
Angela Maurice

**Projektsteuerung /
Project management**
Pedro Reis, Afaplan, Lissabon

**Tragwerksplanung /
Structural engineering**
Ricardo Sampaio, Duarte Silveira,
Lissabon

**Haustechnik /
Building services engineering**
Engavac, Iberinstal, Ariagás, Lissabon

Akustik / Acoustics
Inside Building, Lissabon

Lichtplanung / Lighting design
Lledo, Ohm Light Design, Lissabon

Brandschutz / Fire prevention
Antonio Matias, Daniel Arena, Lissabon

Innenarchitektur / Interior design
Julian Breinersdorfer Architekten,
José Baganha Arquitectos,
Angela Maurice Arquitectos,
Berlin / Parede / Lissabon
Restaurantdesign
Marta Fea – Foodriders, Lissabon

**Bauunternehmen /
Construction company**
Tâmega, Socireis, F&J Lotra, Lissabon

Standort / Location
Av. Infante Dom Henrique 143
1950-406 Lissabon, Portugal

Fertigstellung / Completion
März 2023

Fotografie / Photography
Francisco Nogueira, Lissabon

Für die neue Nutzung der Fabrik wurden die Wandfüllungen auf der Ostseite weitgehend entfernt.
For the new use of the factory, the wall panels on the east side were largely removed.

Das malerische Stadtzentrum Lissabons entlang des Tejo weicht im Nordosten recht bald den Infrastrukturbereichen einer Großstadt am Meer. Der Bahnhof Santa Apolónia mit den dazugehörigen Gleissträngen, eine vierspurige Stadtautobahn und nach wie vor genutzte Hafenanlagen machen sich am Fuße der allgegenwärtigen Hügel den engen Raum entlang des Flusses streitig. Das Quartier Beato war dort in der ersten Hälfte des vergangenen Jahrhunderts eines der kleinen industriellen sowie Produktions- und Umschlagszentren. Alte Silobauten zeugen noch deutlich davon; ab den 1970er Jahren jedoch setzte ein industrieller Niedergang ein.

Um der Stagnation und Deindustrialisierung in den letzten Jahrzehnten entgegenzusteuern, rief der Stadtrat von Lissabon das Projekt *Hub Criativo do Beato* (HCB) als Inkubator für neue Nutzungen durch Digitalindustrie und Start-ups in der Gegend ins Leben. Von der Lage her ist Beato dafür ideal: ungefähr gleich weit entfernt vom Zentrum Lissabons, dem Flughafen und dem neuen Stadtteil Parque das Nações – der wesentlich auf die Expo 1998 zurückgeht.

The picturesque centre of Lisbon, along the River Tagus, soon gives way to the infrastructure of a major seaside city. The Santa Apolónia railway station and its tracks, a four-lane urban motorway, and still-active port facilities compete for the narrow space along the river at the foot of the ubiquitous hills. In the first half of the 20th century, the Beato district was one of the region's small industrial and manufacturing centres. Old silos still bear witness to this, but industrial decline began in the 1970s.

To counteract the stagnation and deindustrialisation of recent decades, Lisbon City Council launched the 'Hub Criativo do Beato' (HCB) project as an incubator for new uses by the digital industry and start-ups in the area. Beato is ideally located: roughly equidistant from the centre of Lisbon, the airport, and the new Parque das Nações district, built for *Expo 1998*.

Eine Schlüsselrolle kommt dabei einem seit Jahren leer stehenden, vormals von Versorgungsbetrieben des portugiesischen Militärs genutzten, drei Hektar großen Areal entlang der Rua do Grilo im Westen und der Avenida Infante Dom Henrique auf der Tejo-Seite im Osten zu. Zwischen der Stadt Lissabon und dem portugiesischen Staat wurde 2016 eine Vereinbarung über die künftige Nutzung geschlossen. Dabei sollte das denkmalgeschützte Ensemble aus ehemaligen Mühlen, Brot-, Keks- und Nudelfabriken in seinem Charakter weitgehend erhalten werden und die Spuren der vormaligen Nutzung sollten sichtbar bleiben.

Den westlichen Riegel des Quartiers zur mehrspurigen Avenida Infante Dom Henrique bildet die Anfang der 1970er Jahre entstandene Nudel- und Keksfabrik. Gewissermaßen als Zeichen, dass der technologische Wandel seither nicht nur die Nudelherstellung, sondern auch die Art der Mobilität in der Stadt erfasst hat, sind vor dem Gebäude eine Busstation, Stellplätze für Scooter und eine große Entleihstation für E-Bikes angelegt worden. Nicht zuletzt markiert ein Grünstreifen mit frisch gepflanzten Bäumen, dass die Stadt der Zukunft smarter und grüner als das autogerechte Industriegebiet des 20. Jahrhunderts werden soll.

Der Umbau des Gebäudes durch Julian Breinersdorfer Architekten und portugiesische Partnerbüros ist eine bemerkenswert adaptive Transformation. Die große Herausforderung dabei war, dass der Bau 200 Meter lang und nur 11 Meter tief ist. Das Gebäudeband wurde unter Beibehaltung signifikanter Teile seiner historischen Hülle behutsam zu einem multifunktionalen Zentrum mit Gastronomie, Veranstaltungsflächen und Bürobereichen für größere Unternehmen oder Start-ups umgeformt.

Auf der zur Straße und zum Tejo hin orientierten Westseite wurden in den oberen Etagen die Wandfüllungen zwischen den Stützen entfernt und durch große Glasscheiben ersetzt; ausgesteift und gegen Erdbeben ertüchtigt wurde die gesamte Struktur wiederum durch neu eingefügte stählerne Andreaskreuze. An der hofseitigen Fassade dagegen blieben die alten Hüllwände zwischen dem Betonskelett in weiten Bereichen erhalten. Dort sind in dem langen Fassadenband besonders die drei mittleren Achsen, hinter denen sich die Silos befanden, hervorgehoben. Zueinander versetzte Zementsteine bildeten hier eine durchlüftete Wand. Die Zwischenräume sind jetzt verglast.

A key role is played by a three-hectare site along Rua do Grilo in the west and Avenida Infante Dom Henrique on the Tagus side in the east, which has been vacant for years and was previously used by the Portuguese military. In 2016, an agreement was reached between the City of Lisbon and the Portuguese State on its future use. The character of the listed ensemble of former mills, bread, biscuit, and pasta factories should be largely preserved, and the traces of their former use should remain visible.

The pasta and biscuit factory, built in the early 1970s, forms the western end of the neighbourhood, facing the multi-lane Avenida Infante Dom Henrique. As a sign that technological change has not only affected pasta production, but also the way we move around the city, a bus station, scooter parking, and a large e-bike rental station have been built in front of the building. Last but not least, a green belt with freshly planted trees marks the city of the future as smarter and greener than the car-friendly industrial area of the 20th century.

The conversion of the building by Julian Breinersdorfer Architekten and Portuguese partners is a remarkably adaptive transformation. The big challenge was that the building is 200 metres long and only 11 metres deep. The long, sprawling building has been carefully converted into a multi-functional centre with restaurants, event spaces, and office space for larger companies or start-ups, while retaining significant parts of its historic shell.

On the western side, facing the street and the Tagus, the wall panels between the columns on the upper floors were removed and replaced with large glass panels; the entire structure was braced and made earthquake-resistant by the insertion of new steel St Andrew's crosses. On the courtyard side of the building, however, the old shell walls were largely preserved between the concrete skeleton. There, in the long band of the façade, the three central axes, behind which the silos were located, are emphasised. Staggered cement blocks formed a ventilated wall. The spaces in between are now glazed.

Das denkmalgeschützte
Gebäude an der Avenida
Infante Dom Henrique.
The listed building
on Avenida Infante Dom
Henrique.

Die große Terrasse
mit Sonnendach.
The large terrace with
a sun canopy.

Ansicht Ost
Elevation east

Schnitt
Section

**Die neuen Erschließungsgalerien auf
Kragarmen an der historischen Struktur.**
New access galleries on cantilevers on the
historic structure.

**Der zentrale Eingang
vom Hof aus.**
The main entrance
from the courtyard.

Grundriss Dachgeschoss
Attic floor plan

Grundriss 2. Obergeschoss
Second floor plan

Grundriss 1. Obergeschoss
First floor plan

Grundriss Erdgeschoss
Ground floor plan

Der verspiegelte Aufzug und ein Silo im Zentrum des Foyers.
The mirrored lift and a silo in the centre of the foyer.

Das Foyer ist der Verteilerknoten für das gesamte Haus.
The foyer is the hub for the entire building.

Dahinter befindet sich das neue, von der Straßen- zur Hofseite durchgesteckte zentrale Eingangsfoyer. Drei Mehlsilos wurden in Teilen erhalten; als verschrammt-rostige Großskulpturen dienen sie jetzt als riesige Pflanztröge und rahmen an drei Seiten die vertikale Entwicklung des quadratischen Erschließungsraums. Mittig eingestellt ist der neue Aufzug, darum herum und zwischen den Silos eingeflochten ist die in der Untersicht weiß lackierte, oben mit blankem Riffelblech ausgeführte neue Stahltreppe. Eine polierte Blechumkleidung löst den Aufzugsquader in der Mitte optisch auf und spiegelt verwirrend kaleidoskopartig die umgebenden Silo- und Treppenstrukturen.

Von der Treppe führen in den beiden oberen Etagen diagonal zur Gebäudeachse Stege nach außen. Die daran anschließenden breiten Galerien entlang der Fassade sind der Kunstgriff, durch den die monotone lineare Gebäudestruktur eine überraschende Komplexität bekommt. Etagenweise zueinander versetzt, auf der West- und Ostseite der Fabrik, verlaufen die Galerien jeweils entlang der Hälfte der Gebäudelänge, dazwischengeschaltet sind nach oben und unten führende Treppen. Damit sind die Stege die weitere Erschließung und der Fluchtweg des Gebäudes, außerdem quasi die Erweiterung des schmalen Riegels in den Außenbereich.

Wie die Treppe im Foyer ist auch die filigrane, makellos weiße Stahlkonstruktion der Stege deutlich als neue Ergänzung an der historischen Struktur lesbar. Entsprechend dieser Strategie des Kontrastierens ist die neue Haustechnik deutlich sichtbar installiert. Daraus ergibt sich in den neuen Gewerbeflächen ein unverkennbarer Loft-Chic, der durch einige im Gebäude verbliebene alte Produktionsanlagen zusätzlich betont wird. Durch das Erschließungskonzept war es möglich, unterschiedlich große Gewerbeflächen – teilweise mit einer Mezzaninebene – zu generieren. Entsprechend bunt ist der Nutzermix: Neben Start-ups und Tech-Unternehmen ist auch die portugiesische Zentrale eines Fahrzeugvermieters in die Factory eingezogen.

Über allem befindet sich eine 2.000 Quadratmeter große – öffentlich zugängliche – Dachterrasse. In der Mitte der holzbeplankten Terrasse wurde ein großes Sonnendach mit Fotovoltaik aufgesetzt, während in einem Teil des offenen Bereichs Kräuter für die Gastronomie im Haus wachsen. Wie von einem riesigen Panoramadeck geht von der Terrasse der Blick über die Verladearbeiten am Hafenkai und über den breiten Tejo.

Behind them is the new central entrance foyer, which extends from the street side into the courtyard. Three flour silos have been partially preserved; large, scratched, and rusty sculptures, they now serve as huge plant troughs, framing the vertical development of the square entrance space on three sides. The new lift is in the centre, with the new steel staircase, painted white on the underside and covered with a shiny corrugated metal sheet on top, woven around it and between the silos. A polished sheet metal cladding visually dissolves the elevator cuboid in the centre, reflecting the surrounding silo and stair structures in a confusing kaleidoscope effect.

On the two upper floors, walkways lead diagonally outwards from the staircase. The adjoining wide galleries along the façade are the artistic device that gives a surprising complexity to the monotonous linear structure of the building. Staggered floor by floor on the west and east sides of the factory, the galleries each run half the length of the building, with stairs leading up and down between them. This means that the walkways act as additional access routes and emergency exits for the building, as well as extending the narrow block outwards.

Like the staircase in the foyer, the pristine white, delicate steel construction of the walkways is clearly visible as a new addition to the historic structure. In keeping with this contrasting strategy, the new building services are also clearly visible. The result is a distinctive loft chic in the new commercial spaces, which is further emphasised by some of the old production facilities that have been retained in the building. The development concept has made it possible to create commercial spaces of different sizes, some with mezzanine floors. As a result, the mix of tenants is diverse: in addition to start-ups and technology companies, the Portuguese headquarters of a car rental company has also moved into the factory.

Above it all is a 2,000-square-metre roof terrace that is open to the public. A large photovoltaic solar canopy has been installed in the centre of the wood-panelled terrace, while part of the open space is used to grow herbs for the in-house restaurant. As if from a huge panoramic deck, the terrace overlooks the loading and unloading operations at the port quay and the wide Tagus River.

Der Hafen am Tejo vor der Fabrik.
In front of the factory, the port on the River Tagus.

Anhang
Appendix

DAM Jahresbericht 2024
DAM Annual Report 2024

Das Deutsche Architekturmuseum war 2024 wegen Sanierung geschlossen und zeigte im Interimsquartier DAM OSTEND und im Stadtraum folgende Ausstellungen
In 2024 the Deutsches Architekturmuseum was closed due to renovations. It hosted the following exhibitions at the interim DAM OSTEND and in urban spaces

PROTEST / ARCHITEKTUR – Barrikaden, Camps, Sekundenkleber
PROTEST / ARCHITECTURE – Barricades, Camps, Superglue
DAM OSTEND
16.09.2023 – 14.01.2024

DAM PREIS 2024 – Die 26 besten Bauten in/aus Deutschland
DAM PREIS 2024 – The 26 best buildings in/from Germany
DAM OSTEND
27.01. – 09.06.2024

DIE STADT IST DER SPORT – Städte in Bewegung: Beispiele aus ganz Europa
THE CITY IS SPORTS – Cities in Motion: European Projects and Examples
Open Air Pop-up / Paulsplatz, Frankfurt am Main
06.06. – 12.06.2024
Open Air Pop-up / UEFA EURO EM 2024 Fanzone Mainufer, Frankfurt am Main
14.06. – 14.07.2024

GANZ GROSSE OPER – VIEL MEHR THEATER? Bühnenbauten im europäischen Vergleich
ALL THE WORLD'S A STAGE – REVISITED – Comparing European theatres, operas, and concert halls
DAM OSTEND
10.10. – 08.12.2024

BEST HIGH-RISES – Internationaler Hochhaus Preis 2024/25
International High-Rise Award 2024/25
Museum Angewandte Kunst, Frankfurt am Main
14.11.2024 – 12.01.2025

DAM Ausstellungen auf Tour 2024
DAM touring exhibitions in 2024

DIE NEUE HEIMAT (1950–1982)
B & O Parkhotel Bad Abling
Dauerausstellung seit 08.08.2021

EINFACH GRÜN – Greening the City
B & O Parkhotel Bad Abling
Dauerausstellung seit 27.09.2023

SCHÖN HIER – Architektur auf dem Land
NICE OUT HERE – Architecture in rural areas
Museum Angermünde im Haus Uckermark Rathaus Angermünde
19.12.2023 – 17.03.2024
Gemeindebücherei Kressbronn
09.06. – 24.07.2024
Studienkirche St. Josef, Burghausen
28.07. – 20.10.2024
Kulturmühle Parchim
31.10.2024 – 31.01.2025

PROTEST / ARCHITEKTUR – Barrikaden, Camps, Sekundenkleber
PROTEST / ARCHITECTURE – Barricades, Camps, Super Glue
MAK – Museum für Angewandte Kunst, Wien
14.02. – 25.08.2024
National Memorial and the Revolution of Dignity Museum (Maidan Museum), Kyjiw, Ukraine
24.10. – 24.11.2024

DAM PREIS 2024. Die besten Bauten in/aus Deutschland
Tapetenwerk, Leipzig
21.09. – 27.09.2024

Europäischer Architekturfotografie-Preis architekturbild 2023: Provisorium Stopgap
vhs photogalerie, Stuttgart
01.12.2023 – 11.02.2024

KAZimKUBA, Kassel
15.05. – 26.05.2024
Deutsche Werkstätten, Dresden
08.08. – 02.10.2024

Vortragsreihen
Lecture Series

STADTplus – Themen, die die Stadt bewegen

DIE STADT + DAS GELD
Jens-Peter Meyer
06.03.2024

DIE STADT + DIE LESBEN
Mirjam Tutzer
17.04.2024

DIE STADT + DIE SCHWIMMBÄDER
Gabi Schirrmacher
15.05.2024

DIE STADT + DIE SKATER
Concrete e. V.
12.06.2024

DIE STADT + DIE GEISTER
Philipp A. Schäfer
04.12.2024

Begleitprogramm Ausstellungen
Accompanying Programme Exhibitions

PROTEST / ARCHITEKTUR – Barrikaden, Camps, Sekundenkleber Kuratorenführung / Finissage
14.01.2024

DAM PREIS 2024 – Die 26 besten Bauten in/aus Deutschland Familienführungen durch die Ausstellung
17.01.2024 & 18.05.2024

Freiluftausstellung *Die Stadt ist der Sport.*
Open air exhibition *The City is Sports.*

Ausstellung *Ganz große Oper – Viel mehr Theater?*
Exhibition *All the World's a Stage, Revisited?*

**Austellung DAM Preis 2024.
Die 26 besten Bauten in/aus
Deutschland.**
Exhibition DAM Preis 2024. *The
26 best buildings in/from Germany.*

**Preisverleihung DAM Preis 2024
mit Bundesbauministerin Klara
Geywitz.**
Awards ceremony DAM Preis
2024 with Federal Minister of
Building Klara Geywitz.

Veranstaltungen
Events

ACHT ORTE – BEGEGNUNGEN ZWISCHEN LITERATUR UND ARCHITEKTUR
Amanda Lasker-Berlin, Jakob Nolte
30.01.2024

10 Jahre Sprengung. Erinnerung an den AfE-Turm
Holger Wüst, Oliver Elser,
Jessica Lütgems, Tim Schuster
24.02.2024

ACHT ORTE – BEGEGNUNGEN ZWISCHEN LITERATUR UND ARCHITEKTUR
Zsuzsa Bánk, Britta Boerdner
23.04.2024

FRANKFURT LIEST EIN BUCH:
99 Jahre Neues Frankfurt. Damals wie heute: Wie wollen wir leben?
Torsten Becker, Christina Treutlein,
Andrea Jürges
25.04.2024

RHEIN-MAIN LANDSCAPING
Dennis Knese, Kai Vöckler, Andrea Jürges, Dirk Löhr, Mario Tvrtkovic, Petra Manahl, Sophia Hartwig, Kerstin Schulz, Christian Holl, Sören Schöbel-Rutschmann, Kjell Schmitt, Oliver Kremershof
29.05.2024

TAG DER ARCHITEKTUR 2024:
Kulturelle (Um)Nutzung im Bestand – DAM Ostend & Danzig am Platz
Yorck Förster, Jakob Engert
29.06. + 30.06.2024

PECHA KUCHA NIGHT #56: FRANKFURT STORIES
Sascha Mahl, Tabea Arnold, Loimi Brautmann, Sally Schulze, Steffen Braun, Timur Zorlu, Andrea Jürges
Westcoast, Frankfurt am Main
03.08.2024

ACHT ORTE – BEGEGNUNGEN ZWISCHEN LITERATUR UND ARCHITEKTUR
Jan Brandt, Manja Präkels
10.09.2024

Symposien und Sonderveranstaltungen
Symposia and special events

Was lernen wir aus einer gemeinwohlorientierten Praxis für die nachhaltige Stadtentwicklung? Forschungsprojekt DFG – KOPRO Int.
Symposium mit Peter Cachola Schmal, Marcus Gwechenberger, Luis Eduardo Bresciani, Maren Harnack, Paola Alfaro d'Alençon, Franziska Dehm, Nikolaus Podlaha, Julia Tasic, Soledad Boetsch, Horacio Torrent, Christoph Heinemann, Osvaldo Moreno, Markus Vogl, Renato D'Alençon, Mauricio Nilo Lemus, Aland Castro
29. – 31.01.2024

DIE LANGE BANK – Installation im Stadtraum
Willy-Brandt-Platz
09.11.22023 – 20.02.2024
Kaiserplatz
21.02. – 30.05.2024
Braubachstraße
seit dem 16.05.2024
Sandgasse
18. – 22.06.2024
Carlo-Schmid-Platz
bis 31.10.2024
Hafenpark
19.09. – 28.10.2024

DAM ARCHITECTURAL BOOK AWARD 2024
Ausstellung der prämierten Bücher auf der Frankfurter Buchmesse
16. – 20.10.2024

Architekturvermittlung für Kinder und Jugendliche
Education in architecture for children and young people

WORKSHOPS

BlockLab: Minecraft und Frankfurt
26.01 / 27.01. / 23.02. / 08.03. / 22.03. / 26.04. / 10.05. / 24.05. / 14.06. / 21.06. / 05.07. / 20.09. / 04.10. / 18.10. / 01.11. / 15.11.

Räume aus Stäben
Tsvetelina Tsoneva
03.02.2024

Erste Hilfe im Archiv – Ein Blick in die Papierrestauration
Paula Argomedo
13.03.2024

MAINKAI JAM ARRAY & SPRAY
09. – 12.08.2024

FORTBILDUNGEN

Lehrkräfte-Fortbildung »Vom Gedanken zum Entwurf – wie Architekt:innen auf ihre Ideen kommen«
Susanne Szepanski
27.04.2024

KOOPERATIONSPROJEKTE

Minecraft-Projekt mit dem Gymnasium Oberursel: Minecraft – Plane Deine Stadt
Felix Bausch und Michèle Zeuner
04. – 10.07.2024

Ferien-Wochenprogramm:
Fantasie verleiht Flügel / Stadturlaub am Museumsufer
Michèle Zeuner und Tsvetelina Tsoneva
15. – 19.07.2024
Michèle Zeuner und Sara Biegler
22. – 26.07.2024

Ferien-Tagesprogramm:
Fantasie verleiht Flügel / Fanstastischer Ferienspaß
Michèle Zeuner, Tsvetelina Tsoneva
30.07.2024

Leihgabe der Legobaustelle an das Zentrum Baukultur Rheinland-Pfalz, Mainz
19. – 23.08.2024

Legobaustelle als eine Kooperation mit der Stadt Offenbach am Maus-Türöffner-Tag
Station Mitte, Offenbach am Main
02. – 04.10.2024

Einfach Reinkommen!
mit der Lebenshilfe Frankfurt
09. + 11.11.2024

Ferienprogramm BlockLab
Felix Bausch, Moritz Bausch
25. – 26.03.2024

Ferienprogramm KinderPappStadt
Sara Biegler, Marina Zaitseva
27. – 29.03.2024

Satourday: Ping – und an geht das Licht!
Michèle Zeuner
30.03.2024

LEGOBAUSTELLE
18.06. – 28.07.2024
17.12.2024 – 12.01.2025

BlockLab: Summer Special
Felix Bausch, Moritz Bausch
19. – 20.08.2024

Satourday: Starker (Bau-)Stoff!
Marina Zaitseva
30.11.2024

**Folgende Kataloge und Veröffent-
lichungen sind erschienen**
The following catalogues and books have
been published

**DEUTSCHES ARCHITEKTUR
JAHRBUCH 2024**
German Architecture Annual 2024
Hrsg. / ed.: Yorck Förster, Christina
Gräwe, Peter Cachola Schmal
Erschienen bei / published by:
DOM publishers
Deutsch / Englisch
German / English

**ARCHITEKTURFÜHRER
DEUTSCHLAND 2025**
Hrsg. / ed.: Yorck Förster, Christina
Gräwe, Peter Cachola Schmal
Erschienen bei / published by:
DOM publishers
Deutsch / German

**BEST HIGH-RISES 2024/25
Internationaler Hochhaus Preis**
International High-Rise Award
Hrsg. / ed.: Peter Körner,
Peter Cachola Schmal
Erschienen im / published by:
Jovis Verlag, Berlin
Deutsch / Englisch
German / English

**Zu den wichtigsten Neuzugängen der
DAM-Sammlung zählen**
The most important new additions to
DAM's collections include

FTM GmbH, Eschborn
Modell Deutsche Bank, Entwurf: ABB
Architekten, Mario Bellini (Sanierung),
2007

Luise King, Berlin
Nachlass der Architektin, Stadtplanerin
und Hochschullehrerin Luise King
(1939–2024)

Philip Topolovac, Berlin
Architekturmodell »I've never been
to Berghain«, 2016, und Vedute
»Das Berghain in Berlin«, 2020

Michael Reissinger, Bayreuth
Nachlassergänzung: 4 Mappen mit
Tuschezeichnungen von Eckhard
Reissinger auf Zeichenkarton, 1969–1976

Gabriele und Christoph Walter,
Vaihingen/Enz
Nachlassergänzung: Paul Bonatz,
gebundenes Heft mit Grundrissen,
Schnitten und Ansichten des ersten
Wohnhauses von Paul Bonatz
(Ehrenhalde 9, Stuttgart)

Wolfgang Voigt, Frankfurt am Main
Diverse Architekturzeichnungen
(Jochem Jourdan: Häuser Römerberg;
Wolfgang Voigt und Jürgen Padberg:
Rekonstruktion Deutsche Spiegelglas AG
von Walter Gropius; Eberhard
Gildemeister u. a.)

Hartmut Kimme, Friedrichsdorf /
Hochbauamt Frankfurt am Main
141 Lichtpausen mit der Detailplanung
von Richard Meier zum geplanten
Völkerkundemuseum in Frankfurt am
Main (1989–1994, nicht realisiert)

Annette Seliger, Frankfurt am Main
Kompendium »Wehrtürme in
Hessen«, unikaler Katalog zu
ca. 270 mittelalterlichen Wehrtürmen im
Umkreis von 60 Kilometern um Frankfurt
am Main, zusammengestellt und mit
Farbfotografien von Dietrich Seliger

DAM Forschungsprojekte
Research projects of the DAM

Gründungsakte/n Heinrich Klotz:
Erschließung, Erforschung,
Sichtbarmachung und Vermittlung –
Heinrich Klotz und das DAM im Konflikt
um die Postmoderne 1979 bis 1989
DAM und Wüstenrot Stiftung, Juli 2022
bis Juli 2025
Bearbeiterin: Birte Lebzien, M.A.
Founding File/s Heinrich Klotz:
Register, research, presentation, and
education – Heinrich Klotz and the DAM
in the Conflict over Postmodernism 1979
to 1989
DAM and Wüstenrot Stiftung, July 2022
until July 2025
Researcher: Birte Lebzien, M.A.

Postmoderne Zeitkapseln 1984/1989
Bearbeiterin: Jennifer Dyck, M.A.
DAM und Wüstenrot Stiftung, Juli 2024
bis Oktober 2024
Postmodern Time Capsules 1984/1989
Researcher: Jennifer Dyck, M.A.
DAM and Wüstenrot Stiftung, July 2024
to October 2024

**Die Lange Bank –
Installation im Stadtraum.**
The Long Bench –
an installation in urban space.

**DAM Architectural Book
Award – Stand auf der
Frankfurter Buchmesse 2023.**
Booth at the Frankfurt Book
Fair 2023.

Architekturpreise

Das DAM ist an der Auslobung wichtiger Architekturpreise beteiligt:

Seit 2007 zeichnet das DAM einen der im *Deutschen Architektur Jahrbuch* präsentierten Bauten mit dem DAM Preis für Architektur in Deutschland aus. Die Auszeichnung für das beste Gebäude ging 2007 an Wandel Hoefer Lorch & Hirsch aus Saarbrücken für die Gedenkstätte Hinzert, 2008 an Peter Zumthor aus Chur für das Kölner Kolumba Museum, 2009 an Barkow Leibinger aus Berlin für das Betriebsrestaurant Trumpf in Ditzingen, 2010 an David Chipperfield Architects aus Berlin für das Neue Museum Berlin, 2011 an Diener & Diener Architekten aus Berlin für das Naturkundemuseum Berlin, 2012 an Max Dudler Architekten aus Berlin für den Um- und Weiterbau des Hambacher Schlosses, 2013 an Lederer Ragnarsdóttir Oei aus Stuttgart für das Kunstmuseum Ravensburg, 2014 an Hess Talhof Kusmierz aus München für die Grundschule am Arnulfpark in München, 2015 an Bruno Fioretti Marquez aus Berlin für die Neuen Meisterhäuser in Dessau, 2017 an Studio Andreas Heller Architects & Designers aus Hamburg für das Europäische Hansemuseum in Lübeck, 2018 an bogevischs buero / SHAG Schindler Hable Architekten aus München für das genossenschaftliche Wohnprojekt wagnisART in München, 2019 an gmp Architekten von Gerkan Marg und Partner für den Kulturpalast Dresden, 2020 an David Chipperfield Architects aus Berlin für die James-Simon-Galerie in Berlin, 2021 an MVRDV aus Rotterdam und N-V-O Architekten und Stadtplaner aus München für WERK12 in München, 2022 an die Arge Summacumfemmer / Büro Juliane Greb für das Wohnhaus San Riemo in München, 2023 an Auer Weber aus München für die Erweiterung des Landratsamts Starnberg und 2024 an Gustav Düsing & Max Hacke, beide Berlin, für das Studierendenhaus der TU Braunschweig. Der DAM Preis 2025 geht an das Spore Haus, Berlin, der ortsansässigen AFF Architekten.

Der Internationale Hochhaus Preis (IHP) wird seit 2004 alle zwei Jahre von der Stadt Frankfurt am Main vergeben. Initiiert und organisiert wird er in partnerschaftlicher Kooperation vom DAM und von der DekaBank, die außerdem den IHP finanziert. Den IHP 2024 erhielt CapitaSpring in Singapur von BIG Bjarke Ingels Group (Kopenhagen, New York) und CRA-Carlo Ratti Associati (Turin, New York). Der Preis besteht aus einer Statue des Künstlers Thomas Demand und einem Geldpreis von 50.000 Euro.

Architectural Awards

DAM contributes to a number of important architectural prizes:

Since 2007, DAM has been selecting one of the buildings presented in the *German Architecture Annual* as the recipient of the DAM Preis for Architecture in Germany. The prize for best building has gone to the following: Wandel Hoefer Lorch & Hirsch from Saarbrücken for the Hinzert Memorial Center (2007); Peter Zumthor from Chur for the Kolumba Museum in Cologne (2008); Barkow Leibinger from Berlin for the Trumpf company restaurant in Ditzingen (2009); David Chipperfield Architects from Berlin for the Neues Museum Berlin (2010); Diener & Diener Architekten from Berlin for the Natural History Museum in Berlin (2011); Max Dudler Architekten from Berlin for the conversion and expansion of the Hambach Castle (2012); Lederer Ragnarsdóttir Oei from Stuttgart for the Art Museum in Ravensburg (2013); Hess Talhof Kusmierz from Munich for the elementary school in Arnulf Park in Munich (2014); Bruno Fioretti Marquez from Berlin for the Neue Meisterhäuser in Dessau (2015); Studio Andreas Heller Architects & Designers from Hamburg for the European Hansemuseum in Lübeck (2017); bogevischs buero and SHAG Schindler Hable Architekten from Munich for the communal residential complex wagnisART in Munich (2018); gmp Architekten von Gerkan Marg und Partner for the Kulturpalast Dresden (2019); David Chipperfield Architects for the James-Simon-Galerie in Berlin (2020); MVRDV from Rotterdam and N-V-O Architekten und Stadtplaner from Munich for WERK12 in Munich (2021); Arge Summacumfemmer / Büro Juliane Greb for the San Riemo residential building in Munich (2022); Auer Weber from Munich for the extension to the Starnberg District Office (2023); and to Gustav Düsing & Max Hacke, both from Berlin, for the Study Pavilion at TU Braunschweig (2024). The DAM Preis 2025 goes to the Spore Haus, Berlin, by the local AFF Architekten.

The City of Frankfurt am Main has been awarding the International Highrise Award (IHA) every two years since 2004. The city initiated and organised the award in cooperation with DAM and DekaBank, which also finances the IHA. BIG Bjarke Ingels Group (Copenhagen, New York) and CRA-Carlo Ratti Associati (Turin, New York) are the winners of the IHP 2024 for CapitaSpring in Singapore. The award consists of a statuette designed by the artist Thomas Demand and a cash prize of 50,000 euros.

Der DAM Architectural Book Award wurde 2024 zum 16. Mal verliehen. Er wird jährlich gemeinsam mit der Frankfurter Buchmesse ausgelobt und zu diesem Zeitpunkt verliehen. Die zehn Preisträger 2024 waren: *FEP/Viana de Lima*, Monade, Lissabon/*Erieta Attali – Kengo Kuma – Mirror in the Mirror*, Hartmann Books, Stuttgart/*Was wäre wenn/What if – Ungebaute Architektur in der Schweiz/Unbuilt Architecture in Switzerland*, Christoph Merian Verlag, Basel/*Polylemma*, Jovis Verlag, Berlin/*Thinking and Building on Shaky Ground – On Architecture in Seismic Regions*, Birkhäuser Verlag, Basel/*Wild Site*, Point Nemo Publishing, Remerschen/*Researching Otherwise – Pluriversal Methodologies for Landscape and Urban Studies*, gta Verlag ETH Zürich, Zürich/*Tane Garden House*, Vitra Design Museum, Weil am Rhein/*Rom – Häuser der Stadt 1920–1980*, Verlag der Buchhandlung Walther und Franz König, Köln/*Das Bewusstsein des Ortes*, Quart Verlag, Luzern. »Special Mention« für die schönste eingereichte Publikation des diesjährigen Gastlandes Italien: *Officina Gio Ponti – Scrittura, grafica, architettura, design*, Quodlibet, Macerata.

Seit 2008 ist das DAM Kooperationspartner des architekturbild e. v., der im Zweijahresrhythmus den Europäischen Architekturfotografie-Preis vergibt. Der Preis wird voraussichtlich 2026 das nächste Mal ausgelobt.

Das DAM ist seit 2007 Mitglied des Advisory Committee für den EUMiesAward für zeitgenössische Architektur in Europa. Der Preis ging 2024 an das Studierendenhaus der TU Braunschweig von Gustav Düsing & Max Hacke (DAM-Preis-Gewinner 2024). In der Kategorie *Nachwuchs* wurde die Biblioteca Gabriel García Márquez in Barcelona von SUMA Arquitectura prämiert.

Das DAM ist außerdem Mitglied des wissenschaftlichen Beirats für den alle zwei Jahre verliehenen European Prize for Urban Public Space vom Centre of Contemporary Culture of Barcelona (CCCB). Die vier Finalisten 2024 waren: Sieben Interventionen in Monte in Castel San Pietro, Schweiz, von studioser Architects ETH OTIA SIA/CHAPEX in Charleroi, Belgien, von AjdvivgwA : AM architecten jan de vylder inge vinck – AgwA/Paseo de la Boca de la Mina in Reus, Spanien, von Batlleiroig/Narikala Ridge Forest in Tiflis, Georgien, von Ruderal/Warsaw Uprising Mound in Warschau, Polen, von archigrest, topoScape. Die Finalisten der neu eingeführten Kategorie *Seafronts* waren: Beach boulevard in Delfzijl, Niederlande, von LAOS landscape urbanism/Redevelopment of Dún Laoghaire Baths in Dublin, Irland, von DLR Architects Dept.+A2 Architects/Camino de Ronda in Palamós, Spanien, von Ardevol Consultors Associats, Estudi Martí Franch

The DAM Architectural Book Award was awarded for the 16th time in 2024. It is presented annually in cooperation with the Frankfurt Book Fair during the fair. The ten winning titles in 2024 were: *FEP/Viana de Lima* (by Monade, Lisbon); *Erieta Attali – Kengo Kuma – Mirror in the Mirror* (by Hartmann Books, Stuttgart); *Was wäre wenn/What if – Ungebaute Architektur in der Schweiz/Unbuilt Architecture in Switzerland* (by Christoph Merian Verlag, Basel); *Polylemma* (by Jovis Verlag, Berlin); *Thinking and Building on Shaky Ground – On Architecture in Seismic Regions* (by Birkhäuser Verlag, Basel); *Wild Site* (by Point Nemo Publishing, Remerschen); *Researching Otherwise – Pluriversal Methodologies for Landscape and Urban Studies* (by gta Verlag ETH Zürich, Zürich); *Tane Garden House* (by Vitra Design Museum, Weil am Rhein); *Rom – Häuser der Stadt 1920–1980* (by Verlag der Buchhandlung Walther und Franz König, Cologne); *Das Bewusstsein des Ortes* (by Quart Verlag, Lucerne).

Since 2008, DAM has been cooperating with architekturbild e. v. to award the European Architectural Photography Prize every two years. The next call for proposals for the prize is expected in 2026.

DAM has been a member of the Advisory Committee for the EU Mies van der Rohe Award since 2017. The award will next be presented in 2024. In 2024, the prize was awarded to the Study Pavilion at TU Braunschweig by Gustav Düsing & Max Hacke. In the Young Architects category, the Biblioteca Gabriel García Márquez in Barcelona by SUMA Arquitectura was honoured.

DAM is also a member of the Advisory Committee for the biennial European Prize for Urban Public Space by the Centre of Contemporary Culture of Barcelona (CCCB). The four finalists in 2024 were: Seven interventions in Monte in Castel San Pietro, Switzerland, by studioser Architects ETH OTIA SIA; CHAPEX in Charleroi, Belgium, by AjdvivgwA : AM architecten jan de vylder inge vinck – AgwA; Paseo de la Boca de la Mina in Reus, Spain, by Batlleiroig; Narikala Ridge Forest in Tbilisi, Georgia, by Ruderal; Warsaw Uprising Mound in Warsaw, Poland, by archigrest, topoScape. The finalists in the newly introduced *Seafronts* category were: Beach boulevard in Delfzijl, Netherlands, by LAOS landscape urbanism; Redevelopment of Dún Laoghaire Baths in Dublin, Ireland, by DLR Architects Dept.+A2 Architects; Camino de Ronda in Palamós, Spain, by Ardevol Consultors Associats, Estudi Martí Franch Arquitectura del Paisatge SL; Beach improvement and redevelopment of the harbour edge in Puerto do Son, Spain, by RVR arquitectos, CREUSeCARRASCO; Parco del Mare in Rimini, Italy, by Benedetta Tagliabue – EMBT Architects.

Arquitectura del Paisatge SL / Beach improvement and redevelopment of the harbour edge in Puerto do Son, Spanien, von RVR arquitectos, CREUSeCARRASCO / Parco del Mare in Rimini, Italien, von Benedetta Tagliabue – EMBT Architects.
Die Preisträger sind
Warsaw Uprising Mound in Warschau, Polen,
von archigrest, topoScape, und
Beach improvement and redevelopment of the harbour edge in Puerto do Son, Spanien,
von RVR arquitectos, CREUSeCARRASCO.

Schließlich ist das DAM seit 2008 auch Mitglied des Wahlkuratoriums des Schelling Architekturpreises in Karlsruhe. 2024 waren nominiert: Teresa Galí-Izard – Arquitectura Agronomia, Barcelona / LOLA Landscape Architects, Rotterdam / Bureau Bas Smets, Brüssel.
Unter dem Leitgedanken *Deep Transformations – Erde, Landschaft, Architektur* wurden LOLA Landscape Architects, Rotterdam, mit dem Schelling Architektur-preis ausgezeichnet. Ein Theoriepreis wurde 2024 nicht vergeben.

The winners are
Warsaw Uprising Mound in Warsaw, Poland,
by archigrest, topoScape, and
Beach improvement and redevelopment of the harbour edge in Puerto do Son, Spain,
by RVR arquitectos, CREUSeCARRASCO.

Finally, DAM has also been a member of the Board of Trustees for the Schelling Architecture Award in Karlsruhe since 2008. The nominees for 2024 were: Teresa Galí-Izard – Arquitectura Agronomia, Barcelona; LOLA Landscape Architects, Rotterdam; and Bureau Bas Smets, Brussels.
Under the unifying idea *Deep Transformations – Earth, Landscape, Architecture* were honoured LOLA Landscape Architects, Rotterdam, with the Schelling Architecture Award. A theory prize was not awarded in 2024.

DAM Sponsoren 2024 / 2025
DAM Sponsors 2024 / 2025

Bundesministerium für Wohnen, Stadtentwicklung und Bauwesen, Berlin
Kulturstiftung des Bundes, Halle
DekaBank Deutsche Girozentrale, Frankfurt am Main
Albrecht Jung GmbH & Co.KG, Schalksmühle
Quarterback Construction Frankfurt GmbH, Frankfurt am Main
Gesellschaft der Freunde des Deutschen Architekturmuseums e. V., Frankfurt am Main
Wüstenrot-Stiftung für Bauen und Wohnen, Ludwigsburg
Stiftung Fußball & Kultur EURO 2024
National Commission for Culture and the Arts, Manila, Philippinen

Stiftung Polytechnische Gesellschaft, Frankfurt am Main
Architekten- und Stadtplanerkammer, Wiesbaden

s.boehm & co., Frankfurt am Main
Bund Deutscher Landschaftsarchitekt:innen bdla, Landesverband Hessen e. V., Stuttgart

Gemeinnützige Kulturfonds Frankfurt RheinMain GmbH, Bad Homburg vor der Höhe
Europäische Zentralbank, Frankfurt am Main
Hessisches Ministerium für Wissenschaft und Kunst, Wiesbaden

Unterstützer
Supporters

DESERVE GbR Raum und Medien Design, Wiesbaden
inditec Display & Messegestaltung GmbH, Bad Camberg
Frankfurter Buchmesse, Frankfurt am Main

Freunde
Friends

ARCHITEKTUR ERLEBEN, FÖRDERN UND UNTERSTÜTZEN
EXPERIENCE ARCHITECTURE, BE A PATRON OF ARCHITECTURE AND SUPPORT IT

Nehmen Sie an den Aktivitäten der Freunde und des Deutschen Architekturmuseums teil, das auf nationaler und internationaler Ebene der wichtige Treffpunkt ist, wo Fragen und Anliegen der Architektur vermittelt, erläutert und diskutiert werden.
Werden Sie Teil eines Netzwerks, das diese Bemühungen unterstützt.

Nutzen Sie Ihre exklusiven Vorteile als Freund/in!
Wir würden uns freuen, Sie schon bald als Mitglied begrüßen zu dürfen.

JAHRESMITGLIEDSBEITRÄGE:
STUDENTEN und RUHESTÄNDLER € 50
EINZELMITGLIEDSCHAFT € 95
JUR. PERSONEN, PERSONEN-VEREINIGUNGEN € 920

Take part in the activities of the Friends and Deutsches Architekturmuseum, the key national and international meeting place where architectural issues and needs are outlined, presented, and discussed. Become part of a network supporting the museum's efforts.

Use your exlusive benefits as a friend! We would be delighted to welcome you soon as one of our members.

ANNUAL MEMBERSHIP FEES:
STUDENTS and RETIREES € 50
INDIVIDUAL MEMBERSHIP € 95
CORPORATIONS, ORGANISATIONS € 920

Weitere Informationen unter
Further information at
Telefon +49 (0) 69 – 97 20 33 66
Mobil +49 (0) 178 – 44 75 363
E-Mail freunde.dam@communetwork.net
www.dam-online.de / freunde
facebook.com / groups / @freundedesdam

Förderer der / Patrons of the Gesellschaft der Freunde des Deutschen Architekturmuseums

1100 Architekten Riehm + Piscuskas BDA, Frankfurt am Main
allmannwappner gbr, München
Architekten- und Stadtplanerkammer Hessen, Wiesbaden
Artemide Deutschland GmbH & Co. KG, Fröndenberg
AS + P Albert Speer + Partner GmbH, Frankfurt am Main
Bauverlag BV GmbH, Gütersloh
Bund Deutscher Architektinnen und Architekten BDA Hessen e. V., Frankfurt am Main
BDB Bund Deutscher Baumeister, Architekten und Ingenieure e. V., Berlin
BDB Bund Deutscher Baumeister, Architekten und Ingenieure Hessen Frankfurt e. V., Frankfurt am Main
BDB Landesverband Südhessen-Nassau, Darmstadt
BIG Bjarke Ingels Group, Kopenhagen, Dänemark
B+G Ingenieure Bollinger + Grohmann GmbH, Frankfurt am Main
Coop Himmelb(l)au, Wien, Österreich
Cornelsen + Seelinger Architekten BDA, Darmstadt
David Chipperfield Architects, Berlin
Deutsche Werkstätten Hellerau GmbH, Dresden
ernst-may-gesellschaft e. v., Frankfurt am Main
HPP Architekten GmbH, Düsseldorf
InformationsZentrum Beton GmbH, Beckum
christoph ingenhoven architects gmbh, Düsseldorf
Just Architekten GmbH, Frankfurt am Main
Ingenieursozietät Prof. Dr.-Ing. Katzenbach GmbH, Frankfurt am Main
Landes & Partner, Frankfurt am Main
Marte.Marte Architekten ZT GmbH, Feldkirch, Österreich

Meixner Schlüter Wendt Architekten, Frankfurt am Main
Nassauische Heimstätte Wohnungs- und Entwicklungs GmbH, Frankfurt am Main
netzwerkarchitekten GmbH, Darmstadt
Payel Rahman Architekten GmbH, Frankfurt am Main
Raumwerk Gesellschaft für Architektur und Stadtplanung mbH, Frankfurt am Main
s.boehme & co. KGaA, Frankfurt am Main
Schmidt Plöcker Architekten PartG mbB, Frankfurt am Main
schneider+schumacher Verwaltungsgesellschaft mbH, Frankfurt am Main
Schüco International KG, Frankfurt am Main
+Seelinger Architekten+Ingenieure BDA, Darmstadt
Werner Sobek Frankfurt GmbH & Co. KG, Frankfurt am Main
Stefan Forster Architekten GmbH, Frankfurt am Main
UNStudio Frankfurt, Frankfurt am Main
Wentz & Co. GmbH, Frankfurt am Main
Wenzel + Wenzel GmbH, Karlsruhe
wörner traxler richter planungsgesellschaft mbh, Frankfurt am Main
WPV Baubetreuung GmbH, Frankfurt am Main
Zumtobel Group Deutschland GmbH, Frankfurt am Main

Abbildungsnachweis
Illustration Credits

Sämtliche hier nicht aufgeführte Abbildungen wurden uns freundlicherweise von den Architekten für die Publikation ihrer Projekte in diesem Buch zur Verfügung gestellt. Sollten unabsichtlich Referenzen nicht erfolgt sein, bitten wir um Entschuldigung und eine entsprechende Mitteilung an das DAM.

All photographs not listed here were kindly made available to us by the architects for the publication of their projects in this book. Any omissions are entirely unintentional. We apologise to anyone not acknowledged and would request that details are addressed to DAM.

Umschlag / Cover © Hans-Christian Schink

6, 10, 13, 14 oben, unten / top, bottom Tjark Spille

9, 14 mittig / centre, 16 oben / top, 18 © Hans-Christian Schink

16 unten / bottom Yorck Förster

22, 24 oben / top, 27, 28 Rainer Taepper

23, 24 unten / bottom Juli Knop, Hamburg

31–36 Jennifer Endom

35 Clemens Habermann

39–45 Edward Beierle

49, 50, 52 unten / bottom, 57 oben, unten / top, bottom Brita Köhler

52 oben / top, 53, 57 mittig / centre, 63 Yorck Förster

64 oben / top Raimond Spekking / CC BY-SA 4.0 (via Wikimedia Commons)

64 unten / bottom JoachimKohler-HB CC BY-SA 4.0

69 Midstad Frankfurt / Renzo Piano Building Workshop

70 Angelis & Partner / Foto: Ulf Duda

75–78 © Johann Husser

80 Kultur.Landschaft.Digital / dl-by-de / 2.0

81–85 Célia Uhalde

87–91 Roland Halbe

93–96 Joshua Delissen

98 Brückner & Brückner Architekten

99, 101, 102 oben rechts, unten / top right, bottom Constantin Meyer, Köln

102 oben links / top left mju-fotografie, Marie Luisa Jünger, Hümpfershausen

105–115 Thilo Ross / Quelle DGJ GmbH

115 oben links / top left Hans Drexler

116–121 HGEsch

122 Arild Vågen CC BY-SA 3.0

123–126 Marcus Bredt

128 Norbert Liesz

129–132, Florian Holzherr

135 Oliver Franke

136–139 Jan Bitter

141 BUGA 2023

142–145 h7photo.com / Lukac & Diehl

142 unten / bottom Hütten & Paläste / Linus Werner

147–157 Sebastian Schels

158–162 Peter Grundmann

164 Schrammel Architekten

165–168 Julia Schambeck

171–174 Bryn Donkersloot

176–181, SUMMACUMFEMMER

183–187 © Thomas Heimann

191–198 SL Rasch GmbH

208 unten, rechts / bottom, right c/o now & Büro Otto Sauhaus

205, 207, 208 oben / top © Carmen Yasmine Abd Ali

211–214 Francisco Nogueira

219, 220, 223 unten / bottom Moritz Bernoully

223 oben / top Felix Krumbholz

Autoren
Authors

Christian Brensing
*1960 in Bad Ems.
1982–1989 Studium der englischen Literatur und Kunstgeschichte in England; Abschluss M. A. Royal College of Art (RCA), London. 1989–1990 wissenschaftlicher Assistent am RCA. 1990–1992 Zaha Hadid Architects, London. 1993–2004 Ove Arup & Partners Consulting Engineers, London und Berlin. 2004–2005 CBP Consulting Engineers, München. Seit 2006 freischaffender Berater, Autor und Kurator, gründete 2012 die Christian Brensing Enterprises Ltd. mit Sitz in London und Berlin.
*1960 in Bad Ems.
1982–1989: studied English literature and art history in England. Received MA from the Royal College of Art (RCA), London. 1989–1990: research assistant at RCA. 1990–1992: Zaha Hadid Architects, London. 1993–2004: Ove Arup & Partners Consulting Engineers, London and Berlin. 2004–2005: CBP Consulting Engineers, Munich. Since 2006: freelance consultant, author, and curator. In 2012: founded Christian Brensing Enterprises Ltd., headquartered in London and Berlin.

Jennifer Dyck
Freie Architektur- und Kunsthistorikerin in Berlin. Studierte Kunstgeschichte, Klassische Archäologie und Komparatistik an der Johann Wolfgang Goethe-Universität in Frankfurt am Main. Bis 2024 wissenschaftliche Volontärin am DAM.
Freelance architectural and art historian in Berlin. She studied art history, classical archaeology, and comparative literature at Johann Wolfgang Goethe University in Frankfurt. She was a research trainee at the DAM until 2024.

Oliver Elser
*1972 in Rüsselsheim.
Architekturstudium an der TU Berlin. Seit 1995 als Architekturkritiker und -journalist für Zeitungen und Zeitschriften tätig, zunächst in Berlin, danach in Wien. Seit 2007 Kurator am Deutschen Architekturmuseum (DAM) in Frankfurt am Main. 2012/13 Vertretungsprofessor für Szenografie an der Fachhochschule Mainz und 2021 Vertretungsprofessor für Architekturtheorie am KIT, Karlsruhe. 2016 Kurator von »Making Heimat«, dem Deutschen Pavillon auf der Architekturbiennale von Venedig. 2017 Gründungsmitglied des Center for Critical Studies in Architecture (CCSA).
*1972 in Rüsselsheim.
Studied architecture at the TU Berlin. Has worked as an architecture critic and journalist for newspapers and magazines since 1995, initially in Berlin and then in Vienna. Since 2007: curator at the German Architecture Museum (DAM) in Frankfurt. 2012–13: visiting professor of scenography at the University of Applied Sciences in Mainz. 2021: visiting professor of architectural theory at the KIT, Karlsruhe. 2016: Curator of *Making Heimat*, the German Pavilion at the Venice Architecture Biennale. 2017: founding member of the Center for Critical Studies in Architecture (CCSA).

Yorck Förster
*1964 in Hannover.
Kurator und Publizist. Studium der Philosophie, Soziologie und Kunstpädagogik an der Universität Frankfurt am Main. Zahlreiche Vorträge, Publikationen und Ausstellungen, u. a. »COOP HIMMELB(L)AU« (2015), »Between the Sun and the Moon. Studio Mumbai« (2016), »Große Oper – Viel Theater? Bühnenbauten im europäischen Vergleich« (2018), »Antonio de Campos. Konzepte für Zaha Hadid« (2022) und »Ganz große Oper – Viel mehr Theater?« (2024). Freier Autor für *DAB*, *Baumeister*, *Bauwelt* u. a. Partner der kuratorenwerkstatt Förster, Gräwe.
*1964 in Hanover.
Curator and journalist. Studied philosophy, sociology, and art pedagogy at Goethe University, Frankfurt. Numerous lectures, publications, and exhibitions, including 'COOP HIMMELB(L)AU' (2015), 'Between the Sun and the Moon: Studio Mumbai' (2016), 'Große Oper – Viel Theater? Bühnenbauten im europäischen Vergleich', 'Antonio de Campos. Concepts for Zaha Hadid' (2022), and 'Ganz große Oper – Viel mehr Theater?' (2024). Freelance writer for *DAB*, *Baumeister*, and *Bauwelt*, among others. Partner at kuratorenwerkstatt Förster, Gräwe.

Christina Gräwe
*1965 in Idar-Oberstein.
Krankenschwester, Architekturstudium in Berlin. Ab 2003 Volontärin, dann Kuratorin am DAM. Dort zahlreiche Ausstellungen, u. a. »Martin Elsaesser und das Neue Frankfurt« (2009). Seit 2007 freie Kuratorin und Publizistin. Weitere Ausstellungen: »STADTVISIONEN 1910|2010« (Architekturmuseum TU Berlin, 2010), »Unvollendete Metropole« (2020), »immer modern! Berlin und seine Straßen« (2024), »Ganz große Oper – Viel mehr Theater?« (2024). Freie Redakteurin/Autorin bei u. a. *BauNetz*, *competition Magazin*, *DAB*. Partnerin der kuratorenwerkstatt Förster, Gräwe.
*1965 in Idar-Oberstein.
Trained as a nurse. Studied architecture in Berlin. From 2003: trainee and curator at DAM where she curated numerous exhibitions, including 'Martin Elsaesser und das Neue Frankfurt' (2009). Since 2007: freelance curator and journalist. Further exhibitions include: 'STADTVISIONEN 1910|2010' (Architectural Museum of the Technical University of Berlin, 2010), 'Unfinished Metropolis. 100 Years of Urban Development for Greater Berlin' (2020), 'immer modern! Berlin und seine Straßen' (2024), and 'Ganz große Oper – Viel mehr Theater?' (2024). Freelance writer/editor at *BauNetz*, *competition magazine*, *DAB*, among others. Partner at kuratorenwerkstatt Förster, Gräwe.

Oliver G. Hamm
*1963 in Limburg an der Lahn.
Dipl.-Ing. (FH Darmstadt) Architektur. Freier Autor, Redakteur und Kurator. Frühere Stationen: 1989–1992 Redakteur *db deutsche bauzeitung*, Stuttgart, 1992–1998 Redakteur *Bauwelt*, Berlin, 2000–2007 Chefredakteur *Deutsches Architektenblatt*, Berlin, 2017–2018 Chefredakteur der deutschen *domus*, Berlin, 2019–2020 Projektmanager beim Aedes Architekturforum, Berlin. Auszeichnung: 2003 Deutscher Preis für

Denkmalschutz (Journalistenpreis). Lebt in Berlin.

*1963 in Limburg an der Lahn. Studied architecture at FH Darmstadt. Freelance author, editor, and curator. 1989–1992: editor at *db deutsche bauzeitung*, Stuttgart. 1992–1998: editor at *Bauwelt*, Berlin. 2000–2007: editor-in-chief at *Deutsches Architektenblatt*, Berlin. 2017–2018: editor-in-chief at German *domus*, Berlin. 2019–2020: project manager at Aedes Architekturforum, Berlin. Winner of the 2003 German Preservation and Conservation Award (journalism award). Lives in Berlin.

Gregor Harbusch

*1978 in München. Studium der Kunstgeschichte, Kulturwissenschaft und Neueren und Neuesten Geschichte in München, Wien, London und Berlin. 2004–2007 mehrmalige projektbezogene Mitarbeit bei der Zeitschrift *ARCH+*. 2007–2013 Mitarbeiter am gta Archiv der ETH Zürich. 2013–2015 und 2020 Ausstellungen zum Berliner Architekten Ludwig Leo in Berlin, Stuttgart und London in Zusammenarbeit mit BARarchitekten. 2016 Abschluss der Dissertation zu Ludwig Leo; Publikation in Vorbereitung. Seit Ende 2016 bei *BauNetz*, aktuell in der Position Stellvertretender Chefredakteur Redaktion Meldungen. Außerdem als Forscher und Autor aktiv.

*1978 in Munich. Studied art history, cultural studies, and modern and contemporary history in Munich, Vienna, London, and Berlin. 2004–2007: several project-related collaborations with *ARCH+* magazine. 2007–2013: employee at the gta Archives at ETH Zurich. 2013–2015 and 2020: exhibitions on the Berlin architect Ludwig Leo in Berlin, Stuttgart, and London in collaboration with BARarchitekten. 2016: completed dissertation on Ludwig Leo; publication in preparation. End of 2016: at *BauNetz*, currently as deputy editor-in-chief of the news editorial team. Also active as a researcher and author.

Florian Heilmeyer

*1974 in Tübingen. Autor, Redakteur, Kritiker, Kurator und Berater im Bereich Architektur und Stadt. Ausstellungen, Bücher, Texte und Vorträge. Seine Texte erscheinen in der internationalen Fach- und Tagespresse, darunter regelmäßig in *BauNetz, Baumeister, Architectural Review, Metropolis, taz, Werk Bauen + Wohnen*. 2008 und 2012 als Redakteur an den deutschen Beiträgen zur Architekturbiennale in Venedig beteiligt. Jüngst erschienen sind *Umbauarchitektur in Flandern* (2024) und *Berlin* (2023). Aktuell begleitet er die internationale Wanderausstellung *Umbau* von gmp als kuratorischer Berater.

*1974 in Tübingen. Writer, editor, critic, curator, and consultant on architecture and the city. He creates exhibitions, books, texts, and lectures. His texts appear in the international trade and daily press, including *BauNetz, Baumeister,* the *Architectural Review, Metropolis, taz,* and *Werk Bauen + Wohnen.* 2008 and 2012: involved in the German contributions to the Venice Architecture Biennale as an editor. His most recent publications are *Umbauarchitektur in Flandern* (2024) and *Berlin* (2023). He currently works as a curatorial consultant on the international travelling exhibition *Umbau* by gmp.

Maximilian Hinz

*1996 in Berlin. Aufgewachsen im brandenburgischen Hennigsdorf. Architekturstudium an der TU Berlin. Mitarbeit bei *Die Architekt*, Fachmedium des BDA. Tätigkeit bei Ludloff Ludloff Architekten. Seit 2022 Redakteur bei *BauNetz Meldungen*.

*1996 in Berlin. Grew up in Hennigsdorf, Brandenburg. Studied architecture at the TU Berlin. Worked for *Die Architekt*, the BDA's trade journal. Worked for Ludloff Ludloff Architekten. Since 2022: editor at *BauNetz Meldungen*.

Harald Kegler

*1957 in Aschersleben. Architektur- und Städtebaustudium an der HAB Weimar. Promotion und Habilitation an der Bauhaus-Universität Weimar zur Geschichte der Stadt- und der Landesplanung. 1987–1999 Abteilungsleiter und Stellvertretender Direktor des Bauhauses Dessau. 2000–2002

Gastprofessor für Stadtplanung an der University of Miami (USA). Gründung des eigenen Büros Labor für Regionalplanung. 2002 Gewinn eines 1. Preises »Stadtumbau-Ost« im Bundeswettbewerb. 2008–2012 Lehre an der Bauhaus-Universität Weimar. 2013–2023 apl. Professor für Städtebaugeschichte und nachhaltige Raumplanung an der Universität Kassel. Derzeit Lehre an der Martin-Luther-Universität Halle-Wittenberg zu Stadt- und Regionalplanung.

*1957 in Aschersleben. Studied architecture and urban planning at the HAB Weimar. Doctorate and habilitation at the Bauhaus University Weimar on the history of urban and regional planning. 1987–1999: head of department and deputy director of the Bauhaus Dessau. 2000–2002: visiting professor of urban planning at the University of Miami (USA). Establishment of his own office, the Labor for Regionalplanung. 2002: first prize in the national competition *Stadtumbau-Ost*. 2008–2012: taught at the Bauhaus University Weimar. 2013–2023: adjunct professor of urban planning history and sustainable spatial planning at the University of Kassel. Currently teaches urban and regional planning at Martin Luther University Halle-Wittenberg.

Kyung-Ae Kim

*1979 in Hamburg. Studierte Architektur an der HBFK in Hamburg und an der UdK Berlin. Mitarbeit bei Miller & Maranta Architekten und Max Dudler. Wissenschaftliche Mitarbeiterin an der TU Dortmund. Gemeinsam mit Max Nalleweg 2015 Gründung von Kim Nalleweg Architekten in Berlin. 2021–2022 gemeinsame Vertretungsprofessur an der TU München.

*1979 in Hamburg. Studied architecture at Hamburg University of Applied Sciences and Arts and at Berlin University of the Arts. Worked at Miller & Maranta Architects and Max Dudler. Research assistant at the Technical University of Dortmund. 2015: together with Max Nalleweg, she founded Kim Nalleweg Architects in Berlin. 2021–2022: joint professorship at the Technical University of Munich.

Ursula Kleefisch-Jobst
*1956 in Stuttgart.
Studium der Kunstgeschichte, Klassischen Archäologie und Germanistik in Bonn, München und Rom; Promotion. 1985–1988 Forschungsprojekt an der Bibliotheca Hertziana in Rom. 1989–1990 Mitarbeiterin am Landesdenkmalamt in Berlin. 2001–2007 freie Kuratorin am DAM. 2008–2020 Geschäftsführende Kuratorin am M:AI Museum für Architektur und Ingenieurkunst NRW. Ab 2020 bis April 2022 Generalkuratorin des Museums der Baukultur NRW im Rahmen von Baukultur Nordrhein-Westfalen.
*1956 in Stuttgart.
Studied art history, classical archaeology, and German studies in Bonn, Munich, and Rome; doctorate. 1985–1988: research project at the Bibliotheca Hertziana in Rome. 1989–1990: employee at the State Monument Office in Berlin. 2001–2007: freelance curator at DAM. 2008–2020: executive curator at the M:AI Museum for Architecture and Engineering Art NRW. 2020–April 2022: general curator of the Museum der Baukultur NRW as part of the North Rhine-Westphalia building culture project.

Brita Köhler
*1976 in Gießen.
Studierte Architektur an der Hochschule Darmstadt. Freie Mitarbeit bei *db deutsche bauzeitung*, Mitarbeit bei Auer+Weber, Stuttgart. Seit 2010 Leiterin der Presse- und Öffentlichkeitsarbeit im DAM, daneben Tätigkeit als freie Autorin.
*1976 in Gießen.
Studied architecture at the University of Applied Sciences in Darmstadt. Freelance work for *db deutsche bauzeitung,* work at Auer+Weber, Stuttgart. Since 2010: head of press and public relations at DAM, also works as a freelance author.

Julia Koschewski
*1988.
Medienkunststudium an der HGB Leipzig, Architekturstudium an der HTWK Leipzig. Mitarbeit in verschiedenen Architekturbüros. Seit 2023 als freie Autorin tätig, u. a. für *Die Architekt*, seit 2024 Doktorandin an der TU Berlin/ TU Darmstadt im Programm für entwurfsbasierte Promotion; Forschungsschwerpunkte: Posthumane Typologien und interspeziesistische Co-Habitation. Freie Mitarbeiterin am Haus der Statistik in Berlin.
*1988.
Studied media art at the HGB Leipzig, architecture at the HTWK Leipzig. Worked in various architectural offices. Has been working as a freelance author since 2023, among others for *Die Architekt.* Since 2024: doctoral candidate at the TU Berlin/TU Darmstadt in the programme for design-based doctoral studies, research focus: posthuman typologies and interspecies co-habitation. Freelance employee at the Haus der Statistik in Berlin.

Stefanie Lampe
*1984 in Heilbronn.
Studium der Kunstgeschichte und Angewandten Kulturwissenschaften am Karlsruher Institut für Technologie (KIT). 2009–2018 freie Mitarbeiterin in der Presse- und Öffentlichkeitsarbeit im DAM. Seit 2017 freie Kuratorin und Publizistin. Ausstellungen u. a.: »Fahr Rad! Die Rückeroberung der Stadt« (2018), »Internationaler Hochhaus Preis 2020« (2020), »Schön hier. Architektur auf dem Land« (2022), »Die Bauwende fest im Blick« (2023). Seit 2019 akademische Mitarbeiterin am Studiengang Architektur der Hochschule Karlsruhe (HKA). Seit Dezember 2023 Geschäftsführerin des Architekturschaufenster e. V., Karlsruhe. Seit 2024 studiokasa mit Rebekka Rass.
*1984 in Heilbronn.
Studied art history and applied cultural studies at the Karlsruhe Institute of Technology (KIT). 2009–2018: freelance work in press and public relations at DAM. Since 2017: freelance curator and publicist. Exhibitions include: *Fahr Rad! Reclaiming the City* (2018), *International Highrise Award 2020* (2020), *Schön hier. Architektur auf dem Land* (2022), *Die Bauwende fest im Blick* (2023). Since 2019: academic staff member at the Department of Architecture at Karlsruhe University of Applied Sciences (HKA). Since December 2023: managing director of Architekturschaufenster e. V., Karlsruhe. Since 2024: studiokasa together with Rebekka Rass.

Andres Lepik
*1961 in Augsburg.
Studierte Kunstgeschichte und Germanistik an der Universität Augsburg, Promotion an der Bibliotheca Hertziana. Anschließend freier Journalist, danach Wissenschaftlicher Assistent und Referent an den Staatlichen Museen zu Berlin, später Leiter der Architektursammlung des 20./21. Jahrhunderts an der dortigen Kunstbibliothek. Kurator an der Neuen Nationalgalerie Berlin und am Museum of Modern Art in New York. Seit 2012 Professur für Architekturgeschichte und Kuratorische Praxis an der TU München und Leiter des Architekturmuseums. Mitglied im Kuratorium der IBA Heidelberg, seit 2018 im Vorstand der International Confederation of Architecture Museums (ICAM).
*1961 in Augsburg.
Studied art history and German language and literature at the University of Augsburg, doctorate at the Bibliotheca Hertziana. Subsequently: freelance journalist, then research assistant and consultant at the National Museums in Berlin, later head of the 20th/21st Century Architecture Collection at the Art Library. Curator at the Neue Nationalgalerie Berlin and at the Museum of Modern Art in New York. Since 2012: professorship in the history of architecture and curatorial practice at the Technical University of Munich and director of the Architecture Museum. Member of the board of trustees of the IBA Heidelberg. Since 2018: on the board of the International Confederation of Architecture Museums (ICAM).

Regula Lüscher
*1961 in der Schweiz.
Architekturstudium an der ETH Zürich. 1989 Mitgründerin des Architekturbüros Gmür Lüscher Gmür. Lehrtätigkeiten an verschiedenen Hochschulen, darunter an der ETH Zürich und der ZHAW. 1998–2007 Stv. Direktorin Amt für Städtebau, Zürich, 2007–2021 Senatsbaudirektorin/Staatssekretärin für Stadtentwicklung, Berlin. Seit 2012 Honorarprofessorin an der UdK, Berlin. 2022 Firmengründung Die Stadtmacherin, Winterthur und Berlin. Seit 2024 Lehrtätigkeit im MAS/CAS ETH Raumentwicklung und Prozessdesign; zahlreiche Mandate in

stadtentwicklungspolitischen, baukulturellen und wissenschaftlichen Gremien. 2021 Berufung in die AdK Berlin, Sektion Baukunst.

*1961 in Switzerland.
Studied architecture at ETH Zurich. 1989: co-founder of the architecture firm Gmür Lüscher Gmür. Teaching activities at various universities, including ETH Zurich and ZHAW. 1998–2007: deputy director, Office for Urban Planning, Zurich, 2007–2021: senate building director/state secretary for urban development, Berlin. Since 2012: honorary professor at the UdK, Berlin. 2022: founding of the company Die Stadtmacherin, Winterthur and Berlin. Since 2024: teaching in the MAS/CAS ETH Spatial Development and Process Design; numerous mandates in urban development policy, building culture and scientific committees. 2021: appointment to the AdK Berlin, Architecture Section.

Jonas Malzahn
*1986 in Ostercappeln.
Architekturstudium an der Bauhaus-Universität in Weimar und am Washington-Alexandria Architecture Center der Virginia Tech, USA. Tätigkeit in verschiedenen Architekturbüros in Dänemark, Österreich und Deutschland. Er war akademischer Mitarbeiter am Lehrstuhl für Stadtplanung und Entwerfen an der Universität Stuttgart und Geschäftsführer des Architekturschaufenster e. V. in Karlsruhe. Freier Kurator und Partner bei studio central sowie wissenschaftlicher Mitarbeiter am Lehrstuhl für Städtebau und Entwerfen an der Bauhaus-Universität Weimar.

*1986 in Ostercappeln.
Studied architecture at the Bauhaus University, in Weimar and Washington-Alexandria Architecture Center at Virginia Tech, USA. Worked in various architecture firms in Denmark, Austria, and Germany. He was an academic associate at the Chair of Urban Planning and Design at the University of Stuttgart and managing director of the Architekturschaufenster e. V. He is a freelance curator and partner at studio central, as well as a research associate at the Chair of Urban Design and Planning at the Bauhaus University in Weimar.

Katharina Matzig
*1968 in Kleve.
Hat in Braunschweig Architektur studiert und wurde mit dem Laves-Preis des Landes Niedersachsen ausgezeichnet. Nach einem Praktikum bei der *Bauwelt* in Berlin arbeitete sie als Online-Redakteurin für *BauNetz*. Seit 1997 Referentin für Öffentlichkeitsarbeit bei der Bayerischen Architektenkammer in München, dort vor allem in der Architekturvermittlung tätig. Fachjournalistin und Buchautorin. Lebt mit Mann und drei Kindern in München.

*1968 in Kleve.
Studied architecture in Braunschweig; received the Lavespreis from the state of Niedersachsen. After an internship at *Bauwelt* in Berlin, worked as an online editor for *BauNetz*. Since 1997: PR consultant for the Bavarian Chamber of Architects in Munich with a focus on architectural outreach. Works as a journalist and author and lives with her husband and three children in Munich.

Anna-Maria Mayerhofer
*1995 in München.
Architekturstudium in München, Lausanne und Paris. Ab 2018 am Architekturmuseum der TU München, Öffentlichkeitsarbeit und Ausstellungsassistenz. ARCH+-Stipendiatin der Sto-Stiftung, Mitarbeit bei ARCH+ 246. *Zeitgenössische feministische Raumpraxis* (2022). 2022–2024 Kuratorische Assistentin am Deutschen Architekturmuseum im Ausstellungsprojekt »Protest/Architektur. Barrikaden, Camps, Sekundenkleber«. Lehrauftrag am Fachgebiet Entwerfen und Raumgestaltung an der TU Darmstadt. Seit 2024 wissenschaftliche Mitarbeiterin am Lehrstuhl für Sustainable Urbanism an der TU München.

*1995 in Munich.
Studied architecture in Munich, Lausanne and Paris. From 2018: at the Architecture Museum of the Technical University of Munich (TUM), public relations, and exhibition assistance. ARCH+-Fellow of the Sto Foundation, contributor to ARCH+ 246: 'Zeitgenössische feministische Raumpraxis' (2022). 2022–2024: curatorial assistant at the German Architecture Museum in the exhibition project *Protest/Architecture. Barricades, Camps, Super Glue*. Teaching assignment in the Department

of Design and Spatial Design at the TU Darmstadt. Since 2024: research associate at the Chair of Sustainable Urbanism at the TUM.

Günter Murr
*1969 in Kelheim.
Studium der Politikwissenschaft und Germanistik in Regensburg. 2000–2018 Redakteur der *Frankfurter Neuen Presse* mit den Schwerpunkten Stadtplanung und Verkehr in Frankfurt am Main. 2018–2022 Referent für Presse- und Öffentlichkeitsarbeit bei der Stadt Frankfurt am Main, unter anderem im Dezernat für Bau und Immobilien. Seit 2022 Redakteur für Stadtplanung, Architektur, Denkmalschutz und Immobilienwirtschaft im Ressort Rhein-Main der *Frankfurter Allgemeinen Zeitung.*

*1969 in Kelheim.
Studied political science and German studies in Regensburg. 2000–2018: editor of the *Frankfurter Neue Presse* with a focus on urban planning and traffic in Frankfurt am Main. 2018–2022: consultant for press and public relations for the City of Frankfurt, including in the construction and real estate department. Since 2022: editor for urban planning, architecture, monument protection, and real estate in the Rhine-Main department of the *Frankfurter Allgemeine Zeitung.*

Rebekka Rass
*1989 in Lörrach.
Studium Architektur und Architektur Media Management in Stuttgart und Bochum. Stationen als Projektassistenz für StadtBauKultur NRW, Gelsenkirchen, und als Leitung PR für Just/Burgeff Architekten, Frankfurt am Main. Seit 2017 freie Mitarbeit am Deutschen Architekturmuseum (DAM) für PR und Ausstellungen. Seit 2024 in Karlsruhe und Saarlouis gemeinsam mit Stefanie Lampe selbstständig als studiokasa | Stefanie Lampe Rebekka Rass GbR für Konzepte und Kommunikation in der Baukultur.

*1989 in Lörrach.
Studied architecture and architecture media management in Stuttgart and Bochum. Positions as project assistant for StadtBauKultur NRW, Gelsenkirchen, and as head of PR for Just/Burgeff Architekten, Frankfurt. Since 2017: freelance work at

the German Architecture Museum (DAM) for PR and exhibitions. Since 2024: based in Karlsruhe and Saarlouis, self-employed with Stefanie Lampe as studiokasa | Stefanie Lampe Rebekka Rass GbR for concepts and communication in building culture.

Amber Sayah

Freie Journalistin. Bis 2018 Redakteurin für Kunst und Architektur in der Kulturredaktion der *Stuttgarter Zeitung* / *Stuttgarter Nachrichten*. Mitbegründerin und 1998–2017 Moderatorin des Ludwigsburger Architekturquartetts, das sich in öffentlichen Diskussionsrunden mit dem Bauen in der Region Stuttgart und Ludwigsburg auseinandersetzt. Zahlreiche Buch- und Zeitschriftenveröffentlichungen.

Freelance journalist. Until 2018: editor for art and architecture in the culture section of the *Stuttgarter Zeitung / Stuttgarter Nachrichten*. Co-founder and moderator (1998–2017) of the Ludwigsburg architecture quartet, which facilitates public discussions on architecture in the Stuttgart region and Ludwigsburg. Numerous book and magazine publications.

Peter Cachola Schmal

*1960 in Altötting.

Aufenthalte in Multan / Pakistan, Mülheim / Ruhr, Jakarta / Indonesien, Holzminden und Baden-Baden. Architekturstudium an der TU Darmstadt; 1989 Diplom. 1989 Mitarbeit bei Behnisch+Partner in Stuttgart, 1990–1993 bei Eisenbach + Partner in Zeppelinheim. 1992–1997 Wissenschaftlicher Mitarbeiter an der TU Darmstadt. 1997–2000 Lehrauftrag für Entwerfen an der FH Frankfurt. Ab 2000 Kurator, seit 2006 Direktor des DAM. 2007 Deutscher Generalkommissar VII. Internationale Architekturbiennale São Paulo. Generalkommissar des Deutschen Pavillons der 15. Internationalen Architekturausstellung Venedig 2016.

*1960 in Altötting.

Lived in Multan, Pakistan; Mülheim, Ruhr; Jakarta, Indonesia, Holzminden; and Baden-Baden. Studied architecture at the TU Darmstadt where he obtained his Diplom degree in 1989. Worked with Behnisch+Partner in Stuttgart (1989) and Eisenbach+Partner (1990–1993)

in Zeppelinheim. Research assistant at the TU Darmstadt (1992–1997). Teaching post for design at the FH Frankfurt (1997–2000). Since 2000: curator at DAM, and since 2006: director of DAM. Commissioner General, VII. International Architecture Biennale in São Paulo (2007). Commissioner General of the German Pavilion at the 15th International Architecture Exhibition in Venice, 2016.

Dijane Slavic

*1977 in Mosbach.

2007 Diplom Architektur an der Hochschule Darmstadt. 2007–2011 Projekt- und Teamleitung AIT l GKT, Organisation & Konzeption von Ausstellungen, Workshops und Veranstaltungen im In- und Ausland. 2011–2014 Strategische Beratung und Projektleitung bei Detail transfer, Entwicklung individueller und integrierter Kommunikationsstrategien. Seit 2017 internationales Architektur Media Management für JUNG.

*1977 in Mosbach.

2007 Diploma in Architecture, University of Applied Sciences, Darmstadt. 2007–2011: project and team management at AIT l GKT, organisation and conception of exhibitions, workshops and events in Germany and abroad. 2011–2014: strategic consultancy and project management at Detail transfer, development of individual and integrated communication strategies. Since 2017: international architecture media management for JUNG.

Volker Staab

*1957 in Heidelberg.

Gründung des Büros Staab Architekten 1996, zunächst Bürogemeinschaft mit Alfred Nieuwenhuizen, seit 2007 Partnerschaft. Gastprofessuren an der TU Berlin, FH Münster und AKD Stuttgart. Professur für Entwerfen und Raumkomposition an der TU Braunschweig bis 2023. Seit 2005 Mitglied der AdK Berlin. 2008 Bundesverdienstkreuz am Bande, 2011 Großer BDA-Preis.

*1957 in Heidelberg.

Founded Staab Architekten in 1996, initially as a joint practice with Alfred Nieuwenhuizen; since 2007: as a partnership. Visiting professor at the TU Berlin, FH Münster and AKD Stuttgart. Professorship for design and spatial composition at the TU Braunschweig until 2023.

Since 2005: member of the AdK Berlin. 2008: Cross of the Order of Merit of the Federal Republic of Germany, 2011: Grand BDA Prize.

Deniz Turgut

*1970 in Ankara.

2000–2008 Key Account Manager, JUNG, 2006–2009 Leiter Key Account Manager JUNG, 2009–2011 Leiter Objektmanagement JUNG, 2011–2015 Leiter Marketing JUNG, seit 2015 Head of Global Marketing, JUNG.

*1970 in Ankara.

2000–2008: key account manager, JUNG. 2006–2009: head key account manager, JUNG. 2009–2011: head of object management, JUNG. 2011–2015: head of marketing, JUNG. Since 2015: head of global marketing, JUNG.

Nachrufe
In Memoriam

Zvi Hecker
(31. Mai 1931 bis 24. September 2023)

Was für ein Leben, Zvi! 1931 im polnischen Kraków geboren, ist Deine Familie vor dem deutschen Einmarsch geflohen, aufgewachsen bist Du in Samarkand, Usbekistan. Dort hattet ihr wenig, wie Du erzähltest, Du liebtest das Zeichnen und die Sonnenblumenkerne als Knabberei. Sie sind später immer wieder in Deinen Entwürfen aufgetaucht. Nach Kriegsende kehrt die Familie kurz nach Kraków zurück, aber es ist nichts mehr da, und so seid Ihr wieder emigriert, nach Israel. Architekturdiplom in Haifa, Kunststudium in Tel Aviv, Eintritt ins Büro von Alfred Neumann. Nach dessen Tod 1968 arbeitest Du allein weiter an Euren spektakulären Großprojekten: die Großwohnsiedlung Ramot Polin bei Jerusalem, das Palmach Museum in Tel Aviv, eine aus Polyedern gefügte Synagoge in der Negev-Wüste. Bei deinem Spiral Apartment House in den Hügeln über Tel Aviv wohnst Du nebenan und bist jahrelang fast täglich auf der Baustelle, baust vieles selbst oder treibst die Handwerker an, Neues zu versuchen. Das Haus als dynamische, unfertige, handgemachte Bauskulptur. Das Selbsthandanlegen hat Dir gefallen.

Dann gewinnst Du 1991 den Wettbewerb für die Heinz-Galinski-Schule der Jüdischen Gemeinde in Berlin. Du willst nahe an der Baustelle sein, also packst Du Deine Sachen und ziehst in die gerade wiedervereinigte Stadt. Dass es das Land der Täter ist, habe Dich wenig gekümmert, meintest Du, und dabei hast Du so gelächelt, dass ich nicht wusste, wie es genau gemeint ist. Dein kleines Büro hattest Du in einem Wohnhaus in der Fehrbelliner Straße, Prenzlauer Berg, Hochparterre. Die Schule wird ein Meisterwerk, und wenn Berlin in den 1990er Jahren mehr Interesse an mutiger Künstlerarchitektur gehabt hätte, Du wärst anschließend mit Aufträgen überschüttet worden. Aber Berlin baute lieber strenge Natursteinrasterfassaden. Dafür hattest Du nichts übrig. Also hast Du woanders gebaut, ein Jüdisches Gemeindezentrum in Duisburg, die Königin-Máxima-Kaserne bei Amsterdam. Und Du hast herrliche, wilde Bilder gemalt, aus denen manchmal architektonische Formen auftauchten, Sonnenblumenkerne, Spiralen, überlagerte Vielecke.
Am 24. September 2023 bist Du in Deiner Wohnung eingeschlafen. Welch Verlust, dass Du fort bist.
Welch Gewinn, dass Du hier warst.

Florian Heilmeyer

Zvi Hecker
(31 May 1931 – 24 September 2023)

What a life, Zvi! Born in Kraków, Poland, in 1931, your family fled the German invasion, and you grew up in Samarkand, Uzbekistan. As you said, you had little there, but you loved drawing and sunflower seeds as a snack. They would later appear in your designs. After the war, the family briefly returned to Krakow, but there was nothing left, so you emigrated again, to Israel. You graduated in architecture in Haifa, studied art in Tel Aviv, and joined the office of Alfred Neumann. After his death in 1968, you continued to work alone on your spectacular large-scale projects: the Ramot Polin housing estate near Jerusalem, the Palmach Museum in Tel Aviv, a synagogue made of polyhedra in the Negev desert. You lived next door to the site of your Spiral Apartment House in the hills above Tel Aviv and have been visiting it almost daily for years, building much of it yourself or encouraging the craftsmen to try new things. The house as a dynamic, unfinished, handmade architectural sculpture. You liked the hands-on work.

Then, in 1991, you won the competition for the Heinz Galinski School of the Jewish Community in Berlin. You wanted to be close to the construction site, so you packed your bags and moved to the newly reunited city. It didn't matter to you that it was the country of the perpetrators, you said, smiling in such a way that I didn't know exactly what you meant. You had your small office on the mezzanine floor of a block of flats on Fehrbelliner Strasse in Prenzlauer Berg. The school was going to be a masterpiece, and if Berlin had shown more interest in bold artist architecture in the 1990s, you would have been inundated with commissions afterwards. But Berlin preferred to build austere natural stone grid façades. You had no time for that. So you built elsewhere, a Jewish community centre in Duisburg, and the Queen Máxima Barracks near Amsterdam. And you painted wonderful, wild pictures that sometimes took on architectural forms: sunflower seeds, spirals, and overlapping polygons.
On 24 September 2023 you fell asleep in your apartment.
What a loss you are gone.
What a gain you were here.

Florian Heilmeyer

**Luise King
(14. Oktober 1939 bis 30. Januar 2024)**

Luise King wurde in Dessau geboren. 1950 verließ die Familie die sowjetisch besetzte Zone und zog zunächst in den Schwarzwald und anschließend nach Frankfurt am Main. An der heutigen Technischen Universität in Darmstadt begann sie 1959 das Architekturstudium. Es folgten Phasen in Paris und, wieder in Darmstadt, als Assistentin bei Ernst Neufert und Thomas Sieverts, bevor sie nach dem Diplom 1965 erneut nach Paris ging, um im Büro von Candilis-Josic-Woods zu arbeiten. Zurück in Frankfurt, war sie für ABB Beckert & Becker tätig und wandte sich zunehmend städtebaulichen Themen zu.

Luise King begann sich kritisch mit der Frankfurter Stadtplanung zu beschäftigen. Mit der Arbeit »Strukturplan für die Frankfurter Innenstadt innerhalb der Wallanlagen« machte sie sich 1972 selbstständig. King setzte sich für den Erhalt der historischen Stadt ein. Ihr Beitrag »Was wird aus der Innenstadt?« in der *Bauwelt* 1976 ist heute noch lesenswert. Viele ihrer Vorschläge für die Innenstadt werden immer noch diskutiert.

In dieser Phase lernte sie ihren späteren Arbeits- und Lebenspartner Günter Bock (1918–2002) kennen, einen der bedeutendsten brutalistischen Architekten jener Zeit. Mit ihm zog sie nach Kronberg/Taunus in zwei sanierte, benachbarte Fachwerkhäuser, die ihnen als Wohnung und Büro dienten.

Ab 1972 war Luise King Mitglied im Bund Deutscher Architekten BDA, von 1976 bis 1984 Mitglied im Deutschen Werkbund Hessen. Schon früh begann ihre Lehrtätigkeit: als Dozentin an der Städelschule in Frankfurt am Main, als Gastprofessorin an der Technischen Universität Berlin und am Massachusetts Institute of Technology MIT, USA.

1987 erhielt sie einen Ruf an die TU Berlin, wo sie die Professur für Städtebau und Siedlungswesen übernahm. 1992 zog sie mit Günter Bock nach Berlin und eröffnete ein Planungsbüro in Charlottenburg, das bis 2023 bestand. In jenem Jahr übergab sie ihren gesamten Vorlass an das Deutsche Architekturmuseum.

Luise King ist am 30. Januar 2024 in Berlin gestorben. Ihr klarer Geist, ihre freundliche Art und ihre Hilfsbereitschaft werden uns fehlen.

Jochem Jourdan

Luise King
(14 October 1939 – 30 January 2024)

Luise King was born in Dessau. In 1950, her family left the Soviet occupation zone and moved first to the Black Forest and then to Frankfurt. She began studying architecture, at what is now Darmstadt Technical University, in 1959. She spent some time in Paris, and then returned to Darmstadt to work as an assistant to Ernst Neufert and Thomas Sieverts. In 1965, she moved back to Paris after graduating, to work in the office of Candilis-Josic-Woods. Back in Frankfurt, she worked for ABB Beckert & Becker, and increasingly turned her attention to urban planning issues.

King began to take a critical look at Frankfurt's urban planning. In 1972, she set up her own practice with the work 'Structure Plan for Frankfurt City Centre within the Ramparts'. King campaigned for the preservation of the historic city. Her article 'What will become of the city centre?', published in *Bauwelt* in 1976, is still worth reading today. Many of her proposals for the city centre are still being debated.

It was during this period that she met her future partner and collaborator, Günter Bock (1918–2002), one of the most important Brutalist architects of the time. She moved with him to Kronberg/Taunus, into two neighbouring half-timbered houses which had been restored, and which served as their home and office.

From 1972, Luise King was a member of the Bund Deutscher Architekten (BDA), and from 1976 to 1984 she was a member of the Deutscher Werkbund in Hessen. She began her teaching career early, as a lecturer at the Städelschule in Frankfurt am Main, and as a visiting professor at the Technical University of Berlin and Massachusetts Institute of Technology (MIT) in the US.

In 1987 she was appointed professor of urban development and settlement at the TU Berlin. In 1992 she moved to Berlin with Günter Bock and opened a planning office in Charlottenburg, which existed until 2023. In that year she bequeathed her entire estate to Deutsches Architekturmuseum.

Luise King died on 30 January 2024 in Berlin. We will miss her clear mind, her friendly nature, and her helpfulness.

Jochem Jourdan

**Rob Krier
(10. Juni 1938 bis 20. November 2023)**

»Ein romantischer Rationalist« – unter diesem Titel widmete das DAM dem Architekten und Stadtplaner Rob Krier 2005 die bislang umfangreichste Werkschau. 2003 hatte der gebürtige Luxemburger dem Frankfurter Architekturmuseum sein komplettes Werkarchiv überlassen. Das Besondere dieses Nachlasses sind die unzähligen in Bleistift, Tusche, Ölkreide und Aquarellfarben ausgeführten Skizzen und Zeichnungen. Dabei ging es Rob Krier immer um die malerische Darstellung seiner Architekturen, die körperlich-räumliche Wirkung eines Bauwerks, die Atmosphäre einer Platzanlage oder eines Stadtraums. Seine altmeisterlichen Vogelschauansichten veranschaulichen den Gesamtzusammenhang und das prägende Bild der von ihm entworfenen Anlagen.

Die europäische Stadt war sein großes Leitmotiv. 1975 erschien sein Manifest »Stadtraum«. Und wenig später, 1977, schuf er in Berlins südlicher Friedrichstadt ein beeindruckendes bauliches Zeugnis: den städtebaulichen Entwurf für eine Bebauung zwischen Lindenstraße und Alte Jakobstraße. Damit leistete er einen Beitrag zur behutsamen Stadterneuerung, noch bevor sich die IBA 1987 das Thema zu eigen machte. Später entstand daraus die Wohnanlage Ritterstraße-Nord. Ein quadratischer, von Arkaden gefasster Platz im Zentrum bietet eine weiträumige Kulisse für eine typologische Adaption von Schinkels berühmtem Feilnerhaus. Das südlich davon einen weiteren Platz abschließende Torgebäude an der Ritterstraße wurde gleichsam zum Signet für das gesamte Projekt.

Ab den 1990er Jahren war Rob Krier gemeinsam mit seinem Büropartner Christoph Kohl sehr erfolgreich in den Niederlanden, wo sie eine Vielzahl von Wohnanlagen und -quartieren schufen. Deren Bewohner sind angetan von der Kleinteiligkeit und dem Einfühlungsvermögen in regionale Eigenheiten des Bauens, das ihnen ein Gefühl von »zu Hause« ermöglicht.

Die Fortschreibung von Geschichte und eine Ästhetisierung der Architektur waren für Rob Krier der Weg, eine in seinen Augen durch die Moderne verloren gegangene Baukunst wiederzubeleben. Am liebsten hätte Rob Krier Kathedralen, Rathäuser, Museen und Bibliotheken entworfen, und so wurde die 2008 fertiggestellte Cité judiciaire auf dem Heilig-Geist-Plateau seiner Heimatstadt, zunächst noch gemeinsam mit seinem Bruder Léon geplant, wohl für ihn eines seiner besonderen Projekte.

Ursula Kleefisch-Jobst

**Rob Krier
(10 June 1938 – 20 November 2023)**

A Romantic Rationalist was the title of the most comprehensive retrospective to date of the work of architect and urban planner Rob Krier (which the Deutsches Architekturmuseum dedicated to him in 2005). In 2003, Krier, who was born in Luxembourg, donated his complete archive of works to DAM in Frankfurt. The countless sketches and drawings in pencil, ink, oil pastel, and watercolour are what make his estate so special. Krier was always concerned with the pictorial representation of his architecture, the physical and spatial effect of a building, and the atmosphere of a square or an urban space. His bird's eye views, reminiscent of the old masters, illustrate the overall context and defining image of the buildings he designed.

The European city was his great *leitmotif*. His manifesto, *Urban Space,* was published in 1975. A little later, in 1977, he created an impressive architectural testimony in Berlin's southern Friedrichstadt: the urban design for a development between Lindenstrasse and Alte Jakobstrasse. In doing so, he made a contribution to careful urban renewal even before the IBA (*Internationale Bauausstellung*) took up the theme in 1987. The Ritterstraße-Nord housing estate was later built on this site. A square, arcaded plaza in the centre provides a spacious backdrop for a typological adaptation of Schinkel's famous Feilnerhaus. The gate building on Ritterstrasse, with another square to the south, became the symbol of the whole project.

From the 1990s onwards Krier, and his office partner Christoph Kohl, enjoyed great success in the Netherlands, where they created a large number of residential complexes and neighbourhoods. Their residents were impressed by the small-scale of the buildings, and the architects' sensitivity to regional building traditions, which gives them a sense of 'being at home'.

For Krier, the continuation of history and the aesthetics of architecture were the way to revive an art of building that he felt had been largely lost to modernism. Krier would have liked to have designed cathedrals, town halls, museums, and libraries. The Cité judiciaire on the Saint-Esprit plateau in his home town, completed in 2008, was probably one of his favourite projects, and was initially planned with his brother Léon.

Ursula Kleefisch-Jobst

Rolf Kuhn
(8. Dezember 1946 – 16. Juni 2024)

Am 16. Juni 2024 verstarb 77-jährig der vierte Bauhaus-Direktor. Er hat diese Bezeichnung immer von sich gewiesen. Ihm ging es um die zeitgemäße Neuinterpretation des Bauhauses, auf der Grundlage der weltbekannten Geschichte dieser Institution in Dessau. Rolf Kuhn, Professor an der Bauakademie der DDR, wurde 1987 Direktor der zum 60. Jahrestag als »Zentrum für Gestaltung der DDR« neu gegründeten Institution Bauhaus Dessau. Das hieß: die Werke der Bauhaus-Geschichte zu wahren und zu vermitteln sowie am gleichen Ort Neues zu wagen.

Diese »Last der Geschichte« bot Kuhn auch die Chance, das Nonkonforme des historischen Bauhauses zu nutzen. Er versuchte diesen Spagat letztlich erfolgreich auszugestalten, wenngleich der Weg oft sehr steinig war. Es gelang Rolf Kuhn, die Institution über die Wende zu leiten und 1994 in eine Stiftung zu überführen. Beharrlich trieb er die Vision einer gestaltenden Institution Bauhaus voran. So konzipierte er zum Beispiel ein internationales Stadtplanungs-Seminar, zufällig für die Woche vom 4. bis 9. November 1989. Es ging um den Umbau von Stadt und Region.

Zeitgleich mit dem Fall der Mauer in Berlin war die Idee vom »Industriellen Gartenreich« geboren. Diese Idee bildete dann eine tragfähige Grundlage für eine Weiterentwicklung des Bauhauses Dessau ab 1990. Sie sollte die desaströse Altindustrieregion um Dessau-Bitterfeld modellhaft für eine nachhaltige Zukunft transformieren, was mit der Aufnahme als Projekt der EXPO 2000 gelang.

1997 verließ Rolf Kuhn das Bauhaus und begann die gewonnenen Erfahrungen an einem neuen Großprojekt, der Internationalen Bauausstellung Fürst-Pückler-Land (»IBA see«) in der Lausitz, umzusetzen. Damit schloss sich auch der Berufsweg des Stadtplaners und Stadtsoziologen, der in Weimar studiert und den Aufbau des ersten Stadtsoziologielehrstuhls in der DDR mitgeprägt hatte.

Von seinem Enthusiasmus, seinen Visionen, seinem Geschick im Umgang mit den Obrigkeiten und seiner Menschlichkeit zehrten viele. Er liebte die Festlichkeit und das Nonkonforme, ganz im Bauhaus-Geist.

Harald Kegler

Rolf Kuhn
(8 December 1946 – 16 June 2024)

The fourth Bauhaus director, who died on 16 June 2024 at the age of 77, always rejected this description. He was concerned with the contemporary reinterpretation of the Bauhaus, based on the world-famous history of this institution in Dessau. Rolf Kuhn, a professor at the *Bauakademie* of the GDR, became director of the Bauhaus Dessau in 1987, when the institution was re-established as the Centre for Design in the GDR, on the occasion of the 60th anniversary of the Bauhaus. The aim was to preserve and promote the works of Bauhaus history, while at the same time daring to create new things in the same place.

This 'burden of history' also offered Kuhn the opportunity to exploit the non-conformity of the historic Bauhaus. In the end, he succeeded in this balancing act, even though the road was often very rocky. Rolf Kuhn managed to lead the institution through the fall of the Berlin Wall, and into a foundation in 1994. He persistently pursued his vision of a formative Bauhaus institution. For example, he conceived an international urban planning seminar, which coincidentally was scheduled for the week of 4–9 November 1989. It was about the reconstruction of the city and the region.

The idea of an 'industrial garden realm' was born at the same time as the fall of the Berlin Wall. This idea then became a viable basis for the further development of the Bauhaus in Dessau from 1990 onwards. The aim was to transform the devastated old industrial region around Dessau-Bitterfeld into a model for a sustainable future, and this was achieved with its inclusion as a project at *EXPO 2000*.

In 1997, Rolf Kuhn left the Bauhaus and began to apply his experience to a new major project, the *International Building Exhibition Fürst-Pückler-Land* ('IBA see') in Lusatia. This also marked the end of his career as the urban planner and urban sociologist who had studied in Weimar and helped to establish the first chair of urban sociology in the GDR.

His enthusiasm, his vision, his skill in dealing with the authorities, and his humanity sustained many. He loved celebration and non-conformity, very much in the spirit of the Bauhaus.

Harald Kegler

Peter Kulka
(20. Juli 1937 bis 5. Februar 2024)

Die Intensität und die Leidenschaft in den Diskussionen um seine Projekte dürften allen, die Peter Kulka als Architekt kennenlernten, in Erinnerung bleiben. In Dresden wurde er 1937 geboren und erlebte als Kind die Zerstörung der Stadt. Sein Architekturstudium absolvierte er in Berlin-Weißensee bei Selman Selmanagic. Kurz arbeitete er danach für Hermann Henselmann; 1964 folgte die Flucht nach West-Berlin – um dort dann für Hans Scharoun tätig zu werden. Der erste eigene Erfolg in der Arbeitsgemeinschaft Herzog, Köpke, Kulka, Siepmann und Töpper war die 1976 fertiggestellte Universität Bielefeld. Peter Kulka blieb danach im Rheinland, zunächst in einer Bürogemeinschaft mit Hans Schilling, über den er in Kontakt zur katholischen Kirche kam. Im Benediktinerkloster Meschede entstand in den 1980er Jahren eine Erweiterung mit Refektorium und kleiner Kapelle, die von der postmodernen Lust an architektonischer Erzählung geprägt ist.

Es war auch ein Weg zur Klärung der architektonischen Haltung: Der Entwurf für den Sächsischen Landtag in Dresden kam dann ohne historisierende Anspielungen aus. Bis heute verkörpert der 1997 fertiggestellte filigrane Bau mit dem lang gezogenen Bürgerforum entlang der Elbe den demokratischen Anspruch eines offenen, transparenten Parlamentsgebäudes. Der konzentrierte, aufgeräumte Minimalismus, der den Landtag kennzeichnet, fand sich einige Zeit später in introvertierter Form im Haus der Stille (2002), dem zweiten Projekt im Kloster Meschede.

Beide Gebäude sind Höhepunkte in Peter Kulkas Werk; die großen Kehren standen aber noch bevor. Ab dem Beginn der 2000er Jahre arbeitete er am Wiederaufbau des Ostflügels und der Überdachung des kleinen Hofs des Dresdner Schlosses. Der Schlossbau in seiner Geburtsstadt – längst hatte er dort ein Büro – veränderte alles. Plötzlich erschien Kulka, der Minimalist, als Experte für die heikle Gratwanderung zwischen Rekonstruktion und Moderne. Als solcher durfte er ein zweites Parlamentsgebäude entwerfen: den Landtag Brandenburg in Potsdam. Er wurde ein schnörkelloses weißes Parlament in der rekonstruierten roséfarbenen Hülle eines Rokoko-Stadtschlosses.

Die Vorbereitung der Erweiterung des inzwischen unter Denkmalschutz stehenden Sächsischen Landtags war sein jüngstes Projekt. Peter Kulka verstarb im Februar 2024 mit 86 Jahren.

Das Deutsche Architekturmuseum erhielt den Vorlass seines Werkes und stellte es in einer großen Einzelausstellung 2005 vor. Auch als Jurymitglied war Peter Kulka dem DAM verbunden. Er begleitete den DAM Preis 2021 – mit seiner charismatischen Intensität und Leidenschaft für Architektur.

Yorck Förster

Peter Kulka
(20 July 1937 – 5 February 2024)

All those who met Peter Kulka as an architect will remember the intensity and passion with which he discussed his projects.

Born in Dresden in 1937, he witnessed the destruction of the city as a child. He studied architecture in Berlin-Weißensee under Selman Selmanagic. Kulka then worked briefly for Hermann Henselmann, before fleeing to West Berlin in 1964 to work for Hans Scharoun. The first success of the team Herzog, Köpke, Kulka, Siepmann, and Töpper was Bielefeld University, completed in 1976. Peter Kulka then remained in the Rhineland, initially working with Hans Schilling, through whom he came into contact with the Catholic Church. In the 1980s he designed an extension to the Benedictine monastery in Meschede, including a refectory and a small chapel, both of which are characterised by a postmodern delight in architectural narrative.

It was also a way of clarifying his architectural stance: the design for the Saxon State Parliament in Dresden dispensed with any historicising allusions. The delicate building, completed in 1997, with its elongated citizens' forum along the bank of the Elbe, still embodies the democratic aspiration for an open transparent parliament building. The concentrated tidy minimalism that characterises the state parliament was also to be found in an introverted form some time later in the Haus der Stille (House of Silence, 2002), the second project in Meschede Abbey.

Both buildings are highlights of Peter Kulka's work, but the big challenges were yet to come. From the early 2000s, he worked on the reconstruction of the east wing and the roofing of the small courtyard of Dresden Castle. The construction of the castle in the city of his birth – where he had long since had an office – changed everything. Suddenly Kulka, the minimalist, appeared to be an expert in the delicate balancing act between reconstruction and modernity. As such, he was allowed to design a second parliament building: the Brandenburg state parliament in Potsdam. The result was a plain white parliament building in the reconstructed pink shell of a rococo city palace.

His last project was the preparation of the extension to the Saxon State Parliament, now a listed building. Peter Kulka died in February 2024 at the age of 86.

The Deutsches Architekturmuseum received the advance legacy of his work and presented it in a major solo exhibition in 2005. Peter Kulka was also associated with the DAM as a member of the jury. He accompanied the DAM Preis 2021 with his charismatic intensity and his passion for architecture.

Yorck Förster

Guobin Shen
(1. März 1984 bis 28. Mai 2024)

Am 28. Mai 2024 starb der Architekt Guobin Shen. Ein Kletterunfall riss ihn im Alter von nur 40 Jahren aus seinem und dem Leben seiner Nächsten. Der Architektur wird ein talentierter Entwerfer fehlen. Das von ihm mitgegründete Atelier Kaiser Shen bereicherte uns zuletzt mit Konzepten, die das Team aus unterschiedlichen kulturellen Einflüssen und klugen Beobachtungen entwickelte.

Shen wurde 1984 in Zhejiang, China, geboren. Mit 22 Jahren ging er zum Studium nach Stuttgart, wo er seinen späteren Büropartner und engsten Freund Florian Kaiser kennenlernte. Die kulturellen Unterschiede, schreibt Kaiser, waren von Beginn an eine persönliche wie professionelle Bereicherung. »Wir reden immer zuerst über die Haltung und die Atmosphäre, bevor wir über konkrete Lösungsansätze sprechen«, sagte Shen einmal. Eine Herangehensweise, die beide auch in ihrer Zeit bei Herzog & de Meuron prägte. In den Arbeiten ihres 2017 in Stuttgart gegründeten Büros Atelier Kaiser Shen lässt sich das mehr als nur erahnen.

Schon ihr erstes Projekt 2018, ein Mikrohofhaus in Ludwigsburg, zeigt die inhaltliche Ausrichtung der Architekten. Sie übersetzten eine traditionelle Haustypologie aus Nordafrika oder China in einen minimalen Wohnraum, der sich nach Bedarf anpassen lässt. Was hier noch nach einem kleinen Experiment aussah, wurde mit dem Haus Hoinka 2023 in Pfaffenhofen zu einem ernstzunehmenden Prototyp kleinmaßstäblicher Mehrfamilienhäuser. Neben den ökologischen Materialien sind es Konzepte wie die flurfreien Grundrisse und das aufgeständerte Volumen, die uns neugierig auf die Ideen dieses jungen Büros werden ließen.

Unfertige Häuser nannten die beiden Architekten ihre Publikation, in der sie den Wandel von Bauwerken als architektonisches Konzept untersuchten. Ein »unfertiges Werk« bleibt nun das von Shen. Er hinterlässt dem Büro eine volle Schublade mit Skizzen und Gedanken, wie Kaiser in seinem Nachruf schreibt. Diese Ideen sowie Shens Optimismus, »mit Architektur die Welt zu verbessern«, möchte sein Team weitertragen.

Maximilian Hinz

Dies ist eine leicht veränderte Version eines Texts, der ursprünglich bei *BauNetz Meldungen* erschien.

Guobin Shen
(1 March 1984 – 28 May 2024)

On 28 May 2024, the architect Guobin Shen died. A climbing accident took him from his family and friends at the young age of 40. Architecture will miss a talented designer. In recent years, the Atelier Kaiser Shen, of which he was a co-founder, enriched us with concepts that the team developed from a variety of cultural influences and astute observations.

Shen was born in 1984 in Zhejiang, China. At the age of 22, he went to study in Stuttgart, where he met Florian Kaiser, who later became his office partner and closest friend. From the start, the cultural differences were a personal and professional enrichment, says Kaiser. 'We always talk about the attitude and the atmosphere before we talk about concrete solutions,' Shen once said. This approach has also been a hallmark of their time at Herzog & de Meuron. It is more than just a hunch in the work of their own firm, Atelier Kaiser Shen, which was founded in Stuttgart in 2017.

Their very first project in 2018, a micro farmhouse in Ludwigsburg, already showed the direction in which the architects were heading. They translated a traditional house typology from North Africa or China into a minimal living space that could be adapted as needed. What looked like a small-scale experiment became a serious prototype for small multi-family houses in 2023 with the Hoinka House in Pfaffenhofen. In addition to the ecological materials, it was concepts such as floor-free layouts and increased volume that made us curious about the ideas of this young office.

The two architects called their publication *Unfertige Häuser* ('Unfinished Houses'), in which they explored the transformation of buildings as an architectural concept. Shen's work remains an 'unfinished work'. He left the office with a drawer full of sketches and thoughts, Kaiser writes in his obituary. His team would like to carry on these ideas, as well as Shen's optimism 'to improve the world through architecture'.

Maximilian Hinz

This is a slightly modified version of text originally published on *BauNetz Meldungen*.

Ekkehard Voss
(12. Februar 1963 bis 27. Februar 2024)

Vielleicht war das Auffallendste an Ekkehard Voss seine Unauffälligkeit. Nicht zu verwechseln mit Unsichtbarkeit. Nein, gerade seine sympathische, unaufgeregte Art prägte sich ein – das Schillernde vieler seiner Berufskollegen teilte er nicht. Stattdessen zugewandt, im Gespräch interessiert, hochkonzentriert, offen für jede Nachfrage. Auch aus der Ferne, und das am liebsten ohne Umwege direkt über sein mobiles Telefon. Geborener Rheinländer, Wahlhamburger – seine Höflichkeit, sein Understatement kamen eher britisch rüber.

Auch in der Architektur suchte Ekkehard Voss nicht das Laute. Häufig setzte er Stadtbausteine in das urbane Gefüge, und die nehmen immer Rücksicht auf das bereits Vorhandene, sind eine solide, qualitätvolle und zeitlos-ästhetische Ergänzung. Attribute, die er auch für solitäre Bauten anstrebte. Im mecklenburg-vorpommerschen Anklam gelang eine Melange daraus: Hier prägt das Dreigiebelhaus den dortigen Stadtumbau im Zentrum. Das eigentlich zusammenhängende Haus tritt in gleicher Kubatur, aber mit unterschiedlichen Materialien wie drei Einzelgebäude auf und füllt selbstbewusst und zugleich heilend den Blockrand auf. Oder die Gebäudegruppe »Wohnen am Rhiemsweg« in Hamburg, die die lokale Backsteintradition fortschreibt und durch die reliefartige Mauerung und die tiefen Balkone Plastizität und Eigenständigkeit gewinnt. Oder – ebenfalls in Hamburg und ein Herzensprojekt von Voss – die Diakonissen-Stiftung Bethanien in Eppendorf, wo ein kräftiges Backsteinensemble mit geschwungenen Betonbändern als Reminiszenz an das ehemalige Mutterhaus umspielt wird.

Ekkehard Voss, der an der RWTH Aachen studiert hatte, prägte über 30 Jahre die heutige Bürogemeinschaft Tchoban Voss Architekten und gestaltete damit auch den Generationenübergang von Nietzsch Prasch Sigl, dem späteren nps im Interims-Büronamen nps tchoban voss, maßgeblich mit. Er leitete den Hamburger und den Dresdener Standort und wird dort wie auch an der dritten Adresse in Berlin schmerzlich vermisst.

Christina Gräwe

Ekkehard Voss
(12 February 1963 – 27 February 2024)

Perhaps the most striking thing about Ekkehard Voss was his unobtrusiveness – not to be confused with invisibility. No, it was his friendly, unassuming manner that made an impression – he did not have the flamboyant nature of many of his professional colleagues. Instead, he was attentive, interested in the conversation, highly focused, and open to all questions. Even from a distance, and preferably directly on his mobile phone. Born in the Rhineland, he chose to live in Hamburg – his politeness and understatement seemed rather British.

In architecture, too, Ekkehard Voss did not seek the loud. He often inserted building blocks into the urban fabric, always taking into account what was already there – a solid, high-quality and timelessly aesthetic addition. He also sought these attributes for solitary buildings. In Anklam, Mecklenburg-Western Pomerania, he achieved a mixture of these: the three-gabled house characterises the urban redevelopment of the town centre. The building, which is actually connected, appears as three individual buildings of the same cubature, but with different materials, filling the perimeter of the block in a self-confident, and at the same time healing way. Or the 'Living at Rhiemsweg' group of buildings in Hamburg, which continues the local brick tradition and gains plasticity and independence through relief-like masonry and deep balconies. Or – also in Hamburg and a project close to Voss's heart – the Bethanien Deaconess Foundation in Eppendorf, where a strong brick ensemble is surrounded by curved concrete bands reminiscent of the former motherhouse.

Ekkehard Voss, a graduate of RWTH Aachen University, shaped the current partnership of Tchoban Voss Architekten for over 30 years. He was instrumental in the generational change from Nietzsch Prasch Sigl, which later became nps in the transitional phase under the office name nps tchoban voss. He headed the Hamburg and Dresden offices. He will be sorely missed there as well as in the third office in Berlin.

Christina Gräwe

Architektenregister der Jahrbücher 1980 bis 2025
Index of Architects in the Annuals 1980–2025

Kursiv gesetzte Jahreszahlen verweisen auf die Erwähnung in Essays oder Nachrufen.
The dates in italic refer to essays or obituaries.

Impressum

Die *Deutsche Nationalbibliothek* verzeichnet diese Publikation in der *Deutschen Nationalbibliografie*; detaillierte bibliografische Daten sind im Internet über *http://dnb.d-nb.de* abrufbar.

ISBN 978-3-86922-924-9

© 2025 DOM publishers, Berlin
www.dom-publishers.com
© 2025 Deutsches Architekturmuseum, Frankfurt am Main
www.dam-online.de

Urhebernennungen stammen von den beteiligten Architekten selbst. Für die Richtigkeit dieser Angaben übernehmen das Deutsche Architekturmuseum und der Verlag DOM publishers keine Gewähr.

Herausgeber
Peter Cachola Schmal, Yorck Förster und Christina Gräwe im Auftrag des Dezernats für Kultur und Wissenschaft, Kulturamt der Stadt Frankfurt am Main

Koordination und Redaktion DAM
Yorck Förster und Christina Gräwe

Lektorat
Uta Keil

Redaktion Englisch
Sarah Roberts

Grafische Gestaltung
Nicole Wolf

Druck
UAB BALTO print, Vilnius
www.baltoprint.com

Imprint

The *Deutsche Nationalbibliothek* lists this publication in the *Deutsche Nationalbibliografie*; detailed bibliographic data are available at *http://dnb.d-nb.de*.

ISBN 978-3-86922-924-9

© 2025 DOM publishers, Berlin
www.dom-publishers.com
© 2025 Deutsches Architekturmuseum, Frankfurt am Main
www.dam-online.de

Names of copyright holders of the material used have been supplied by the architects themselves. Neither the Deutsches Architekturmuseum nor DOM publishers shall be held responsible for any omissions or inaccuracies.

This work is subject to copyright. Any use beyond the confines of the copyright without the consent of the publisher is prohibited and liable to prosecution. This applies, in particular, to reproductions, translations, microfilming, and storage and processing on electronic media. Sources and owners of rights are stated to the best of our knowledge.

Editors
Peter Cachola Schmal, Yorck Förster, and Christina Gräwe on behalf of Dezernat für Kultur und Wissenschaft, Kulturamt der Stadt Frankfurt am Main

Editorial direction and coordination DAM
Yorck Förster and Christina Gräwe

Proofreading German
Uta Keil

English editor
Sarah Roberts

Graphic design
Nicole Wolf

Printing
UAB BALTO print, Vilnius
www.baltoprint.com